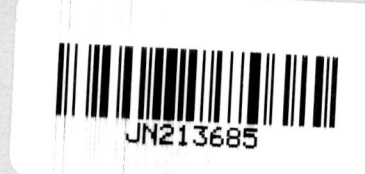

子ども主体の
学びをめざして

情報活用能力ベーシック
活用ガイドブック

中川一史
小林祐紀
佐藤幸江
岩﨑有朋
〔編著〕

東洋館出版社

はじめに

今こそ、子どもたちに情報活用能力を

情報活用能力は、学習指導要領でも「学習の基盤となる資質・能力」として示された。もはや、情報担当の教員の専売特許でもないし、一部の教員が関心を持って進めれば良いものでもない。教科・領域横断的に校内の全教員で培っていくものである。

そのような中、文部科学省をはじめ、自治体などからも、情報活用能力に関する体系表例が出ている。ある意味で丁寧に作り込まれていることで、本来は、学校や学年の実態に応じて学校や教員でそこからチョイスをしていけば良いのだが、「すべて埋めていかねばならぬ」と思い込みすぎて、全部やろうとする。結果として、それが目的なのか手段なのかわからなくなっている例を見ることが少なくない。そこで、本書では、ベースになるものを提示し、あとは自治体や学校・教員が加算していく「情報活用能力ベーシック」を開発した。いわゆる「マイナスの発想からプラスの発想へ」だ。本書を通して、立ち止まって、情報活用能力の何に着目し、どのように培っていくか、再考する機会になれば幸いである。

本書は、4部構成になっている。まず「理論編」では、これからの授業のあり方に始まり、情報活用能力、さらには本書の核である「情報活用能力ベーシック」について解説している。「実践編」では、国語（小学校低中高学年、中学校）、算数・数学（小学校低中高学年、中学校）、社会（小学校中高学年、中学校）、理科（小学校中高学年、中学校）、外国語活動・英語（小学校中学年、中学校）、小学校家庭、生活、総合的な学習の時間（小学校中高学年、中学校）、特別支援教育について、具体的な実践の流れを示している。「普及編」では、教師、学校、自治体にスポットを当てその取り組みについて示している。最後に「研修編」では、模擬授業を含んだワークショップ研修、ワークショップの意義と効果について解説している。

本書の発刊については、東洋館出版社の石川夏樹氏に多大なご苦労をかけながらも、ご尽力をいただいた。心から感謝したい。

編者を代表して　中川一史

CONTENTS

1章 理論編

これから目指すべき授業のあり方

放送大学教授　中川一史

教え込む授業から学びとる授業へ

中央教育審議会（2016）『幼稚園、小学校、中学校、高等学校及び特別支援学校の学習指導要領等の改善及び必要な方策等について（答申）』では、「予測できない変化を前向きに受け止め、主体的に向き合い・関わり合い自らの可能性を発揮し、よりよい社会と幸福な人生の創り手となるための力を子どもたちに育む学校教育の実現を目指す」としています。

その後、コロナ禍となり、我々はまさに予測できない変化を前向きに受け止めざるを得なくなりました。さらに学校では、GIGAスクールにより1人1台端末環境が行き渡り、どのように学習場面や生活場面で日常的に活用していくか迫られることになっていったのです。そのような意味では、その後起こりうる学校を取り巻く状況について、予測をしていたかのような答申内容であると言えましょう。

そこから5年経った2021年に中央教育審議会初等中等教育分科会が公開した『「令和の日本型学校教育」の構築を目指して～全ての子供たちの可能性を引き出す、個別最適な学びと、協働的な学びの実現～（答申）』によりますと、個別最適な学びと協働的な学びそれぞれの学びを一体的に充実し「主体的・対話的で深い学び」の充実に向けた授業改善につなげるとしています。

個別最適な学びは、「指導の個別化」と「学習の個性化」の2つによって構成されています。「指導の個別化」は、「全ての子供に基礎的・基本的な知識・技能を確実に習得させ、思考力・判断力・表現力等や、自ら学習を調整しながら粘り強く学習に取り組む態度等を育成するためには、教師が支援の必要な子供により重点的な指導を行うことなどで効果的な指導を実現することや、子供一人一人の特性や学習進度、学習到達度等に応じ、指導方法・教材や学習時間等の柔軟な提供・設定を行うことなど」としています。

一方、「学習の個性化」では、「基礎的・基本的な知識・技能等や、言語能力、情報活用能力、問題発見・解決能力等の学習の基盤となる資質・能力等を土台として、幼児期からの様々な場を通じての体験活動から得た子供の興味・関心・キャリア形成の方向性等に応じ、探究において課題の設定、情報の収集、整理・分析、まとめ・表現を行う等、教師が子供一人一人に応じた学習活動や学習課題に取り組む機会を提供することで、子供自身が学習が最適となるよう調整する」としています。ここで指摘していますように、教師の一斉授業（教師の差配）から子ども主体の学び（子ども自らの差配）に転換するためには、「子ども自身が学習を最適にできるよう調整する力をつけること」ことが必須だと考えます。

端末活用のフェーズ

例えば、端末活用についても、全国を回ってその活用の状況を見ていますと、ステップが存在します［図1］。GIGAスクールスタート時は「とにかく使ってみよう」「アイディアを広げてみよう」と、使うこと自体が目的になっていました（ステップ1）。しかし、ICT活用の「慣れ」が進むと、「ICTならでは、の使い方を追究する」といういわゆるICT活用効果を吟味したり従来の教材教具との選択・組み合わせを検討したりするステップ2へと以降しています。現在、全国の多くの学校がここに位置します。ただ、ここがゴールだとすると、3人に1台くらいの端末を校内で使い回していた方がメンテナンスもうまくいくだろうと考えます。学習の個性化を前提にするならば、1人1台を日常的に占有ツールとして活用できる環境をうまく活かしながら、この先、どのように「児童生徒自らが適切な活用法を判断する」「新たな学びの姿を模索する」ステップ3へと転換できるかが大きなポイントとなるでしょう。まさに子ども一人ひとりの自己調整力が発揮される中でツールとしての端末も使われていく、ということです。

これまで、「子ども主体の学び」を研究テーマに取り組まれた研究授業をたくさん参観してきましたが、残念ながら教師が授業をコントロールしようとする場面が多く見られました。端末活用についても、子ども個々に操作はしているのですだが、いわゆる「デジタル一斉授業」的な活用（ステップ1からステップ2の前半にはよく見られる）にとどまっているのです。

誤解を恐れずに言えば、日本の教師は、もっと不親切になるべきだと思っています。真面目で一生懸命な教師であればあるほど、よかれと思って「手取り足取り教え込んでしまう」ということが少なくありません。もう少し考える間（ま）を大事にし、じっくり子どもたちが考える場を保障してほしいと思っているのに、きっと子どもが困っているだろうと気を利かせ、教師が丁寧に説明し始めるのです。その結果、子どもが思考停止に陥る。そのような場面をたくさん見てきました。

また、子ども主体もどきに陥らないことも留意したいと思います。簡単な例を述べてみましょう。

ある学校で授業を参観した時に、ちょうどグループでの話し合いになりました。教師から

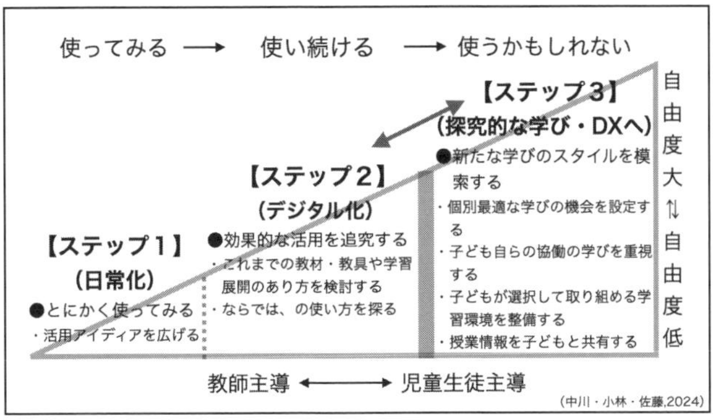

図1　活用フェーズ

「何分ほしい？」と子どもたちに問いかけます。お、子どもたちに任せるのだなと思って見守っていました。ある子どもから「5分！」の声。「う〜〜〜ん、5分でできるかなぁ」と教師。そうすると違う子が「10分！」の声。「う〜〜〜ん、10分はあげられないなぁ」と教師。そうすると違う子が「7分！」の声。すかさず「じゃぁ7分でやりましょう」と教師。これは初めから教師は7分と決めているのですよね。単に、子ども主体の判断を装っただけの話です。こういうことを年間通してやっていれば、「今、この先生はどういう答えを望んでいるのか」と暗黙の忖度をする子どもたちになるでしょう。教師が初めから「この後の話し合いは7分でやります」と指示があった方がよほどマシだとすら思います。これは1つの瑣末な出来事かもしれません。しかし、こういう勘違いは意外と多いのです。

子ども主体であるということは表面的なことではありません。小手先の授業技術の獲得よりも、伴走者となり子どもに寄り添い、子どもに委ねていく。そのような覚悟が教員には必要だと考えます。

情報活用能力育成の2つのポイント

そこで、一人ひとりの子どもが自己調整力をはじめとする個人の力を高めていくことがいよいよ必要になってきます。その最たるものが情報活用能力です。本書の核である情報活用能力ベーシックについては、あらためて紹介や解説があるので、ここでは割愛しますが、情報活用能力を子どもたちにつけていく上でのポイントを2つ述べておきたいと思います。

その1　教科横断的全生活的な視点で

情報活用能力は学習指導要領において、学習の基盤となる資質・能力と示されています。当然ながら、ある教科や領域のみで培うものではありません。ある中学校では、社会科の教師が頑張って情報活用能力を最大限意識して授業の中に組み込んでいたため、その学年の生徒はおおいに情報活用能力が高まったようですが、この教師が異動した途端、トーンダウンしたと聞きます。教科のねらいを達成する縦軸に対して、情報活用能力は横軸を貫くものです。一方、ある学校では、朝の会で1分間スピーチを全クラスで実施し、授業以外の時間を含めて、情報活用能力育成をはかっているそうです。このように、学習の基盤となる資質・能力であるので、校内のテーマになっていなくても、全校をあげて取り組みたいものです［図2］。

その2　具体的な段階のイメージを

例えば、ワークシートや思考ツールを用いる学習活動は多いですが、ワークシート上にあらかじめ用意された「枠」はいつなくなるのでしょうか。この「枠」は、教師が情報をまとめる上での構造を示していることを意味します。一方、われわれが普段メモを取るときにはこうした枠はありません。自身で情報の構造化も含めて行います。となると、小学校6年間、中学校3年間で、情報の構造化に向けてワークシートの枠に対する考え方はどのような段階をイメージすれば良いのでしょうか。このような枠は、自転車でいうと、「補助輪」のようなものだと

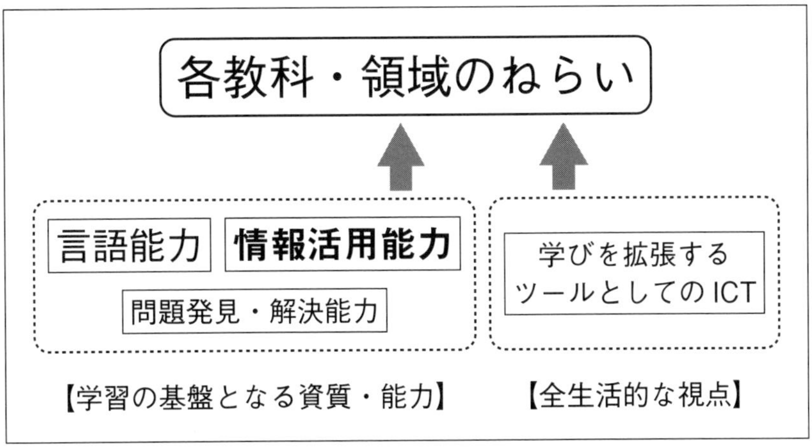

図2　各資質・能力の位置付け

思います。自転車に軽やかに乗れるようになってからも、いつまでも補助輪をつけて疾走はしないでしょう。他にも、「情報検索に関して小学校4年生と6年生では求めるものは同じなのか違うのか」「プレゼンの際に原稿やメモを持つことをいつまでどうするのか」など、段階をイメージすべき具体的なトピックはたくさんあるのです。もちろん全部埋めるべきだと言っているのではなく、学校や学年の実態に応じて何を取り上げるのか検討する必要があると考えます。問題は、校内でこのような具体的トピックの段階イメージをどう共有するか、ということです。

この後本書で登場する「情報活用能力ベーシック」は、この2つのポイントを校内で検討する余地を生み出しています。自治体等から出ている情報活用能力の細かい体系表をやりきれないので差し引いていくという「マイナスの発想」から、情報活用能力ベーシックからから校内の実態を加味していく「プラスの発想」であるところが校内での議論を促すようになっているのです。

おわりに

今後は、AIなどの新しいテクノロジーとの関わり方などを含め、情報活用能力のあり方もどんどん変化していくものと思われます。筆者は、「その時代にあった適切な情報の扱いに対応できる力」を視野に入れながら情報活用能力（と、近い将来呼ばなくなるのかもしれませんが！）のあり方を追究していきたいと強く思っています。

参考文献

中央教育審議会（2016）幼稚園、小学校、中学校、高等学校及び特別支援学校の学習指導要領等の改善及び必要な方策等について（答申）

中央教育審議会（2021）「令和の日本型学校教育」の構築を目指して～全ての子供たちの可能性を引き出す、個別最適な学びと、協働的な学びの実現～（答申）

情報活用能力とは

東北学院大学　稲垣忠

情報社会で生きていくために必要な資質・能力。情報活用能力を一言で定義すればこのようになります。が、ここに一言、二言足してくわしく説明しようとするととたんに難しくなってしまいます。その理由のひとつは、情報社会がどんどん進化し続けていることにあります。もうひとつは、どのような社会であれ、そこで生きていくために必要な力は、多岐にわたるからです。この2つが組み合わさることで、時代によって変化し、さまざまな要素が複雑にからみあった情報活用能力ができあがります。そこで本稿では、情報社会がどう変化してきたのかを整理しつつ、その変化に対応した情報活用能力がどんな力なのか考えていきましょう。

情報社会はいつから情報社会なのか

AI、スマートフォン、SNSなど、私たちは多くの情報技術に囲まれて生活しています。一日の生活を思い返すと、天気予報、ニュース、交通情報、SNS上のやりとり、おすすめのランチなどなど、私たちの目や耳に入ってくる情報のほとんどがデジタルメディアを介していて、しかも接する量はますます増大しています。世界的な企業のランキングをみてみると、ソフトウェアや半導体など情報技術に関する企業が大半を占めています。2024年現在の情報社会はおよそこのように説明できそうですが、そもそもいつから情報社会と言われてきたのでしょうか。

情報社会あるいは情報社会になりつつある情報「化」社会といった言葉が広く知られるようになったのは1980年代にさかのぼります。米国の社会学者のアルビン・トフラーが『第三の波』（トフラー、1982）の原著を出版したのは1980年です。「第三」とありますが、1つ目の波は農業のはじまり（日本でいえば縄文時代から弥生時代）、2つ目の波は産業革命（日本では明治時代）、そして3番目の波として情報化がはじまったと主張しました。「Soceity 5.0」の元になった考え方です。それまで、コンピュータはとても大きく高価で、一部の大学やオフィスにしかありませんでした。80年代に入るとパーソナルコンピュータが広く販売され、自宅でプログラミングする人も出てきました。私も当時小学生でしたが、友人とゲームづくりをして大いに楽しみました。80年代後半になると、オフィスにコンピュータが普及していき、その使い方はプログラミングからワープロや表計算などのオフィスソフトを活用することに重点が移っていきました。「情報活用能力」という言葉が初めて定義されたのはこの頃です。1986年、臨時教育審議会の第二次答申において「情報活用能力」は「情報及び情報手段を主体的に選択し活用していくための個人の基礎的な資質」として、その育成が提言されました。「情報及び情報手段」とあるように、情報手段としてのコンピュータだけでなく、取り扱う情報そのものについて選択したり、判断したりできることが意図されていました。

インターネットと情報活用能力

1990年代の半ばになると、今のパソコンの姿に次第に近づいてきます。マイクロソフト社のWindowsが普及し、インターネットを家庭や学校で使えるようになりました。授業でのコンピュータの使い方は、プログラミング、お絵描きソフト、ワープロ、ドリル学習が主なところでしたが、ネットワークにつながったことで、コンピュータ室でウェブ検索をしたり、ほかの学校と交流する使い方が登場しました。「情報化の進展に対応した初等中等教育における情報教育の推進等に関する調査研究協力者会議」の最終報告（文部省、1998）では、「情報活用の実践力」「情報の科学的な理解」「情報社会に参画する態度」の3つが情報教育の目標であり、それぞれを独立して扱うのではなく、相互に関連づけ、各教科の学習の中で育成するとされました。たとえば「情報活用の実践力」は以下のように定義されています。コンピュータがプログラミングから、情報収集と表現・コミュニケーションの道具へと変化してきたことがこの定義からも読み取ることができます。

> 課題や目的に応じて情報手段を適切に活用することを含めて、必要な情報を主体的に収集・判断・表現・処理・創造し、受け手の状況などを踏まえて発信・伝達できる能力

ここで、情報収集の手段としてのインターネットの活用に関連して、情報活用能力のもう1つのルーツ、図書館利用教育を紹介しておきましょう。インターネットが普及する前、私たちは何か調べたいことがあると、図書館か書店に行き、膨大な本の中から、調べたいことを探しました。今ではパソコンやスマートフォンの検索で間に合ってしまいますが、それでも体系的に学びたい、ある程度、信頼の置ける情報を探したいときには、本が頼りになります（そう思って、読者の皆さんも本書を手にされたのではないでしょうか）。図書館利用教育には、情報探索の方法、情報整理の方法、情報表現の方法が含まれます（日本図書館協会図書館利用教育委員会、2003）。情報探索には図書だけでなく、ウェブ検索、インタビューなどが、情報整理にはメモの取り方や情報の分類、ファイリングが含まれます。情報表現にはレポートやプレゼンテーションの他、Webサイト等のオンラインでの発表が含まれます。探索・整理・表現、この流れは探究学習の過程である「課題の設定-情報の収集-整理・分析-まとめ・表現」と類似していることに気づかれた方もいるでしょう。これら一連の技能を身につけると、子どもたちは自分で探究するとき、怪しげな情報にだまされたり、多すぎる情報に翻弄されたりすることなく、質の高い探究に取り組むことができます。

「情報社会に参画する態度」についても触れておきましょう。インターネットの普及が社会に与えたプラス・マイナス双方の影響を反映しています。私たちはインターネットのおかげで、共通の興味や課題意識をもつ全国、世界中の人といつでもつながることができるようになりました。イヴァン・イリイチは1970年に出版した「脱学校の社会」（イリイチ、1977）の中で、ネットワークを使って誰もが学べる社会の到来を予言しましたが、それをインターネットが叶えた

のです。その一方で、オンライン上での誹謗中傷、ネットいじめ、デマ情報の拡散、著作権や肖像権の侵害といった問題が生じるようになりました。インターネット以前では、多くの人に情報を伝えるのはマスメディアの役割でしたが、インターネットによって誰もが発信者になれるようになったからこそ、発信する側としての責任や倫理観が問われています。他にも、夜遅くまでネットから離れられずに健康に悪影響を及ぼすこと、個人のパスワード管理や企業等の情報セキュリティの問題など、進展する情報社会は利便性と同時に、さまざまな問題が生じています。文部科学省（2007）は「情報モラル指導モデルカリキュラム」を公表し、「情報社会の倫理」「法の理解と遵守」「安全への智恵」「情報セキュリティ」「公共的なネットワーク社会の構築」の5分野からなる体系を示しました。その後の多くの情報モラル教材はこの体系に準拠してつくられています。2010年代にはSNSとスマートフォンが登場したことで、この影響はさらに加速しました。ここまでの経緯は稲垣・中橋（2017）に詳しく述べられています。

DX・AIの進化と情報活用能力

2010年代後半から2020年代にかけて、情報技術の進化が加速していきます。2006年にジェフリー・ヒントンらが発表した深層学習（ディープラーニング）の理論は、AIの実用化を大きく後押ししました。2024年現在でも、OpenAIのChat-GPTをはじめ、画像や動画・音楽の生成、翻訳や要約の精度など、AIができることの幅と質は日々向上しつづけています。

GIGAスクール構想が発表されたのは2019年12月、コロナ禍の直前のことでした。当初予定されていた5年がかりでの整備はコロナにより大きく前倒しされ、今では全国の子どもたちが日々の学習の道具としてコンピュータを使えるようになりました。学校の授業だけでなく、家庭にも持ち帰って学習に用いたり、家庭と学校のさまざまな連絡もデジタル化が進みました。社会でもリモートワークが進んだり、AIを活用して業務を効率化したり、新しいサービスが日々登場しています。この数年で加速度的にDX（デジタル・トランスフォーメーション）が進んでいます。

AIの進化と社会のDX化は、当然のことながら、情報活用能力の在り方にも影響を及ぼしています。先ほどの3観点のうちのもう1つ「情報の科学的な理解」に対する関心が大きく高まったのです。AIは私たちの知的な作業（情報の収集や整理・分析やまとめ・表現）を部分的に自動化／代行します。その際、どのように処理しているのか見えない、分からない。ブラックボックスのまま技術を活用することは、私たちの知性をAIに明け渡すようなものです。一方、プログラミングの環境は大幅に進化し、DXを実現するサービスを自分でつくることも容易になりました。誰もが情報技術を活用して課題を解決し、新たな社会の創造に参加できる。その基盤として情報活用能力がいっそう重視されるようになったのです。

2004年現在の学習指導要領（文部科学省、2017、2018、2019）では、情報活用能力は言語能力や問題発見・解決能力と並ぶ「学習の基盤となる資質・能力」として、教科横断的に育成するとされています。小学校ではプログラミング教育が導入され、中学校の技術科ではネットワークを利用した双方向性のあるコンテンツをつくる経験が入り、高校では「情報の科学」を発展させた「情報Ⅰ」が必履修になり、大学入学共通テストの科目にもなりました。「教育の情報化に関する手引」(文部科学省、2019)には、情報活用能力の体系表例が掲載されています。情報活用能力の「想定される学習内容」として「基本的な操作等」「問題解決・探究における情報活用」「プログラミング」「情報モラル・情報セキュリティ」の4つの分野が示されました。

情報活用能力のこれから

情報社会が登場した1980年代から40年をかけて、情報活用能力は進化・発展し続けてきました。世の中で情報技術が果たす役割が大きくなるにつれて、求められる情報活用能力の幅も広がってきました。それでも、ここに挙げたさまざまな情報活用能力を進化・拡充していくための施策はすべて、GIGAスクール構想より前、生成AIがブームになるより前に策定されたものです。この2〜3年だけでも、現実の情報社会、学校のICT環境は激変しています。新たな技術が登場し、社会を変えていく様は、ワクワク感と同時に、これからどうなっていくのか、先行きに対する不安を感じさせます。今後の情報活用能力を考える上で論点になりそうなことを列挙しておきます。

① クラウド利用の日常化：集めた情報や考えを瞬時に共有したり、時間や場所の制約なく共同作業したりすることが日々の授業・学習でも当たり前にように行われています。共有にかかる時間・手間が小さくなった分、集まった情報から何を見出すことができるのかが、情報活用能力のより本質としてクローズアップされていきます。堀田・山内(2021)は、クラウド学習環境が日常化した中で次世代の情報活用能力には、情報活用の「真正性」「社会性」「成果」の３つが重視されるとしています。実社会で大人が行う情報活用と同じツールを子どもたちも手にしているからです。

② データ活用と情報活用：デジタルで情報の蓄積・共有をしていくと、データとして分析しやすくなります。これまで、人の目で傾向を捉えたり、情報を分類したりしていたことでも、データを統計的に処理できます。情報活用能力とデータサイエンス(算数・数学の「データの活用」の領域)の距離が今まで以上に近づいていきます。日本ではじめて「データサイエンス学部」を創設した竹村(2018)は、情報学、統計学とデータからの価値創造の３つの要素を統合したものをデータサイエンスとしています。MDASH(数理・データサイエンス・AI教育プログラム)認定を受けた大学が全国でも広がっています。

③ AIの影響：文章の要約、集めた情報の傾向の読み取り、文章からプレゼンテーションの生成など、生成AIは情報活用の強力なアシスタントです。しかしながら、強力すぎるが故に、安易な代行で片付く程度の課題は、もはや課題の意味をなさなくなります。さらに、AIを利用して加工・生成した偽情報や、AIによるフィルタリングなど、何が本当なのか、偏りが無い情報は何なのか、一段高いレベルの判断力が求められます。みんなのコード(2023)や文部科学省(2024)によるガイドラインなど、生成AIを教

育現場で活用していく指針にはいずれもその仕組みや課題点を理解する上で情報活用能力を育成する重要性を指摘しています。

操作できること、活用して問題を解決すること、仕組みや特性を理解して活用すること。情報社会を生きていくために必要な資質・能力はますますタイヘンなものになっていきそうです。それでも、私たち人間の脳の仕組みが変わらない限り、五感で情報をインプットし、脳で処理し、アウトプットする、根本的な情報処理の仕組みは変わりません。そして、私たちが何か新しいことを学ぶには、この処理を自分の意思で駆動させることが必要です。使用する道具や知っておくべき知識や留意すべき事項が変化したとしても、人の学びの根底にある情報活用能力を磨く授業の積み重ねが、変化し続ける情報社会を主体的に生きていく何よりの支えになるのではないでしょうか。

参考文献

アルビン・トフラー（1982）第三の波、中央公論新社

文部省（1998）情報化の進展に対応した教育環境の実現に向けて（最終報告）、
https://www.mext.go.jp/b_menu/shingi/chousa/shotou/002/toushin/980801p.htm

日本図書館協会図書館利用教育委員会（2003）図書館利用教育ハンドブック．大学図書館版、日本図書館協会

イヴァン・イリイチ（1977）脱学校の社会、東京創元社

文部科学省（2007）情報モラル指導モデルカリキュラム、
https://www.mext.go.jp/a_menu/shotou/zyouhou/1296900.htm

稲垣忠・中橋雄（2017）情報教育・情報モラル教育、ミネルヴァ書房

文部科学省（2017、2018、2019）小学校・中学校・高等学校・特別支援学校学習指導要領、
https://www.mext.go.jp/a_menu/shotou/new-cs/1384661.htm

文部科学省（2019）「教育の情報化に関する手引」について、
https://www.mext.go.jp/a_menu/shotou/zyouhou/detail/mext_00117.html

堀田龍也・山内祐平（2021）クラウドで育てる次世代型情報活用能力、小学館

竹村彰通（2018）データサイエンス入門、岩波書店

特定非営利活動法人みんなのコード（2023）学校の生成AI実践ガイド　先生も子どもたちも創造的に学ぶために、学事出版

文部科学省（2024）初等中等教育段階における生成AIの利活用に関するガイドライン Ver2.0、
https://www.mext.go.jp/a_menu/other/mext_02412.html

情報活用能力のベーシックをつくる

放送大学　小林祐紀

資質・能力と探究的な学び

予測困難な時代を生き抜き、社会づくりの一翼を担う子どもたちにとって必要となる能力はどのようなものでしょうか。おそらく課題解決能力、コミュニケーション能力等の大きな枠組みによって語られる能力を想像された読者が多いと思います。このような大きな枠組みの能力は資質・能力と呼ばれています。

私たちは、各教科の特質に応じて、子どもたちに資質・能力を育むことを要請されています。そして、資質・能力を育む学びとして「探究的な学び」が、今改めて注目されています。探究的な学びは教科を問わず重視される学びであり、学習者中心の学びや自分事としての学びと言い換えることができるでしょう。

例えば算数・数学では、探究的な学びに該当するものとして「数学的活動」が示されています。小学校学習指導要領解説 算数編では、数学的活動に関して「事象を数理的に捉え、数学の問題を見いだし、問題を自立的、協働的に解決し、解決過程を振り返って概念を形成したり体系化したりする過程」といった算数・数学の問題発見・解決の過程が重要であると指摘されています（文部科学省, 2017)。さらに、小学校算数科においては、数学的に考える資質・能力の育成を目指す観点から、実社会との関わりと算数・数学を統合的・発展的に構成していくことを意識して、数学的活動の充実等を図ったことが示されているのです。

紙面の都合から、ここでは算数・数学だけを取り上げましたが、他の教科においても教科特有の表現を用いて示されていますので、ぜひご確認いただければと思います。

情報活用能力はこれからの学びに必要不可欠

これからの目指す授業の姿であり、学習者中心の探究的な学びを実現する際に、学習の基盤として不可欠な資質・能力として「言語能力」や「問題発見・解決能力」と共に「情報活用能力」は位置づけられました。

情報活用能力は学習指導要領において「世の中の様々な事象を情報とその結び付きとして捉え、情報及び情報技術を適切かつ効果的に活用して、問題を発見・解決したり自分の考えを形成したりしていくために必要な資質・能力」と定義づけられています。また、情報活用能力の具体については、例えば小学校学習指導要領解説 総則編において次のように示されています。なお、中学校、高等学校学習指導要領においても同様です。

学習活動において必要に応じてコンピュータ等の情報手段を適切に用いて情報を得たり、情報を整理・比較したり、得られた情報を分かりやすく発信・伝達したり、必要に応じて保存・共有したりといったことができる力

ここに示されているのは「調べて、まとめて、伝える」という典型的な探究的な学びの学習過程そのものです。したがって情報活用能力は、探究的な学びを経験する中で育まれ、発揮される能力といえるでしょう。探究的な学びは、これまでの教わる授業ではなく、学習者自身が学び取る授業ともいえます。このような学びを実現する授業において、GIGAスクール構想で整備された環境は、もはや授業を支えるインフラでありデジタル学習基盤とよばれています。したがって、子どもたちのリアルの学びを充実させるために、鉛筆やノート等の文房具と同様に新しいデジタルツールやクラウド環境を主体的に活用することは極めて重要なのです。

情報活用能力は重要とはいうけれど……

情報活用能力の重要性が最初に指摘されたのは、1986年の臨時教育審議会第二次答申であり、すでに40年近く経過しています。しかし、学習指導要領における情報活用能力に関する記載や学習の基盤となる資質・能力といった根幹的な位置づけについての認知は、十分ではないことが報告されており、特に、根幹的な位置づけについての認知は、情報モラル、プログラミングといった個別の指導内容に関する認知を下回る傾向がみられたことが指摘されています（稲垣ほか、2019）。したがって、情報活用能力に関連する学習内容の中でも、日常的な授業づくりに関連する「問題解決・探究における情報活用」についての授業イメージが特に不足していると容易に予想できるでしょう。

加えて、既に公開されている情報活用能力の体系表例（文部科学省、2019）においては、想定される学習内容（基本的な操作等、問題解決・探究のおける情報活用、情報モラル、プログラミング）と資質・能力の三つの柱、6つの内容カテゴリー、5つの発達段階が同時に示されており、その複雑さゆえに一般的な学校では日常的な指導に生かされにくい状況と考えられます。

筆者らのもとへ寄せられる教員研修の依頼内容は、ここ数年「効果的な1人1台端末の活用」から「探究的な学びにおける1人1台端末の活用」へと変化しています。この変化は「問題解決・探究における情報活用」についての授業イメージが未だ持ちにくいことと無関係ではないといえそうです。

情報活用能力ベーシックの誕生

上述したような現状において、子どもたちの情報活用能力を育むためには、情報活用能力育成を意図した授業の構想・実践を力強く支援することが重要と考え、筆者らの研究グループ（日本教育情報化振興会内に設置された情報活用能力育成調査研究委員会）においては「情報活用能力ベーシック」を開発し、普及・促進を図ってきました。

情報活用能力ベーシックとは、探究的な学習の5つの過程（【課題の設定】【情報の収集】【整理・分析】【まとめ・表現】【振り返り・改善】）に基本となる授業展開を関連づけた情報活用能力育成のための授業指標のことです（小林ほか、2023）。教師たちが日々実践する授業づくりに生かせることを意図して、小学校では各教科・領域、中学校においては5教科を開発しています。

情報活用能力ベーシックは、次に示す手順で開発しました。

(1) 学習指導要領等の文部科学省が公開している情報をもとに、情報活用能力の構成要素を同定する

委員による検討の結果、13の構成要素（図1中の箇条書き）が明らかとなりました。

(2) 構成要素を探究的な学習の学習過程に関連づける

下図のように探究的な学習の5つの学習過程に対して内容を吟味した上で、13の構成要素を関連づけました。

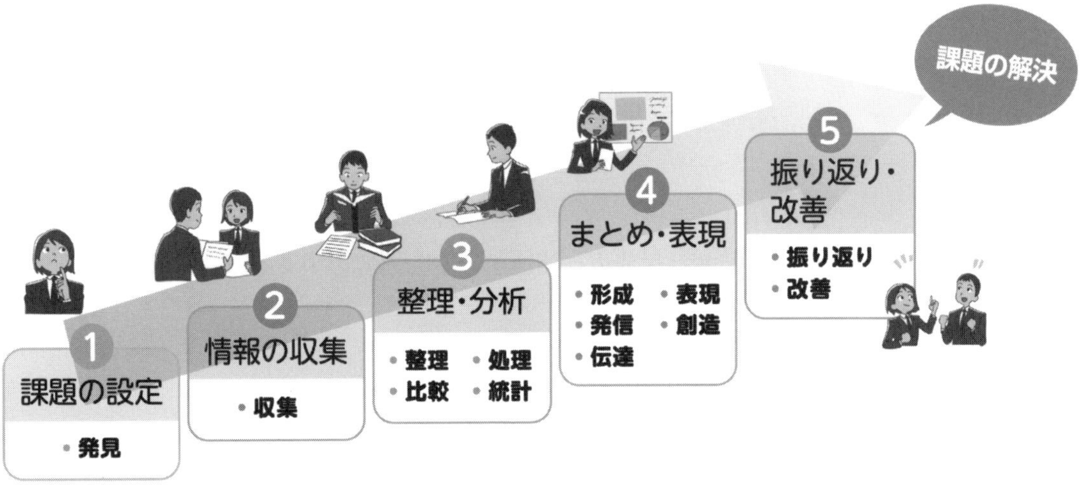

図1　探究的な学習の過程に関連づけられた構成要素

(3) 13の構成要素をもとに、各教科の学習指導要領解説において、どのように記載されているか、委員が分担しながら内容を確認する

(4) 構成要素が用いられている一文を抜き出し、該当ページ番号、関連する構成要素、該当する一文を表に整理する

(5) 表に整理された情報をもとに、情報活用能力育成を意図した基本的な授業展開を記述する

記述内容は最終的に委員全員で確認し、必要に応じて合議の上で修正し最終的に確定しました。「情報活用能力ベーシック」の誕生の瞬間です。

情報活用能力ベーシックの2つの特徴

情報活用能力ベーシックは、文部科学省が公開している学習指導要領等の情報をもとに情報活用能力の構成要素を明らかにした上で、基本となる各教科の授業展開を示した授業指標です（詳細は、pp.22-27を参照してください）。

例えば、国語（小学校）【整理・分析】における学習展開例では「伝え合うために必要な情報かどうか、多様な観点から比較・分類して整理することで、伝えたいことを明確にする」としました。他にも、体育（小学校）【まとめ・表現】における学習展開例では「運動について、グループの中で互いの役割を決めて観察し合ったり、学習カードやICT機器を活用したりして、つまずいていた技や演技のこつやわかったこと等を、文字や図で書いたり、映像を活用して発表したりする」としました。

あくまでも基本となる授業展開例であることが伝わると思います。

開発した情報活用能力ベーシックには2つの特徴があります。1つめは、開発に際して教師が授業づくりの際の拠り所とする学習指導要領に依拠している点です。そして2つめは、「この通りにやればよい」という個別具体的な事例を示すのではなく、児童生徒の学習経験の実態、学年の違い等を踏まえる必要性があることから、あえて指標にとどめている点です。特に2つめは、我が国の教師たちの授業研究の歴史を振り返ったときに、教師の授業づくりの多様性を自覚し、指示よりも支援した方がより良い結果が得られるという、私たち委員の確信に近い思いが込められています。

情報活用能力ベーシックは、本書以外にリーフレットやガイドブックを多数公開しています（詳細はhttps://www.japet.or.jp/info-ut-ability/）。すでに授業改善のために学校研究に取り入れたり、県全体で情報活用能力ベーシックの活用を推進したりする自治体も見られるようになりました。活用の詳細は、2章（p.29-）3章（p.119-）をお読みください。

参考文献

文部科学省（2017）小学校学習指導要領解説 算数編

稲垣忠、中川一史、佐藤幸江、前田康裕、小林祐紀、中沢研也、渡辺浩美（2019）小中学校教員を対象とした情報活用能力の認知および指導状況に関する調査、日本教育メディア学会第26回年次大会発表集録、94-97

文部科学省（2019）次世代の教育情報化推進事業（情報教育の推進等に関する調査研究）成果報告書 情報活用能力を育成するためのカリキュラム・マネジメントの在り方と授業デザイン -平成30年度 情報教育推進校（IE-School）の取組より-、https://www.mext.go.jp/component/a_menu/education/micro_detail/__icsFiles/afieldfile/2019/09/18/1416859_01.pdf(2024年6月1日確認)

小林祐紀、秋元大輔、稲垣忠、岩﨑有朋、佐藤幸江、佐和伸明、前田康裕、山口眞希、渡辺浩美、中川一史（2023）学習過程に関連づけた情報活用能力育成のための授業指標の開発と評価、AI時代の教育論文誌、5、60-67

小学校版　情報活用能力ベーシック

国語

学習過程	共通	低学年	中学年	高学年
①課題の設定	日常生活で経験したり感じたり考えたりしたことや想像したことから話題や題材を設定する。	日常生活で経験したり感じたりしたことや想像したことから話題や題材を設定する。	目的を意識して、日常生活で経験したり感じたり考えたりしたことや想像したことから話題や題材を設定する。	目的や意図に応じて、日常生活で経験したり感じたり考えたりしたことや想像したことから話題や題材を設定する。
②情報の収集	相手や目的を意識して、必要に応じた方法で情報を収集する。	伝えるために必要な事柄を集める。	目的に合う情報を収集する。	目的や意図に応じた方法で複数の情報を収集する。
③整理・分析	伝え合うために必要な情報かどうか、多様な観点から比較・分類して整理することで、伝えたいことを明確にする。	伝えるために必要な事柄であるか確かめる。	情報を比較したり分類したりして、伝えたいことを明確にする。	情報を分類したり関係付けたりして、伝えたいことを明確にする。
④まとめ・表現	話の内容を分かりやすく伝えるために、構成を考えたり表現を工夫したりする。	時や事柄の順序を考えて、伝えたいことを表現する。	理由や事例などを挙げ、話の中心が明確になるように構成や表現を工夫する。	事実と感想、意見とを区別するなどして構成を考えたり、表現を工夫したりする。
⑤振り返り・改善	学習の過程やまとめの段階で、伝えたいことが伝わったかを振り返り、次の活動へ生かす。	自分や友達の学びについて、思ったことを伝え合う。	観点をもって、振り返り、次の活動へ生かす。	学習の過程やまとめの段階で、伝えたいことが伝わったかを振り返り、考えを再構成し、自分の考えをより深める。

社会

学習過程	共通	中学年	高学年
①課題の設定	地域や生活などの社会的事象から課題を発見する。	身近な地域や自分自身の生活に関することから課題を発見する。	我が国の国土・産業・歴史や、世界の人々との共生に関することから課題を発見する。
②情報の収集	調査活動や諸資料の活用など手段を考えて問題解決に必要な社会的事象に関する情報を適切に収集する。	見学や聞き取り調査、地図帳やコンピュータを用いて課題解決に必要な情報を集めたり、地図や写真、年表などの資料から情報を読み取ったりする。	情報の不確実性及び、見学・聞き取り調査・地図帳・コンピュータなどの情報の収集手段の特性に留意して情報を集めたり、地図や写真、年表、統計などの資料から、事象の広がりや経過などを適切に読み取ったりする。
③整理・分析	位置や空間的な広がり、時期や時間の経過、事象や人々の相互関係などに着目して社会的事象を捉え、どのような違いや共通点があるか比較・分類したり総合したり、どのような役割を果たしているか地域の人々や国民の生活と関連づけたりする方法で、考えたり選択・判断したりする。	収集した情報に対し、場所や人々の相互関係等に着目してどのような違いや共通点があるか比較・分類したり、自分の地域や人々の生活と関連づけたりして考える。	事象の広がりや時間の経過、人々の相互関係等に着目し、複数の情報を比較・統合したり、国民生活や世界における我が国の役割と関連づけたりしながら考える。

④まとめ・表現	資料や調査活動で得た情報を白地図や年表、図表などに効果的にまとめる。また、考えたことや選択・判断したことを説明したり、それらをもとに議論したり、文章で記述したりする。	調査で得た情報をもとに考えたことや選択・判断したことを文章で記述したり、白地図や年表、図表などに表したことを使って説明したりする。	考えたことや選択・判断したことを白地図や図表、年表等にまとめたり、それらを使って根拠や理由などを明確にして論理的に説明したり、他者の主張につなげ立場や根拠を明確にして議論したりする。
⑤振り返り・改善	学習を振り返り、学習成果をもとに生活の在り方やこれからの国家及び社会の発展について考える。	学習を振り返り、学習成果をもとに生活の在り方やこれからの地域社会の発展について考える。	学習を振り返り、学習成果をもとに生活の在り方やこれからの国家及び社会の発展について考える。

算数

学習過程	共通	低学年	中学年	高学年
①課題の設定	日常の事象及び数学の事象を対象とした算数的な課題を発見する。	身の回りの事象を観察したり、具体物を操作したりして、数量や図形の課題を見いだす。	日常の事象や算数の学習場面から、算数的な課題を発見する。	日常の事象を数理的に捉え問題を見いだしたり、算数の学習場面から算数的な課題を発見したりする。
②情報の収集	目的に応じて、データを収集する。	身の回りの身近な題材から、データを収集する。	課題解決に向けての目的を明確にし、データを収集する。	目的に応じて、様々な質的データや量的データを収集する。
③整理・分析	観点を定めて様々な方法を使ってデータを分類整理し、考察する。	身の回りの事象について観点を定めて絵や図で分類整理したり、簡単なグラフに表現したりして特徴をとらえる。	日時の観点や場所の観点など観点を定めてデータを表に分類整理したり。棒グラフや折れ線グラフに表現したりして、特徴や傾向を考察する。	観点を定めて表などに分類整理し、目的やデータの種類に応じてグラフにまとめたり、統計量を求めたりして特徴や傾向を把握し、考察する。
④まとめ・表現	問題解決の過程や結果を、図や式などを用いて数学的に表現し伝え合う。	問題解決の過程や結果を、具体物、図、数、式などを用いて表現し伝え合う。	問題解決の過程や結果を、図や式などを用いて数学的に表現し伝え合う。	問題解決の過程や結果を、目的に応じて図や式などを用いて数学的に表現し伝え合う。
⑤振り返り・改善	問題解決から学んだことのよさや楽しさを感じながら学び続ける。	問題解決から学んだことのよさや楽しさを感じる。	問題解決の過程や結果を、図や式などを用いて数学的に表現し伝え合う。	問題解決の過程や結果を、目的に応じて図や式などを用いて数学的に表現し伝え合う。

理科

学習過程	共通	中学年	高学年
①課題の設定	差異点や共通点、得られた知識や技能をもとに問題を発見する。	事物・現象を比べて、差異点や共通点をもとに問題を見いだしたり、既習内容等に基づいて予想や仮説を発想したりする。	予想や仮説をもとに次の問題を発見したり、新たな視点で事物・現象を捉えようとしたりする。
②情報の収集	事物・現象に直接触れ、観察や実験を通じて情報を得る。	着目した事物・現象を比較したり、関連づけたりしながら調べ、情報を得る。	事物・現象の変化する要素について、条件を制御しながら観察や実験を行い、多面的に調べながら情報を得る。
③整理・分析	得られた情報を比較しながら調べ、その結果を表などに整理して考察できるようにする。	観察や実験で得られた情報を図や表、グラフなどを用いて整理し、考察できるようにする。	得られた情報を図や表、グラフなどに整理して関係性を見出すなど、適切に処理して考察できるようにする。
④まとめ・表現	解決の方法を発想し、より妥当な考えをつくり出し、表現する。	表やグラフから読み取ったことなどを使って、特徴や関係性を捉え、適切に表現する。	根拠のある予想や仮説をもとに、解決の方法を発想し、より妥当な考えをつくり出し、表現する。
⑤振り返り・改善	予想や仮説に基づいて行った観察や実験の方法を振り返り、学習の見直しや再検討を行う。	予想や仮説に基づいて行った観察や実験の方法を振り返り、学習の見直しを行う。	予想や仮説に基づいて行った観察や実験の方法など、自らの学習活動を振り返って意味付け、再検討を行う。

生活

①課題の設定	身の回りの日常の事象から様子や特徴を発見する。
②情報の収集	目的を明確にしながら調べたり体験したりして収集する。
③整理・分析	自分や身の回りの自然の変化や成長の様子を比較する。
④まとめ・表現	伝える相手や伝える目的を明確にしながら様々な方法で発信する。自分自身や自分の生活について考え、表現したり周りに働きかけてより良くしようと創造したりする。
⑤振り返り・改善	自分自身の生活や成長を振り返る。

音楽

①課題の設定	自分にとっての音楽のよさや面白さを見いだす。
②情報の収集	自分が表したい音やフレーズを探したり、音色、リズム、速度、反復、呼びかけとこたえなどの音楽を形づくっている要素を聴き取ったりする。
③整理・分析	リズムや旋律、各声部の役割、曲全体の構成などの特徴を比較する。ふさわしい音を選択したり表現のよさを判断したりする。
④まとめ・表現	自分の思いや意図が聴き手に伝わるように表現したり、曲の特徴にふさわしい表現を工夫したりする
⑤振り返り・改善	×学習指導要領から見出すことができない。

図画工作

①課題の設定	自分の感覚や行為を通して、形や色などに気付き、それを基に自分のイメージをもつ。
②情報の収集	自分の思いに合う材料を児童自身が集める。
③整理・分析	形や色などから分析的に見たり、意図や気持ちなどを読み取ったりするなど、作品などを深く捉えられるようになる。
④まとめ・表現	感じたこと、想像したことなどのイメージから、表したいことを見付けて、好きな形や色を選んだり、表し方を考えたりしながら、技能を働かせて表現を工夫する。
⑤振り返り・改善	自分たちの活動を通して自分にとってどのような意味や価値がつくりだされたのかを振り返る。

家庭

①課題の設定	日常生活・家庭生活の中から問題を見出し、課題を設定する。
②情報の収集	調べたり、観察・実験・実習した結果について多様な観点から比較・検討したりする。
③整理・分析	生活をよりよくする視点をもって情報を取捨選択し、図表・グラフ等に整理する。
④まとめ・表現	実感を伴って理解できるように、発表のしかたを工夫する。
⑤振り返り・改善	計画どおりに実践できたこと、できなかったことなどを評価し、どのように改善して生活に生かしたらよいかを考えることができる。

体育

①課題の設定	健康に関する課題を発見する。
②情報の収集	健康な生活を実践するために、健康に関する必要な情報を収集する。
③整理・分析	課題を見いだし他者と協働しながら解決したり、自分の考えを形成し伝え合ったり、思いや考えを基に創造したりするために情報を捉えて多角的に精査する。
④まとめ・表現	運動について、グループの中で互いの役割を決めて観察し合ったり、学習カードやICT機器を活用したりして、つまずいていた技や演技のこつやわかったこと等を、文字や図で書いたり、映像を活用して発表したりする。健康に関する課題に対応して、保健の知識及び技能等を活用して、自己の健康を保持増進するために的確に思考し判断するとともに、それらを表現する。
⑤振り返り・改善	運動について、技のできばえを振り返ったり、自己評価したりする。健康について、健康等に関する課題を見付けるために、学習内容や自己の経験を振り返る

外国語

①課題の設定	外国語の音声や文字、語彙、表現、文構造、言語の働きなどについて、日本語と外国語との違いに気付き理解する。
②情報の収集	→× 学習指導要領から見出すことができない。
③整理・分析	コミュニケーションの目的や場面、状況等に応じて情報を整理しながら考えなどを形成する。
④まとめ・表現	コミュニケーションの目的や場面、状況等に応じて、簡単な語句や基本的な表現の中から適切なものを選び、自分の考えや気持ちなどを伝え合う。
⑤振り返り・改善	言語面・内容面で自ら学習のまとめと振り返りを行い、学んだことの意味付けを行ったり、既得の知識や経験と、新たに得られた知識を言語活動へつなげる。

道徳

①課題の設定	日常生活や道徳の教材に触れる中で、道徳的価値の理解を基に自己を見つめる。
②情報の収集	他者と対話したり協働したりしながら、物事を多面的・多角的に捉える。
③整理・分析	書く活動や説話の工夫など指導方法の工夫をして、児童に問題意識をもたせ、主体的に考え話し合い、判断することが出来るようにする。
④まとめ・表現	問題解決的な学習、体験的な学習を通して物事を多面的・多角的に考え、自分の考えや意見を相手に伝えるとともに、相手のことを理解する。
⑤振り返り・改善	自分の生活を振り返り、改善すべき点などについて進んで見直しながら、個人が直面する様々な状況の中で、そこにある事象を深く見つめ、自分はどうすべきか、自分に何ができるかを判断し、そのことを実行する手立てを考え、実践できるようにしていくなどの改善を行う。

総合的な学習の時間

①課題の設定	日常生活や社会に目を向けた時に湧き上がってくる疑問や関心に基づいて、自ら課題を見つける。
②情報の収集	具体的な問題について情報を収集する。
③整理・分析	課題の解決にとって、その情報が必要かどうかを判断し取捨選択することや、解決の見通しにしたがって情報を順序よく並べたり、書き直したりする。整理した情報を基に、比較・分類したりして傾向を読み取ったり、因果関係を見付けたりする。複数の情報を組み合わせて、新しい関係性を創り出す。
④まとめ・表現	整理・分析された情報から、自分自身の意見や考えをまとめて表現する。相手や目的に応じてより分かりやすく伝わるように、比較する、分類する、関連付けるなどの、「考えるための技法」を活用しながら、より論理的で効果的な表現を工夫する。
⑤振り返り・改善	学習を振り返る中で、物事や自分自身に関して考え方が深まるようにする。他者との相互交流や表現による振り返りを通して、課題が更新されたり、新たに調べることを見いだしたり、意見や考えが明らかになったりする。

特別活動

①課題の設定	集団や自己における課題を発見する。
②情報の収集	適切かつ必要な情報を児童が自ら収集する。
③整理・分析	問題の原因を整理、処理して、解決に向けての方向性をはっきりとさせる。また、他教科との関連から学級活動や児童会活動などで行われる調査・統計を用いて分析する。
④まとめ・表現	自分の意見を発表したり、他者の意見をよく聞いたりして集団としての意見を合意形成する。活動を通して学んだことをまとめて発表したり、保護者や地域へ発信したりする。楽しく豊かな学級や学校の文化を自発的、自治的に創造する。
⑤振り返り・改善	実践を振り返り、改善しながら見出した課題を克服したり、掲げた目標を達成しようとする。体験活動を通して気付いたことなどを振り返り、まとめたり、発表し合ったりする。

中学校版　情報活用能力ベーシック

国語

学習過程	展開例
❶課題の設定	日常生活や社会生活の中から、多様な情報を得ることが必要となる話題や題材を設定する。
❷情報の収集	異なる立場や考えをもつ人に自分の考えを伝えるために、根拠となる情報を本や新聞、雑誌、インターネット等、様々な方法で幅広く収集する。
❸整理・分析	集めた情報を、観点に沿って比較、分類、関係付け等して、伝えたいことを明確にする。
❹まとめ・表現	文章を読んで理解したり、互いの考えを比較したり評価したりして、自分の既有の知識や様々な経験と結び付けて考えをまとめ、自分の考えが分かりやすく伝わるように表現を工夫する。
❺振り返り・改善	学習の過程やまとめの段階で、根拠の明確さ、表現の工夫とその効果、論理の展開等の観点からよい点や改善点を見いだし、修正したり次の活動に生かしたりする。

社会

学習過程	展開例
❶課題の設定	社会的事象に見られる課題を発見する。
❷情報の収集	観察や野外調査、訪問調査等の様々な調査や、年表や地図、文献、図版、写真、統計資料、実物等の諸資料から、社会的事象に関する様々な情報を適切かつ効果的に収集する。
❸整理・分析	各分野の特色に応じて、提示された課題（問い）や生徒の課題意識から、時系列に沿った整理や地理的な条件から整理する。また、比較・分類したり総合したり、他の社会的事象と関連付けたり、多面的・多角的に考察する。
❹まとめ・表現	各分野の特色に応じて、事象を説明したり、論拠を基に自分の解釈を加え説明・論述したり、議論や意見交換したりする。また、合意形成や社会参画を視野に入れながら、構想したことについて、妥当性や効果、実現可能性等を踏まえて表現する。
❺振り返り・改善	学習内容・活動に応じた振り返りを行い、学習成果をもとにしてこれからの国家及び社会の発展について考える。また、自らの学習の進め方や学習成果を改善したりする。

数学

学習過程	展開例
❶課題の設定	日常の事象や社会の事象、数学の事象の中から目的意識をもって課題を発見する。
❷情報の収集	目的に応じて、適切で能率的な方法でデータを収集する。
❸整理・分析	コンピュータ等の情報手段を用いる等してデータを表やグラフに整理し、データの分布の傾向を比較して読み取り、批判的に考察し判断する。
❹まとめ・表現	問題解決の過程や結果で、考えたことや工夫したこと等を、言葉や数、式、図、表、グラフ等の様々な数学的な表現を用いて説明し伝え合ったり、事象を簡潔・明瞭・的確に表現したりする。
❺振り返り・改善	問題解決の過程を振り返りながら、数学的な表現を自立的、協働的に修正し、評価・改善しようとする。

理科

学習過程	展開例
❶課題の設定	自然の事物・事象の中から問題を見いだし、解決可能な課題を設定する。
❷情報の収集	仮説を立て、それを検証する方法を立案して観察、実験等を行い、記録や様々なデータを集める。
❸整理・分析	観察、実験等で得られた記録やデータを表やグラフに表し、分析して解釈する。
❹まとめ・表現	共通点や相違点、規則性や関係性を見いだして表現する。
❺振り返り・改善	仮説と考察が対応しているか等、探究の過程を振り返り、必要に応じてプロセスの改善をしたり、新たな問題を見いだしたりする。

英語

学習過程	展開例
❶課題の設定	課題に示されたコミュニケーションを行う目的や場面、状況等を理解し、実際に英語を用いて互いの考えや気持ちを伝え合うための方向性を決め、学習の見通しを立てる。
❷情報の収集	コミュニケーションの目的や場面、状況等に応じて、何を聞き取らなければならないか、読み取らなければならないのか、伝えなければならないかを判断し、聞いたり読んだりすることで情報を収集する。
❸整理・分析	得られた情報について、コミュニケーションの目的や場面、状況等に応じて整理したり、精査したり、既にもっている知識と照らし合わせて関連付けたりして、話したり書いたりするために活用する。
❹まとめ・表現	既習の表現等を駆使しながら、実際に英語を用いて生徒自身の考えや気持ちを理由等と共に伝え合ったりする。また、事実を伝えたり、出来事を描写したり、考えを述べたり、気持ちを伝えたりして表現する。
❺振り返り・改善	言語活動を通して、自分の英語運用能力や自分の考えの変容について、自ら学習のまとめを行ったり、振り返りを行ったりする。

情報活用能力ベーシックの活用で授業構想力を高める

放送大学　佐藤幸江

はじめに

私たち研究グループでは、日常的な学習指導に関連する「問題解決・探究における情報活用」（文部科学省、2019）に着目し、教員が情報活用能力育成を意図した授業を構想し、実践することを支援するために、学習過程に関連づけた情報活用能力育成のための授業指標としての情報活用能力ベーシックを提案してきました。そして、これまで「図1」にあるように「情報活用能力ベーシックとは」を解説した「パンプレット」、どの教科でどのような学習展開が考えられるかについて具体的に示した「ガイドブック」、そして、さらにたくさんの事例を提供した「事例集」を作成してきました。それによって、多くの先生や学校で、情報活用能力ベーシックのよさを評価いただき、活用事例も蓄積されてきています。

図1　これまでの制作物（JAPET&CEC Webより）

ただし、全ての教科において、考えられうる具体的な事例を提供することは困難です。また、学校で実施されている情報活用能力ベーシックの事例は、5つの学習の過程を基に、探究型の授業を開発しているものが多いという活用の現状が見受けられます。

そこで、本稿においては、情報活用能力ベーシックを作成した時点に立ち戻り、ある1つのパターンに囚われない「新たな学びに向けた授業」を構想していただきたいと考え、「情報活用能力ベーシックを活用する強み」を提案しています。

授業構想に「情報活用能力ベーシック」を活用する

私たち研究グループでは、[1.「小学校学習指導要領解説」(文部科学省、2017)や「教育の情報化に関する手引」(文部科学省、2019)等の記載事項から、構成要素及び学習過程の同定]→[2.同定された13の構成要素を基に、各教科の「小学校学習指導要領解説第2章及び第3章」における記述を確認し、情報活用能力ベーシックを開発]してきました(詳細に関しては、本書第一章にある「情報活用能力のベーシックはこれだ」をご参照ください)。つまり、各教科の特質を生かして授業構想ができるように、学習指導要領解説にある情報活用能力に関する内容を抽象化してきました。ですから、読者の皆さんが授業構成をする際には、情報活用能力ベーシックを活用して、「図2」の右側にあるように逆思考で考えていけばよいことになります。

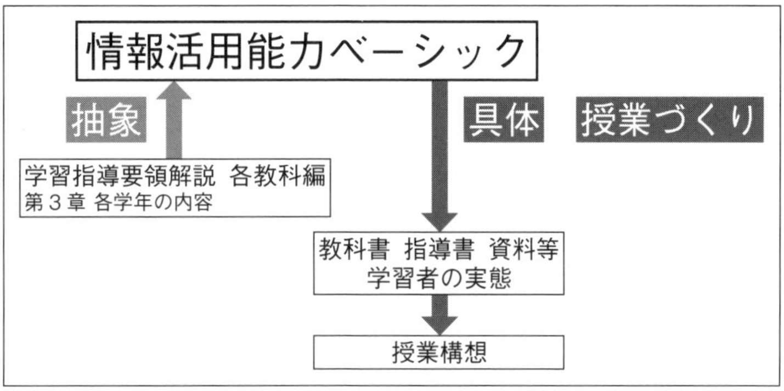

図2 抽象化と具体化のプロセス

情報活用能力ベーシックを活用する強み

ここでは、情報活用能力ベーシックを授業構想に活用することに関して、3つの「活用の強み」を、事例を交えて解説していきます。

(1) 情報活用能力ベーシックの強みⅠ「教科の特質を活かした学習場面の設定」

第二章の実践編では、情報活用能力ベーシックを活用して授業構想する際に、「教科の特質を活かした学習場面の設定」した「国語」と「算数・数学」の事例をご紹介しています。

国語では、学習指導要領解説と13の構成要素を紐づけて整理した際に、「収集」「整理・比較」「伝達・表現」に、多くの指導事項を紐づけることができました。国語は、情報活用能力の土台を築く教科と捉えることもできましょう。そこで、本書の国語の事例をもとに、以下、どのように情報活用能力ベーシックを授業構想に活用したかを解説します。

国語の「情報の収集」に関する情報活用能力ベーシックの具体は、「表1」になります。

表1 「収集」に関する情報活用能力ベーシック

	低学年	中学年	高学年
【情報の収集】相手や目的を意識して、必要に応じた方法で情報を収集する。	伝えるために必要な事柄を集める。	目的に合う情報を収集する。	目的や意図に応じた方法で複数の情報を収集する。

第1学年「せつめいする文しょうをかこう『じどう車ずかんをつくろう』」では、相手意識を持たせるために「車の『すごい』を伝える」ことをめあてにしています。そうなると、単に、「好き」な車の情報ではなく、「他の車にはない特徴」を見つける必要が出てきます。情報活用能力ベーシックにある「伝えるために必要な事柄」を、本単元では既習事項をもとに「しごと」と「つくり」に関しての情報と同定しています。本や写真の情報の中から、「他の車にはない特徴」を意識して収集する力の育成を期待して、学習場面を設定しています。

第3学年「図や資料を目的に合わせてえらぼう『クラス生き物ブック』」では、相手や目的を「自分のお気に入りの生き物を、みんなに知ってもらう」としています。お気に入りの生き物を伝えるために必要な情報を「特徴（目、口、鼻、耳、手足、しっぽなど）」と「その役割」とし、図書資料やインターネット等の手段を使って情報を収集し、その中から特に伝えたい情報を選択していく力の育成を期待して、学習場面を設定しています。

第6学年「構成を考えて、提案する文章を書こう『デジタル機器と私たち』」では、「自分たちが考えたデジタル機器との付き合い方に関しての提案文を書く」という目的を設定しています。そのために必要な情報は、「現状」「問題点（改善点）」「提案」「提案の効果」に関する「具体的な数字」や「提案の根拠となる事実」や「写真」等になると教師は捉えています。それぞれを分担することで、一人一人が主体的に、複数の手段を用いて必要な情報を収集する力の育成を期待して、学習場面を設定しています。

このように、抽象的な情報活用能力ベーシックを活用して、本時をより具体的に構想していきます（詳しくは、それぞれの事例の「5. 本時における情報活用能力ベーシックの構成要素について」をご参照ください）。学習者が主体的に学び、情報活用能力を身につけていくという学習場面を設定していくためには、これまで以上に教材文をしっかりと読み込み、教材研究をすることの必要性が増してくるでしょう。

(2) 情報活用能力ベーシックの強みⅡ「教科書単元を活かした単元開発」

なかなか情報活用能力を育成する授業などは、構想できないと思っておられる読者の皆さんに、ぜひ参考にしていただきたい情報活用能力ベーシックを活用した授業構想の方法です。2章の実践編でも、一番多くの事例をご紹介しています。

第6学年社会の事例「世界に歩み出した日本」では、「2. 情報活用能力育成をめざす単元づくりのポイント」に「単元のゴールを「動画にして伝えよう」とすることにより、より高次なインプットが必要になる。」と書かれています。また、第3学年外国語活動では、「一番好きなものはどれかを、外国語活動で学んだ英語を用いて友だちにクイズを出す活動行う。そうすることで、友だちの普段は知りえることができない部分を友だち同士で共有することができると共に、写真をどのようにとったらわかりやすいか、どのようにヒントを出せば相手に伝えられるのか？と相手意識をもって情報活用能力を活用する活動にすることができる。」とあります。

このように、教科書の単元計画を生かしながらも、学習者にとって魅力的なゴールを設定することで、学習者主体の授業が期待されています。

(3) 情報活用能力ベーシックの強みⅢ「教科等横断的な学習の充実」

情報活用能力ベーシックで示した「5つの学習の過程」は、まさに「図3」と重なります。なかなかこのようなダイナミックな学習を構想するには、日頃の教材開発に向けてのアンテナの高さと教師の力量が必要になります。

本書では、3つの事例を掲載していますが、それぞれの「2. 情報活用能力育成をめざす単元づくりのポイント」、そして「3. 指導計画」の最後の欄には「教科等との関連」を記述しています。ぜひ、参考にしていただき、今後の授業構想に活かしていただければと考えます。

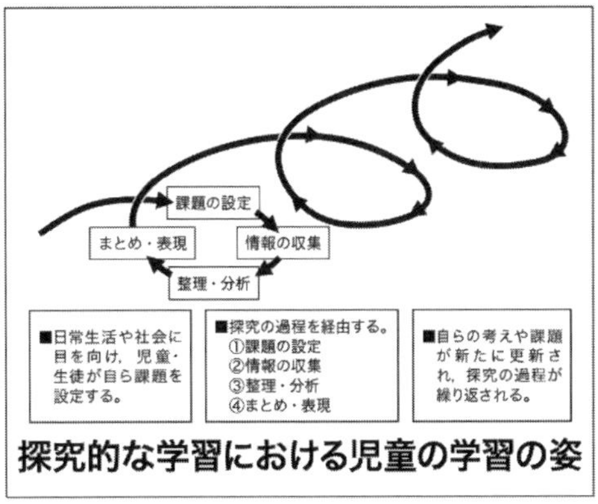

図3 『今、求められる力を高める総合的な学習の時間展開』（文部科学省、2021）

まとめ

さて、情報活用能力ベーシックを授業構想に活用する強みに関して、解説してきました。日々の授業の構想及び実践する際に、参考にできる指標としての情報活用能力ベーシックを手元におき、多様な学年・教科における授業づくりに活かしていただけることを期待しています。

参考文献

文部科学省（2019）次世代の教育情報化推進事業（情報教育の推進等に関する調査研究）成果報告書、https://www.mext.go.jp/component/a_menu/education/micro_detail/__icsFiles/afieldfile/2019/09/18/1416859_01.pdf(2024年6月30日最終確認)

小林祐紀、秋元大輔、稲垣忠、岩﨑有朋、佐藤幸江、佐和伸明、前田康裕、山口眞希、中沢研也、渡辺浩美、中川一史（2021)5つの学習プロセスに情報活用能力を位置づけた各教科版情報活用能力ベーシックの提案、AI時代の教育学会第2回年次大会発表集録、8-9。

日本教育情報化振興会（2021）授業づくりに小学校版「情報活用能力ベーシック」を活用してみよう、https://www.japet.or.jp/wp-content/uploads/2022/03/0b030aa0b9f0a2436da9bc1c309a4b9b.pdf(2024年6月30日最終確認)

文部科学省（2017）小学校学習指導要領解説総則編

文部科学省（2019）「教育の情報化に関する手引」について、https://www.mext.go.jp/a_menu/shotou/zyouhou/detail/mext_00117.html(2024年6月30日最終確認)

本書の「2章　実践編」の事例の見方

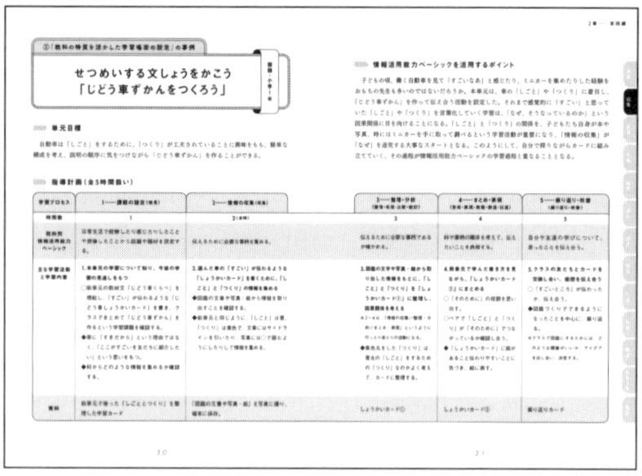

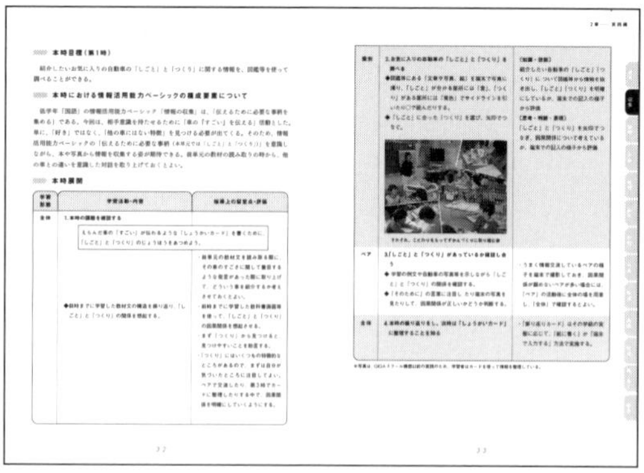

単元目標

教科における一般的な単元名と単元目標を記述。

情報活用能力ベーシックを活用するポイント

単元づくりのねらいや発想のアイデア。

指導計画

情報活用能力育成の観点から見通せるように記述。見出しの○印は、教科に関する学習内容。見出しの◆印は情報活用に関する学習内容。
「教科別情報活用能力ベーシック」欄で、末尾に＊印をがあるのは、紙幅の関係上p.20-23記載の文言から短縮した箇所。

本時目標

1単位時間の目標ではなく、学習プロセス（例えば「情報の収集」第2時と第3時）における目標を記述。

本時における情報活用能力ベーシックの構成要素について

各教科の学習内容を情報活用能力に読み替え、ここで扱う重要な要素について記述。

本時展開

「個別最適な学びや協働的な学び」の学習形態や、「情報活用能力育成に関わる教師の指示・確認内容」「端末の使いどころ」等も明記。

2章 実践編

①「教科の特質を活かした学習場面の設定」の事例

せつめいする文しょうをかこう「じどう車ずかんをつくろう」

国語・小学1年

単元目標

自動車は「しごと」をするために、「つくり」が工夫されていることに興味をもち、簡単な構成を考え、説明の順序に気をつけながら「じどう車ずかん」を作ることができる。

指導計画（全5時間扱い）

学習プロセス	1—— 課題の設定（発見）	2—— 情報の収集（収集）
時間数	1	2（本時）
教科別 情報活用能力 ベーシック	日常生活で経験したり感じたりしたことや想像したことから話題や題材を設定する。	伝えるために必要な事柄を集める。
主な学習活動と学習内容	**1.本単元の学習について知り、今後の学習の見通しをもつ** ○前単元の教材文「じどう車くらべ」を想起し、「すごい」が伝わるような「じどう車しょうかいカード」を書き、クラスでまとめて「じどう車ずかん」を作るという学習課題を確認する。 ◆単に「すきだから」という理由ではなく、「ここがすごいを友だちに紹介したい」という思いをもつ。 ◆何からどのような情報を集めるか確認する。	**2.選んだ車の「すごい」が伝わるような「しょうかいカード」を書くために、「しごと」と「つくり」の情報を集める** ◆図鑑の文章や写真・絵から情報を取り出すことを確認する。 ◆前単元と同じように、「しごと」は青、「つくり」は黄色で、文章にはサイドラインを引いたり、写真には○で囲むようにしたりして情報を集める。
資料	前単元で使った「しごととつくり」を整理した学習カード	「図鑑の文書や写真・絵」を写真に撮り、端末に保存。

情報活用能力ベーシックを活用するポイント

子どもの頃、働く自動車を見て「すごいなあ」と感じたり、ミニカーを集めたりした経験をおもちの先生も多いのではないだろうか。本単元は、車の「しごと」や「つくり」に着目し、「じどう車ずかん」を作って伝え合う活動を設定した。それまで感覚的に「すごい」と思っていた「しごと」や「つくり」を言葉化していく学習は、「なぜ、そうなっているのか」という因果関係に目を向けることになる。「しごと」と「つくり」の関係を、子どもたち自身が本や写真、時にはミニカーを手に取って調べるという学習活動が重要になり、「情報の収集」が「なぜ」を追究する大事なスタートとなる。このようにして、自分で探りながらカードに組み立てていく、その過程が情報活用能力ベーシックの学習過程と重なることとなる。

3―― 整理・分析 **（整理・処理・比較・統計）**	**4―― まとめ・表現** **（形成・表現・発信・創造・伝達）**	**5―― 振り返り・改善** **（振り返り・改善）**
3	**4**	**5**
伝えるために必要な事柄であるか確かめる。	時や事柄の順序を考えて、伝えたいことを表現する。	自分や友達の学びについて、思ったことを伝え合う。
3.図鑑の文字や写真・絵から取り出した情報をもとに、「しごと」と「つくり」を「しょうかいカード①」に整理し、因果関係を考える ※2～4は、「情報の収集⇄整理・分析⇄まとめ・表現」というように行ったり来たりの活動になる。 ◆黄色丸をした「つくり」は、青丸の「しごと」をするための「つくり」なのかよく考えて、カードに整理する。	**4.前単元で学んだ書き方を見ながら、「しょうかいカード②」にまとめる** ○「そのために」の役割を思い出す。 ○ペアで「しごと」と「つくり」が「そのために」でつながっているか確認し合う。 ◆「しょうかいカード」に絵があること伝わりやすいことに気づき、絵に表す。	**5.クラスの友だちとカードを交換し合い、感想を伝え合う** ○「すごいところ」が伝わったか、伝え合う。 ◆図鑑づくりでできるようになったことを中心に、振り返る。 ※クラスで図鑑にするためには、どのような順番がいいか、アイデアを出し合い、決定する。
しょうかいカード①	しょうかいカード②	振り返りカード

本時目標（第1時）

紹介したいお気に入りの自動車の「しごと」と「つくり」に関する情報を、図鑑等を使って調べることができる。

本時における情報活用能力ベーシックの構成要素について

低学年「国語」の情報活用能力ベーシック「情報の収集」は、「伝えるために必要な事柄を集める」である。今回は、相手意識を持たせるために「車の『すごい』を伝える」活動とした。単に、「好き」ではなく、「他の車にはない特徴」を見つける必要が出てくる。そのため、情報活用能力ベーシックの「伝えるために必要な事柄（本単元では「しごと」と「つくり」）」を意識しながら、本や写真から情報を収集する姿が期待できる。前単元の教材の読み取りの時から、他の車との違いを意識した対話を取り上げておくとよい。

本時展開

学習形態	学習活動・内容	指導上の留意点・評価
全体	**1.本時の課題を確認する** えらんだ車の「すごい」が伝わるような「しょうかいカード」を書くために、「しごと」と「つくり」のじょうほうをあつめよう。	・前単元の教材文を読み取る際に、その車のすごさに関して着目するような発言があった際に取り上げて、どういう車を紹介するか考えさせておくとよい。
	◆前時までに学習した教材文の構造を振り返り、「しごと」と「つくり」の関係を想起する。	・前時までに学習した教科書画面等を使って、「しごと」と「つくり」の因果関係を想起させる。 ・まず「つくり」から見つけると、見つけやすいことを助言する。 ・「つくり」にはいくつもの特徴的なところがあるので、まずは自分が気づいたところに注目してよい。ペアで交流したり、第3時でカードに整理したりする中で、因果関係を明確にしていくようにする。

個別	**2.お気に入りの自動車の「しごと」と「つくり」を調べる** ◆図鑑等にある「文章や写真、絵」を端末で写真に撮り、「しごと」が分かる箇所には「青」、「つくり」がある箇所には「黄色」でサイドラインを引いたり○で囲んだりする。 ◆「しごと」に合った「つくり」を選び、矢印でつなぐ。  **それぞれ、こだわりをもってずかんづくりに取り組む姿**	**〔知識・技能〕** 紹介したい自動車の「しごと」「つくり」に ついて図鑑等から情報を抜き出し、「しごと」「つくり」を明確にしているか、端末での記入の様子から評価 **〔思考・判断・表現〕** 「しごと」と「つくり」を矢印でつなぎ、因果関係について考えているか、端末での記入の様子から評価
ペア	**3.「しごと」と「つくり」があっているか確認し合う** ◆ 学習の例文や自動車の写真等を示しながら「しごと」と「つくり」の関係を確認する。 ◆「そのために」の言葉に注目し たり端末の写真を見たりして、因果関係が正しいかどうか判断する。	・うまく情報交流しているペアの様子を端末で撮影しておき、因果関係が掴めないペアが多い場合には、「ペア」の活動後に全体の場を用意し、「全体」で確認するとよい。
全体	**4.本時の振り返りをし、次時は「しょうかいカード」に整理することを知る**	・「振り返りカード」はその学級の実態に応じて、「紙に書く」か「端末で入力する」方法で実施する。

※写真は、GIGAスクール構想以前の実践のため、学習者はカードを使って情報を整理している。

①「教科の特質を活かした学習場面の設定」の事例

図や資料を目的に合わせてえらぼう「クラス生き物ブック」

国語・小学3年

単元目標

自分のお気に入りの生き物の特徴や役割について、書く内容の中心を明確にし、収集した資料や写真をもとに、段落相互の関係に注意して、「クラス生き物ブック」を作る。学級の友だちと読み合ったり、学校図書館に置いて全校に紹介したりする。

指導計画（全5時間扱い）

学習プロセス	1——課題の設定（発見）	2——情報の収集（収集）
時間数	1（本時）	2〜4
教科別 情報活用能力 ベーシック	目的を意識して、日常生活で経験したり感じたり考えたりしたことや想像したことから話題や題材を設定する。	目的に合う情報を収集する。
主な学習活動と学習内容	**1.「クラス生き物ブック」を作り、学校図書館に展示することを知り、学習の見通しをもつ** ○全校のみんなに紹介したい生き物を決める。 ◆「イメージマップ」を使って、調べてみたい生き物について、知っていることを書き込む。 ◆友だちに「イメージマップ」を見せながら、より紹介したい生き物への思いを深め、どの生き物のどのような特徴を紹介するか決める。	**2〜4. みんなに紹介したい生き物について詳しく知るために、いろいろな資料を使って生き物の特徴や役割を調べ、端末上の「発見メモ」に書き込んだり写真を保存したりする** ◆調べる観点と方法を確認する。 （例）調べたい特徴（目、口、鼻、耳、手、足、しっぽなど）とその役割 （例）学校図書館にある図鑑等を教室や廊下に置いたり、NHK for School「しぜんとあそぼ」「ものすごい図鑑」等のURLを端末に保存したりして自由に閲覧させる。
資料	「イメージマップ」	図書資料（図鑑等）、NHK for School、「発見メモ」

情報活用能力ベーシックを活用するポイント

この時期は、生き物に興味・関心をもつ子どもたちが多い。生き物について見つけたことや不思議に思ったことについて、図鑑やインターネットを用いて調べ「発見カード」に書きためていく。そして、その情報を活用して、自分のお気に入りの生き物のひみつを「生き物ひみつブック」にまとめるという言語活動を設定した。自分のお気に入りの生き物を、みんなに知ってもらいたいというモチベーションをもって、調べたりまとめたりする探究の過程となる。これは情報活用能力ベーシックの学習過程と重なることになる。

3――整理・分析 （整理・処理・比較・統計）	4――まとめ・表現 （形成・表現・発信・創造・伝達）	5――振り返り・改善 （振り返り・改善）
5〜6	7〜9	10
情報を比較したり分類したりして、伝えたいことを明確にする。	理由や事例などを挙げ、話の中心が明確になるように構成や表現を工夫する。	観点をもって、振り返り、次の活動へ生かす。
5〜6.「発見メモ」をもとに、調べた観点とその役割を「組み立てメモ」に整理し直す ◆教師が提示した「組み立てメモ」を参考にする。 ◆「発見メモ」の中から、自分が紹介したい特徴とその役割の内容を決める。 ○「組み立てメモ」を見せ合って、特徴や役割が伝わったかアドバイスをし合う。 ○アドバイスをもとに、「組み立てメモ」を修正する。	**7〜9.「組み立てメモ」をもとに、調べた生き物の特徴などが伝わるような説明文を書く** ○「①調べたきっかけ（選んだ理由）、②調べたこと（特徴と役割）、③まとめ（調べた感想）、④調べた本」という文章構成と、教科書にあるつなぎ言葉を参考にする。 ◆写真も使って説明すると分かりやすいことを確認する。 ○友達と読み合い、分かりにくいところをアドバイスし合って、文章を修正する。	**10.完成した図鑑を友だちと読み合い、感想を出し合う** ◆「びっくりしたところはどこか」を具体的に出し合う。自分が伝えたかった内容が、伝わっているかを確認するようにする。 ※学校図書館に展示したことを全校に伝える。 ◆感想用紙を用意しておくとよい。その感想から、自分の学びについて振り返る時間をとりたい。
作成した「発見メモ」 教師が示す「組み立てメモ」	作成した「組み立てメモ」	

本時目標（第2～4時）

みんなに紹介したい生き物について、いろいろな資料を使い、その特徴や役割を調べることができる。

本時における情報活用能力ベーシックの構成要素について

中学年「国語」の情報活用能力ベーシック「情報の収集」は、「目的に合う情報を収集する」である。相手や目的を意識して、学習者が主体的に、伝えたいことに関する情報を、図書資料やインターネット上から収集するという学習活動が期待できる。そのために、教師は、学習者が必要な情報を収集しやすいように、図書資料やインターネットのURL等の学習環境を整えておくことと、必要な語句などのメモの仕方、引用の仕方や出典の示し方などに関しての指導をする必要がある。

本時展開

学習形態	学習活動・内容	指導上の留意点・評価
全体	**1.本時のめあてと、前時に決めた「紹介したい生き物」の調べる観点と方法を確認する** ◯調べる観点 特徴（目、口、鼻、耳、手、足、しっぽなど）とその役割 ◯調べる方法 教室にある図鑑、自分が持ってきた本、端末でNHK for Schoolなどを視聴 ◯「気づきメモ」の書き方 端末上にある「発見メモ」には、1つの情報だけを書く。何で調べたか「出典」をメモする。	・自分のお気に入りの生き物の面白いところや不思議に思うところを、どんどん調べようという意欲がもてるような導入にする。 ・端末を使って調べたり、書き込んだりするために、使い慣れておく必要がある。 ・写真も保存しておくと、説明するときに使えることを確認する。
	知らせたい生き物について調べて、「発見メモ」をたくさん作ろう	

個別	**2.それぞれ紹介したい生き物について、特徴やその役割に関しての情報を収集する** ○面白い体の部位、不思議な部位など ○その部位の役割 ◆本やデジタル図鑑等複数の情報源を活用 ◆資料の出典先を明記	・第4時に作る「組み立てメモ」を提示して、このような整理するためには、たくさんの「発見カード」が必要であることを伝える。 ・調べた生き物別に「とくちょう・やくわり・写真・出典」を分類・整理できる表にする。
必要に応じてペアやグループ	**3.友だちがどんな学び方をしているか、必要に応じて情報を交流する** ◆様々な調べ方  **端末上で「発見メモ」を整理**	・「発見メモ」を付箋紙で作り、「組み立てメモ」に貼り付けていくようにすると、分類や整理の時間が短縮でき、足りない情報やもっと調べる必要のある情報について考えを巡らす時間に充てることができる。
全体	**4.第3時も情報収集を続けること、第4時にはペアで収集した情報を伝え合い、分かりにくい情報を修正したり、さらに面白いことや不思議なことの情報を収集したりするという、今後の見通しをもつ** 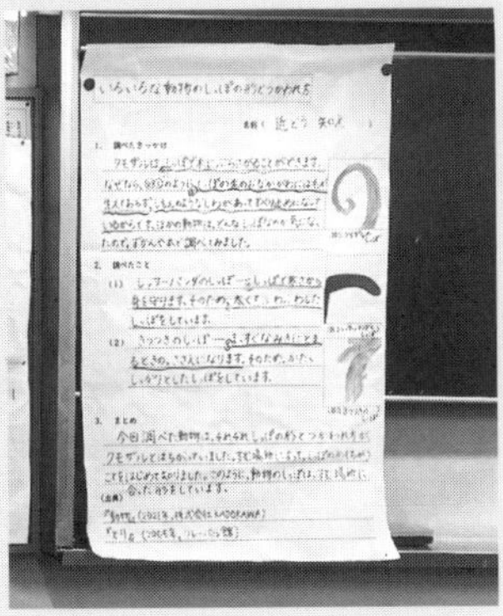 **先生が示したモデル文**	・本時においては、調べ方がわからなかったり、ローマ字入力で困ったりする姿が見られるかと思うが、同じ生き物を調べている友だち同士で調べ方の情報交流を進めたり、ローマ字表を使って頑張っている友だちを紹介したりして、友だちの学び方のよさをどんどん伝えていくとよい。 **〔思考力・判断力・表現力〕** 必要な事柄を集めているか「発見メモ」の内容から評価

※本事例は、植野隆雄教諭（船橋市立宮本小学校）の協力を得て作成しています。

①「教科の特質を活かした学習場面の設定」の事例

構成を考えて、提案する文章を書こう『デジタル機器と私たち』

国語・小学6年

単元目標

新しい生活様式を踏まえた生活スタイルについて提案する文章を書く活動の見通しをもち、原因と結果、問題と解決などの関係を整理したり、文章の構成や展開を思考したりするなど、既習を活かしながら主体的に学習活動に取り組むことができる。

指導計画（全8時間扱い）

学習プロセス	1――課題の設定（発見）	2――情報の収集（収集）
時間数	1	2・3（本時）
教科別 情報活用能力 ベーシック	目的や意図に応じて、日常生活で経験したり感じたり考えたりしたことや想像したことから話題や題材を設定する。	目的や意図に応じた方法で複数の情報を収集する。
主な学習活動と学習内容	**1.これまでに書いた文種を振り返り,提案文を書くという単元のゴールを知り、見通しをもつ** ○提案文のモデル（「現状」「問題点（改善点）」「提案」「提案の効果」）を読んでその特徴を確認する。 ◆提案文のテーマを決めて、どのような方法で調べるか話し合い、分担を決める。 ①経験を出し合い、テーマを決定 ②調べる方法（本、インタビュー、インターネット（NHK for School））	**2.分担して、情報を収集する** ※教師は、調べ学習をする関係各所へ事前連絡をしておく。 ◆「①現状、②問題点（改善点）、③提案、④提案の効果」に関して、分担した方法で複数の情報を収集し、それぞれの項目で色分けした「付箋」に書き込んでいく。 ※付箋は学級の実態に応じて、紙か端末上でか決定するとよい。 ※次の時間まで数日間のインターバルをとり、休み時間や家庭学習等も活用するようにする。
資料	提案文のモデル	図書資料、インターネット等、 端末上の付箋

情報活用能力ベーシックを活用するポイント

デジタル機器の発展には、目を見張るものがある。これらは、現代社会に必要不可欠であり、子どもたちにとっても身近なものとなっている。ただし、使う上で様々な問題がある。それらの問題に着目し、「こんなふうに使いたい」「気をつけたい」と具体的に提案する言語活動を取り入れることで、目的意識をもって学習を進めることが期待できる。デジタル機器に関わる根拠となる事実と自分の知識とを結び付け、調べた情報を関連させながら個でよりよい解決方法を考えたり、提案文という文種の特徴をしっかり捉え、どのような言葉や構成で表現すればよいか、グループで学び合いながら進めたりする学習活動は、情報活用能力ベーシックの学習過程と重なる。

3—— 整理・分析 （整理・処理・比較・統計）	4—— まとめ・表現 （形成・表現・発信・創造・伝達）	5—— 振り返り・改善 （振り返り・改善）
4～5	6・7	8
情報を分類したり関係付けたりして、伝えたいことを明確にする。	事実と感想、意見とを区別するなどして構成を考えたり、表現を工夫したりする。	伝えたいことが伝わったかを振り返り、考えを再構成し、自分の考えをより深める。*
4～5. 集めた情報をもとに、提案を考えるために、情報を整理する ○調べて分かった「①現状、②問題点（改善点）、③提案、④提案の効果」に関する情報を、報告し合う。 ◆自分の経験と関連づけて報告を聞く。 ※整理の仕方は、学級の実態に応じて、端末の活用に慣れている学級であれば、端末上で付箋を共同編集することもできる。	**6. 説得力のある提案するための文章構成を考える** ◆教科書にあるモデル文で、明確な根拠（「具体的な事例」「具体的な数値」）を基に、実現性のある内容を効果的に表した文章を書くことで、説得力が増すことを確認する。 **7. 下書きを書き、互いに読み合って内容や書き方を検討し、清書する**	**8. 提案する文章を読み合い、よさを共有する** ○「きっかけを説明する言葉」「課題の原因を説明する言葉」「提案内容や効果を具体的に説明する言葉」を効果的に使い説得力があるか、具体的に意見や感想を出し合う。 ※意見や感想の集約の仕方は、学級の実態に応じて、コメントカードのようなものを用意してもよいし、端末上で記入する方法でもよい。
様々な方法で収集した情報	教科書にあるモデル文	

本時目標（第2、3時）

提案文を書くために、様々な方法を用いて、必要な情報を複数集めることができる。

本時における情報活用能力ベーシックの構成要素について

高学年「国語」の情報活用能力ベーシック「情報の収集」は、「目的や意図に応じた方法で複数の情報を収集する」ことである。本単元においては「自分たちが考えたデジタル機器との付き合い方に関しての提案文を書く」という目的がある。そのために必要な情報は「現状」「問題点（改善点）」「提案」「提案の効果」に関する「具体的な数字」や「提案の根拠となる事実」や「写真」等になる。それぞれを分担することで、一人一人が主体的に、複数の手段を用いて必要な情報を集めることをめざしている。

本時展開

学習形態	学習活動・内容	指導上の留意点・評価
全体	**1.本時のめあてを確認する** ◆メモの仕方 得た情報は、後で整理しやすいように付箋1枚に1つの情報を書く。「①現状、②問題点（改善点）、③提案、④提案の効果」毎に、付箋の色を決めておく。	
	資料を集める計画を立てて、いつような情報を収集しよう.	
グループ	**2.前時に決めた各グループの「テーマ」「調べる内容」「調べる方法の分担」を確認し、調べる計画を立てる** ◆テーマ毎に「①現状、②問題点（改善点）、③提案、④提案の効果」をまとめる。 ◆調べる方法と計画 図書資料……どのような本で調べるか学校司書に聞く。 インタビュー……対象や聞く項目を決定する。 インターネット……文部科学省のような公的機関等、信頼できる情報源のサイトを使う。 NHK for School……情報に関する番組を視聴する。	・子どもたちの関心の高いテーマは「デジタル機器との付き合い方（時間・場所・課金等）」「SNSやメールでの情報発信（いじめ・知らない人とのつながり等）」「デジタル機器と健康」等が考えられる。同じようなテーマをもつグループ同士で情報交換できるようにしておくと、より提案内容が深まる。 ・一人一人が主体的に動けるように、これまでどのようにして情報を収集してきたかを想起させるようにする。

		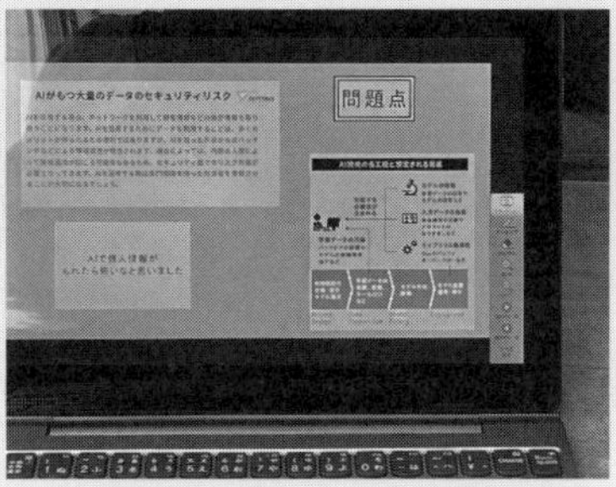 様々な方法を使って情報収集
グループ	**3.計画の立ったグループから、それぞれ提案したいテーマについての現状と問題点や解決方法やその効果に関する情報を収集する** ◆色分けした付箋1枚に1つの情報を書く 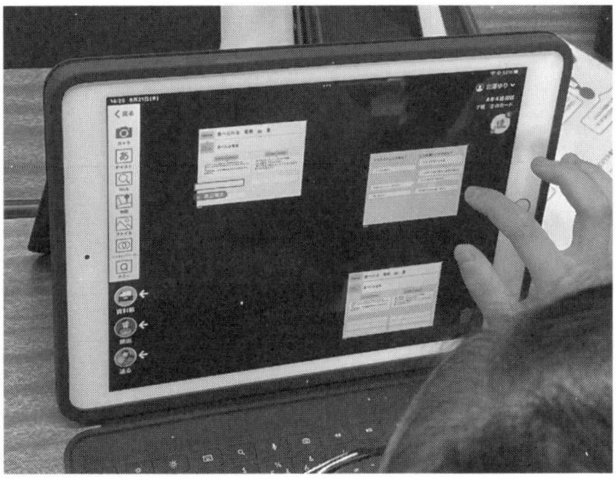 端末上のふせんに、得た情報を書く ◆資料の出典先を明記する	・グループの人数にもよるが、それぞれ情報収集方法で分担をすると、例えば、図書資料で調べる子は、一人しかいない場合も考えられる。そういう時には、同じようなテーマのグループの担当者で、一緒に図書館で活動するように助言する。また、有効なインターネットのURLを端末に配信しておくと、情報収集の時間を確保することができる。 **〔思考力・判断力・表現力〕** それぞれのテーマに合った必要な情報を集めているか「付箋」の内容から評価
個別	**4.家庭でもどんどん情報収集してよいこと、次時も情報収集の時間であることを確認する** ◆ 次に何をするか、見通しておく	・1つの方法で調べ終わった人は、他の方法で調べてみたり、提案する解決方法を自分なりに考えてみたりするとよいことを助言する。

①「教科の特質を活かした学習場面の設定」の事例

映画のトレーラーを制作
『走れメロス』を映画化するとしたら

国語・中学2年

単元目標

映画のトレーラー（予告編）を制作する活動を通して、登場人物の言動や情景を表す語句に着目したり、作品が人に与える印象から人物像の設定の作者の意図を明らかにしたりして、作品を考察することができる。

指導計画（全7時間扱い）

学習プロセス	1—— 課題の設定（発見）	2—— 情報の収集（収集）
時間数	1	2（本時）
教科別 情報活用能力 ベーシック	日常生活や社会生活の中から、多様な情報を得ることが必要となる話題や題材を設定する。	異なる立場や考えをもつ人に自分の考えを伝えるために、根拠となる情報を、図書資料、雑誌、インターネット等で幅広く収集する。※
主な学習活動 と学習内容	**1. 教材文を通読し、内容の大体をつかみ、「映画のトレーラー（予告編）を制作する」というゴールを知り、学習の見通しをもつ** ◆学習者用デジタル教科書を使って読み。時・場・人物等にサイドラインを引きながら物語の展開を確認する。 ◆ジグソー学習の仕組みについて理解し、ジグソー法的な学び方で、ホームグループで分担をして人物を読み取ることを確認する。 ○デジタル教科書内の「ワーク」等を使って、人物相関図を作成する。 ※人物相関図に関しては、家庭学習で完成させる。	**2. メロス・セリヌンティウス・ディオニスの中から担当する人物を決め、読みを深める** ○担当する登場人物の性格や言動の特徴、他の登場人物の関係について文章全体を踏まえて捉える。 ◆ホームグループで担当するのは、1人しかいないので、自分の考えの根拠を明確にして説明ができるようにすることが重要であることを確認する。 ◆文章抜き出し機能を使って、担当する人物の言動や挿し絵を抜き出し、自分の考えを「ふせん」に書き込む。
資料	映画のトレーラーのモデル、人物相関図	端末上の画面（人物の言動、自分の考え）

情報活用能力ベーシックを活用するポイント

「走れメロス」は、人の生き方に関わるテーマを扱った、中学生のこの時期に出会わせたい作品である。文章の読み取りの中で現れる解のない問いは、これから生きていく上で、ふとしたときに浮かび上がる問いとなり得る。その時々で「走れメロス」に立ち返ることを期待したい。そこで、本単元においては、映画のトレーラー（予告編）を制作するという言語活動を設定した。主要人物の言動に注目しながら情報を収集し、時や場、人物設定などを整理し、作者のものの見方や考え方について、文章構成に従って分析的に読み取らせたい。また、「メロスは何のために走ったのか」「メロスにとってもっと恐ろしく大きいものとは何か」「一番苦しい思いをしたのは誰か」等々、映画のキャッチコピーや解説をする際に、誰のどこのシーンに焦点を当てると「走れメロス」の映画を見たいと思うか、他者と対話的に学び、自分のものの見方を広げたり考え方を深めたりする問題解決的な学習活動となることを期待している。

3── 整理・分析 （整理・処理・比較・統計）	4── まとめ・表現 （形成・表現・発信・創造・伝達）	5── 振り返り・改善 （振り返り・改善）
3・4	5・6	7
集めた情報を、観点に沿って比較、分類、関係付け等して、伝えたいことを明確にする。	自分の既有の知識や経験と結び付けて考えをまとめ、分かりやすく伝わるように工夫する。※	表現の工夫やその効果等から、修正したり次の活動に生かしたりする。※
3. エキスパートグループで担当する登場人物について意見を交流する ◆エキスパートグループで深めた内容を、ホームグループにもち帰り、プレゼンテーションすることを念頭に置いて、考えを整理する。 **4. ホームグループで、登場人物どうしの関係性について意見を交流する** ○「共通点」「相違点」「相関性」など、様々な関係の表し方を理解する。	**5・6. 登場人物の関係性をさらに読み深め、映画のトレーラー（予告編）を作成する** ○登場人物の関係性の中から、さらに深めたいものを一つ選び、話の展開を踏まえて考える。 ◆今までの授業を振り返りながら、「走れメロス」を映画化するとしたらどんなトレーラーがキャッチコピーや説明の流れをグループで話し合って決定する。 ◆プレゼンソフトを使って、トレーラーづくりを行う。	**7. 映画のトレーラーを発表し鑑賞する** ◆ホームグループごとに映画のトレーラーと制作の意図を発表する。 ◆「振り返りシート」に記入し、単元全体の学びを振り返る。 端末上の画面（人物の言動、自分の考え）
端末上の画面（人物の言動、自分の考え）		

本時目標（第2時）

担当する人物を決め、教材文から人物の性格や言動の特徴、他の登場人物の関係について情報を読み取り、人物像について自分の考えをもつ。

本時における情報活用能力ベーシックの構成要素について

中学校2学年「国語」の情報活用能力ベーシックの構成要素「収集」は、本時においては、「異なる立場や考えをもつ人に自分の考えを伝えるために、根拠となる情報を本や新聞、雑誌、インターネット等、様々な方法で幅広く収集する。」ことである。本単元のゴールは、走れメロスを映画化すると想定し、そのトレーラー（予告編）を制作することである。そのために必要な情報は、教材文から「文章構成」「時・場」「人物の言動」に関する事柄であり、それを本文抜き出し機能を使って画面上にカード化して収集する。それぞれ人物を分担することで、一人一人が主体的に、担当した人物に関する情報を集めることが期待される。

本時展開

学習形態	学習活動・内容	指導上の留意点・評価
全体	**1.本時のめあてを確認する**	・ジグソー法を想起し、一人一人が読みを深め、自分の考えの根拠を明確にして説明することが重要であることを確認する。
	登場人物の性格や言動の特徴、他の登場人物の関係について、自分の考えがもてるように、教材文から必要な情報を収集しよう.	
グループ	**2.担当の人物に関して読み取り、どの場面において、どのような言動をしているのか画面にカード化して抜き出し、その言動についてどのような考えをもったか「ふせん」に記入する** ○担当する登場人物の性格や言動の特徴、他の登場人物の関係の把握	・本学級では、端末の活用に慣れているため、デジタルカードに本文を抜き出したり、「ふせん」機能を使ったりしている。 **〔思考力・判断力・表現力〕** 抜き出した文章や「ふせん」に書かれている内容を読み、登場人物の言動の意味などについて考え、内容を解釈しているか評価。

	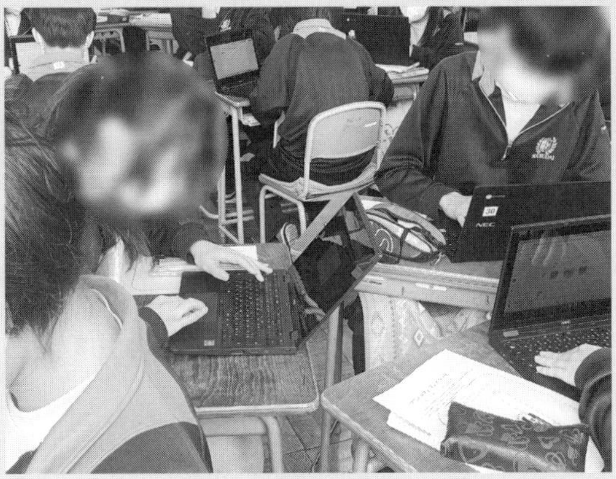 一人一人が責任をもって取り組んでいる 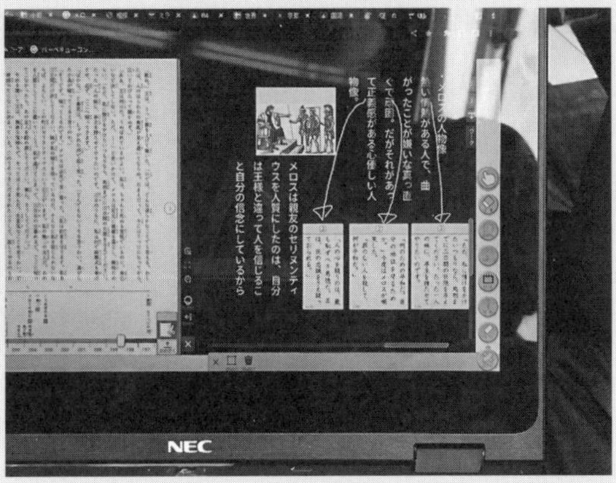 端末上で考えを整理している	・学習者用デジタル教科書の「本文」部分と考えを整理した画面を行き来しながら、考えをまとめたり、文章だけでなく挿絵を根拠したりしてもよいことを助言する。 ・グループで担当するのは、1人しかいないので、自分の考えの根拠を明確にして説明ができるようにすることが重要であることを確認する。
グループ	**3. グループになり、担当した人物についてどの場面において、どのような言動をしているのか、その言動についてどのように考えたかをカード化した画面を示して、説明し合う**	・なぜそのように考えたのか、既有の知識や体験を基に理由を説明させる。
グループ	**4. 3人の人物の言動の「共通点」「相違点」「相関性」など、さまざまな関係の表し方について検討する**	・3人の人物の関係性を俯瞰できるように、整理の仕方を工夫するように助言する。
全体	**5. 次時は、どの場面を映画のトレーラーにするか、どのようなキーワードを入れるか、それぞれのグループで決定することを確認する**	

※本事例は、池上典子教諭（相模原市立相武台中学校）の協力を得て作成しています。

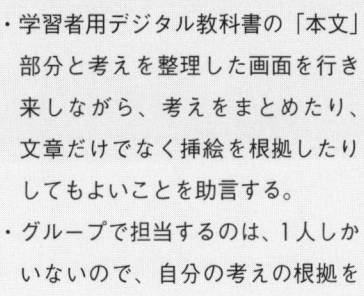

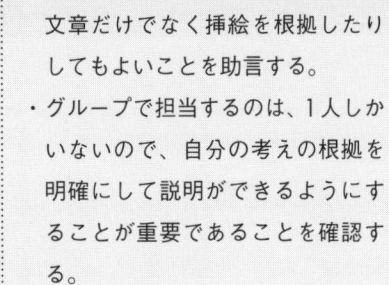

①「教科の特質を活かした学習場面の設定」の事例

算数・小学1年

大きいかず

単元目標

100までの数や100を少しこえる数について、ものの個数や順番を正しく数える活動を通して、数の系列を理解し、大小判断をできるようにするとともに、身のまわりの数に親しみを持って関わり、10ずつまとめて数えたり数字や数直線で数を表したりするよさや学ぶ態度を養う。

指導計画（全13時間扱い）

学習プロセス	1—— 課題の設定（発見）	2—— 情報の収集（収集）
時間数	1〜8	9
教科別 情報活用能力 ベーシック	身の回りの事象を観察したり、具体物を操作したりして、数量や図形の課題を見いだす。	身の回りの身近な題材から、データを収集する。
主な学習活動 と学習内容	1〜3.数え棒の数え方を工夫し、十進位取り記数法について理解する ◆デジタル、または実物の数え棒でイメージしながら、2位数の十進位取り記数法で数をかいたり、「10がいくつと、1がいくつ」を捉えたりする。 4〜7.100までの数を理解する ○100や100までの数構成、数の大小や順序を理解する。 8.発展的な課題を設定する ◆生活科で就学前児を招いて交流することと、大きい数を用いたゲームをすることを伝え、幼稚園児に教えないといけないことを確認する。	9.身の回りで100までの数が使われている場面を調べる ○教科書の写真（標識、カレンダー、背番号など）を提示する。 ◆教室内だけでなく、家庭にある100までの数も探し、写真を撮って、協働ツール上で共有する。 ◆値段（金額）に注目して、就学前児を招く際には、すごろく遊びの他に、お金に見立てたポイントとそれに応じた景品を交換する催しを企画する。 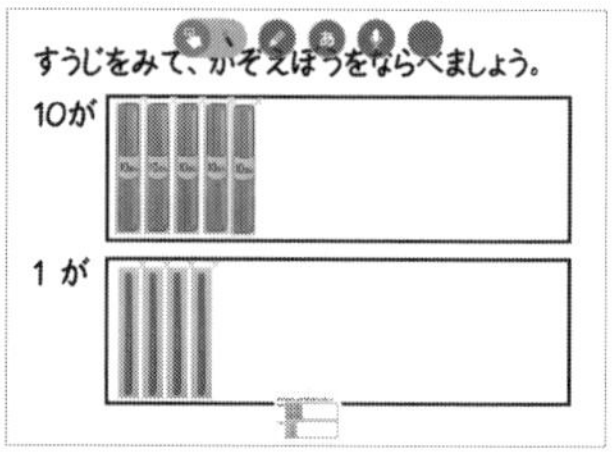
資料	実物の数え棒、協働ツール上の数え棒	教科書、教室内の100までの数字、家庭にある100までの数字

情報活用能力ベーシックを活用するポイント

本単元は、小学校学習指導要領、第1学年の2内容A「数と計算」(1) に示された指導事項のうち、100までの数や100を少しこえる数の表し方、意味、数系列等を指導するために設定された単元である。100までの数や100を少しこえる数について、順番を正しく数えたり、数の系列を理解したりする本単元は、情報活用能力ベーシックの整理・分析の活動が特に欠かせない。さらに、生活科の「就学前児に学校を紹介・交流する」という単元の中に、100までの数の系列を生かすすごろくゲームや、お金に見立てたポイントと景品を交換する活動を取り入れることで、「就学前児に100までの数について教えたい」という課題を設定させ、児童が意欲的に学習できるようにしている。

3――整理・分析 (整理・処理・比較・統計)	4――まとめ・表現 (形成・表現・発信・創造・伝達)	5――振り返り・改善 (振り返り・改善)
10	11～12(+生活科)	13
観点を定めて絵や図で分類整理したり、簡単なグラフに表現したりして特徴をとらえる。*	問題解決の過程や結果を、具体物、図、数、式などを用いて表現し伝え合う。	問題解決から学んだことのよさや楽しさを感じる。
10. お金の出し方を考える ◆就学前児との交流の際に、お金の出し方を1年生が教えるということを確認する。 ○お金の種類を知り、品物と値段を確認する。 ◆協働ツール上でお金の絵を操作・整理して、お金(28円)の出し方を考える。 ○どう整理したか説明する。 ◆算数の「は・か・せ」を意識したお金の出し方を考えて、発表する。	11～12.100をこえる数の構成や順序について理解する ○100をこえる数の構成(よみ方、表し方)、順序を理解する。 ※生活科.就学前児と交流する。 ◆就学前児とすごろくゲームやお金に見立てたポイントと景品を交換する活動を行い、就学前児に100までの数やお金の出し方を教える。	13.学習内容を確認する ◆就学前児との交流活動も含めて、この単元で身に付いたことや楽しかったこと、今後の意気込みを書かせ、協働ツール上で意見共有する。
お金、「は・か・せ」の掲示物、協働ツール上の整理表	前時までのノート	前時までのノート、共有された振り返り

本時目標（第10時）

買い物場面でお金の出し方を考えることを通して、数の合成・分解に習熟し、数の感覚を豊かにする。

本時における情報活用能力ベーシックの構成要素について

本時では、28円の出し方をいくつも考えさせ、比較させることで、算数の“はかせ”(はやい、かんたん、せいかく）の観点からどの方法が良いか整理・分析し、最適な考えを見出せるようにしていきたい。そのために、具体物だけでなく、タブレット上の協働ツールを活用し、操作したり指し示したりしながらの話し合い活動を取り入れる。それによって、他者との比較を通して自分の考えを友達や学級全体で共有し、互いの考えの相違点や共通点を認め合うことで、他者を理解する力を身に付けさせたい。

本時展開

学習形態	学習活動・内容	指導上の留意点・評価
全体	**1.本時のめあてを立てる** ◆就学前児との交流の際に、お金に見立てたポイントと景品を交換する催しがあり、お金の出し方を1年生が教えなければいけないことを確認する。 ○お金を見て、お金の種類を知る。 ・1円玉、5円玉、10円玉がある。 ○品物と値段を確認する。 ・ガムが28円です。	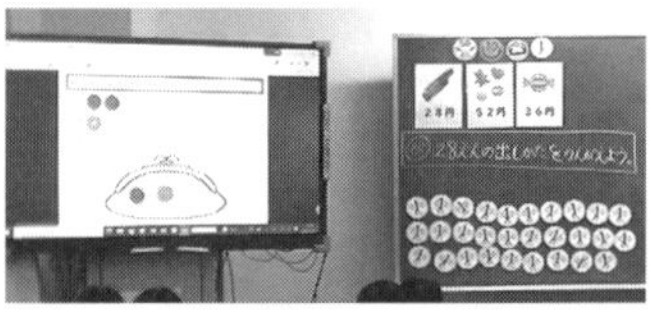 ・お金の提示物を提示し、視覚的に確認できるようにする。 ・視覚的に理解できるように黒板にお金の資料を掲示して確認させる。
	28えんの出しかたをかんがえよう。	
		・ちょうど28円で考えさせる。 ・1つ考えられた児童には他の出し方も考えさせる。 ・机間指導を行い、止まっている児童には声をかける。
個別	**2. 28円のお金の出し方を考える** ◆協働ツール上でお金の絵を操作・整理して、28円の出し方を考える。 ・10円玉が2枚と1円玉が8枚。 ・5円玉が5枚と1円玉が3枚。	・協働ツール上の写真を見せながらペアで説明させる。 ・止まっている児童には、発表ヒントカード（話型）を用意する。

ペア	**3.どう整理したか説明する** ・10円玉が2枚、5円玉が1枚、1円玉が3枚で、全部で28円です。  ・算数の“はかせ”（はやい、かんたん、せいかく）の観点で考える	・どうしてそう思うのか、明確な理由を言わせるようにする。 ・お金の出し方を共有し、一番良い。お金の出し方を比較・検討をする。検討するときは、算数の“はかせ”（はやい、かんたん、せいかく）の観点で考えるとよいことを助言する。 〔思考力、判断力、表現力等〕 （算数のはかせを意識したお金の出し方を考えているか、記述とペアでの話し合いから評価）
全体	**4.自分の経験と関連づけて、確認する** ◆算数のはかせを意識したお金の出し方を考えて、発表する。	・枚数が少ない方が、間違いがなくてはやく出すことができることを確認する。
個別	**5.適応問題に取り組む** 「グミ52円を買うときの出し方を考えよう」	
個別	**6.振り返りをする** ・本時の学習で身につけた考え方	

※本時事例は、山﨑友士教諭（船橋市立葛飾小学校）の協力を得て作成しました.

①「教科の特質を活かした学習場面の設定」の事例

算数・小学3年

三角形
（二等辺三角形と正三角形）

単元目標

二等辺三角形や正三角形について、構成を通してその分類や意味を理解し、作図の方法や角の大きさを考えたり調べたりすることを通して、平面図形の性質やその見方・考え方をとらえさせるとともに、生活や学習に活用しようとする態度を養う。

指導計画（全5時間扱い）

学習プロセス	1—— 課題の設定（発見）	2—— 情報の収集（収集）
時間数	1	1
教科別 情報活用能力 ベーシック	日常の事象及び数学の事象を対象とした算数的な課題を発見する。	課題解決に向けての目的を明確にし、データを収集する。
主な学習活動と学習内容	**1-1. 日常のいろいろな三角形を発見する活動を通して、単元の課題をつかむ** ○教科書に載っているサンドイッチやハンガーなどの写真を提示する。 ◆教室内にある三角形を撮影したり、インターネットで調べて見つけた三角形をスクリーンショットしたりして、三角形の資料を集め、協働ツール等で共有する。 ○「三角形について調べよう」という単元のめあてを立てる。	**1-2. 色棒**（赤6 cm、黄8 cm、青10 cm、緑12 cm）**を使っていろいろな三角形をつくる** ○まずは自由に三角形を作る。 ◆教科書の二次元バーコードから読み取ったデジタル版の色棒か、実物の色棒か各自で選んで作る。 ◆作った三角形を協働ツール等で共有する。
資料	教科書、インターネット	教科書、実物の色棒

情報活用能力ベーシックを活用するポイント

本単元は、学習指導要領、第3学年の2内容B「図形」(1) に示された指導事項のうち、基本図形として、二等辺三角形と正三角形について、指導するために設定されたものである。元々、図形の構成要素の一つとしての辺の長さに着目し、直感や直接比較などにより二等辺三角形や正三角形について理解することをめざすのが本単元であることから、情報活用能力ベーシックの整理・分析の要素を入れた活動は欠かすことはできない。そして、児童が主体的に整理・分析するためには、教師がいかに制限をかけずに、かつ、児童が自然と普遍的な分類方法に辿り着けるかが重要である。辺の長さに注目させつつ、仲間分けの数や仲間分けの仕方については児童の思考に委ねると共に、他者が行う仲間分けにも着目して試行錯誤ができるような形で単元づくりを行うとよい。

3── 整理・分析 （整理・処理・比較・統計）	4── まとめ・表現 （形成・表現・発信・創造・伝達）	5── 振り返り・改善 （振り返り・改善）
2	3〜4	5
観点を定めてデータを表に整理したり、グラフに表現したりして、特徴や傾向を考察する。	問題解決の過程や結果を、図や式などを用いて数学的に表現し伝え合う。	自らが表現・判断したことを振り返り、結果や方法を改善したり、日常生活等に生かしたりする。
2.辺の長さに着目して、二等辺三角形や正三角形を弁別する ○9つの三角形がどのような観点で分けられるかを考える。 ◆いくつ分類できるのか、どんな分類名を付けるのかを各自で考える。 ◆3人班になり話し合い、分類方法や分類名を決定する。 ○全体で発表する。 ○「二等辺三角形」「正三角形」の定義を知り、確認する。	**3.二等辺三角形と正三角形を作図する** ◆3人班になり、話し合いながら、「作図の説明書」を完成させる。（躓いている班は、ヒントカードを捲りながら、作図する） **4.円の半径の性質を利用すると、二等辺三角形や正三角形をかくことができることを理解する** ◆3人班になり、話し合いながら、「作図の説明書」を完成させる。（躓いている班は、ヒントカードを捲りながら、作図する）	**5.前時までの経験をもとに、二等辺三角形や正三角形を別の方法で作ったり、見つけたりする** ○色紙を使って二等辺三角形や正三角形をつくる方法を考える。 ◆身のまわりから二等辺三角形や正三角形の形をしたものを見つける。
分類カード	前時までのノート、 ヒントカード	前時に完成させた「作図の説明書」、インターネット

本時目標（第2時）

辺の長さに着目して、二等辺三角形や正三角形を弁別することができる。

本時における情報活用能力ベーシックの構成要素について

情報活用能力ベーシックの構成要素「整理・分析」から、本時では「観点を定めて分類する」ことが重要であることが分かる。本時では、「整理・分析」を意識して観点を定めて分類することを中心に行う。直接比較を用いて、三角形の比較を行い、共通点や相違点を明らかにさせる。児童同士の話し合いでは、対話力を高めるために、自分の考えを明確にして相手に伝えること、友達の考えを最後まで聞くこと、さらに、聞いた考えに対して意見を述べることを指導していく。

本時展開

学習形態	学習活動・内容	指導上の留意点・評価
全体	**1.前時に作成した三角形を確認する** ○前時に作成した三角形の中から、選ばれた9種類の三角形に注目する。	・色によって長さを変える（赤6 cm、黄8 cm、青10 cm、緑12 cm）ことで長さの違いに注目しやすくする。 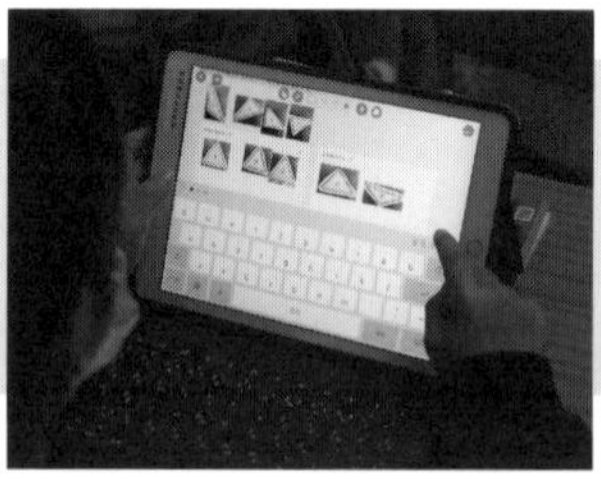
	2.本時のめあてを立てる ○9つの三角形がどのような観点で分けられるかを考える。	
個別	**3. 9種類の三角形を長さに着目して仲間分けする** ◆いくつ分類できるのか、どんな分類名を付けるのかを各自で考える。 辺の長さに目をつけて、なかまに分けよう。	・形や向きなどは捉え方が人によって違うことを気づかせる。
グループ	**4. 3人班になり話し合い、分類方法や分類名を決定する**	・辺の長さで分けると誰でも同じように分類にできることに気づかせる。 ・観点（辺の長さ）を明確にして仲間分けをさせる。

全体	**5.全体で発表する**	・自分の考えを相手に伝えるだけでなく、相手の考えをよく聞いて、意見を述べたり、相手の考えを取り入れたりするように指導する。
個別	**6.「二等辺三角形」「正三角形」の定義を知り、適応問題で確認し、わかったことを振り返る** ○フラッシュカードで「二等辺三角形」「正三角形」について確認する。 ○前時に撮った三角形の写真の中から、「二等辺三角形」「正三角形」を見つけて、協働ツールで提出する。	・誰にとっても同じ分け方ができることをおさえる。 ・(辺の長さによって三角形を分類しているか、発表や分類カードから評価) 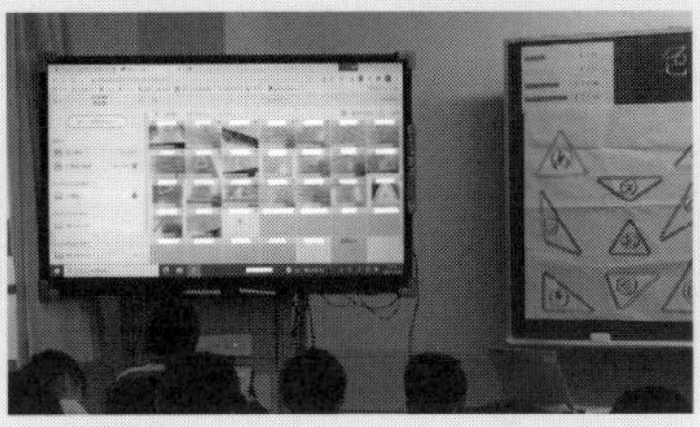

※本事例は、長田晶人教諭（船橋市立葛飾小学校）の協力を得て作成しています.

①「教科の特質を活かした学習場面の設定」の事例

算数・小学6年

立体の体積

単元目標

図形を構成する要素に着目し、特殊な図形（複合図形）の体積を求める学習活動を通して、図形を捉える見方や体積について考える力を高める。

指導計画（全6時間扱い）

学習プロセス	1── 課題の設定（発見）	2── 情報の収集（収集）
時間数	1	2
教科別 情報活用能力 ベーシック	日常の事象を数理的に捉え問題を見いだしたり、算数の学習場面から算数的な課題を発見したりする。	目的に応じて、様々な質的データや量的データを収集する。
主な学習活動 と学習内容	**1.既習事項を生かして、基本的な角柱や円柱、複合立体の体積を求めることが、本単元の目標であることを確認し、直方体の体積を求める公式を基に、四角柱の体積を求められないか考える** ○「底面積」という用語の理解 ○「底面積」の高さ分だけ積み上がったという捉え	**2.三角柱の体積を「底面積×高さ」の求積公式で求められないか考える** ◆第2～5時に様々な立体の体積を求める方法を考える。その際の基本的な思考の流れは同じ展開になる。「収集」の過程では、三角柱を直方体の底面積から類推して、体積を求めるにはどの辺の長さが必要かを図に記入して考える。
資料	立体模型、四角柱シート（デジタルカード）	三角柱シート

情報活用能力ベーシックを活用するポイント

本単元では、角柱・円柱の体積について求積方法を導き出し、それを用いることができるようになることをめざしている。立体の体積を求めていくことは、これまで学習してきた面積や体積の測定に関わる考え方を使って、関連付けたり一般化したりして、問題をよりよく解決する学習活動となる。特に、前時までの立体の体積を求める際の考えや解き方との相違点を整理し、既習事項を基に何を使えば問題が解けるか類推し、どのような手順で考えればよいかと見通しを立てる学習場面、つまり、情報活用能力ベーシックの構成要素でいうと「整理・比較」が重要であると考える。自らじっくりと考え、主体的に判断し行動し、よりよく「自分の力で解くことができた」という経験は、次の学習への興味・関心を高めるものとなると考える。

3——整理・分析 (整理・処理・比較・統計)	4——まとめ・表現 (形成・表現・発信・創造・伝達)	5——振り返り・改善 (振り返り・改善)
3(本時)	4	5
観点を定めて、特徴や傾向を把握し、考察する。*	問題解決の過程や結果を、目的に応じて図や式などを用いて数学的に表現し伝え合う。	問題解決の過程や結果を、目的に応じて図や式などを用いて数学的に表現し伝え合う。
3.円柱の体積を、「底面積×高さ」の求積公式で求められないか考える ◆「整理・分析」の過程では、図に記入した辺の長さを基に「底面積」を求め、「底面積」の高さ分だけ積み上がったと捉える。	**4.複合立体**（階段状の立体、直方体を組み合わせた形）**の体積を、「底面積×高さ」の求積公式で求められないか考える** ◆「まとめ・表現」の過程では、底面と高さが分かれば、求積公式を用いることができることに気づき、公式を使って求める。	**5.概形を基本的な図形とみて、いろいろな図形の体積を「底面積×高さ」の求積公式で求め、できるようになったことを振り返る**
円柱シート	複合立体シート	振り返りシート

本時目標（第4時）

複合立体（階段状の立体、直方体を組み合わせた形）を、角柱や円柱の求積方法と比較することを通して、「底面積×高さ」の求積公式を用いて求めることができるようにする。

本時における情報活用能力ベーシックの構成要素について

第2〜4時には、三角柱、円柱、複合立体（階段状の立体、直方体を組み合わせた形）の体積を求める方法を考える学習活動となる。それぞれの立体の体積を求める際の、基本的な思考の流れは同じ展開になる。ここでは、複合立体の体積の求め方に関して、前時までの立体の体積を求める際の考えや解き方との相違点を整理し、既習事項の何を使えば問題が解けるか、どのような手順で考えればよいかと見通しを立てる学習場面、つまり、情報活用能力ベーシックの構成要素の「整理・比較」が重要となると考え、本時を設定している。

本時展開

学習形態	学習活動・内容	指導上の留意点・評価
全体	**1.問題を把握し、体積の求め方の見通しをもつ** 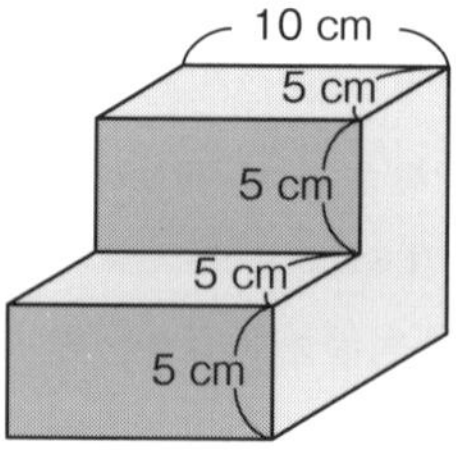 左図のような立体の体積を求める方法を考えよう ○ 階段みたいな形 ○ 直方体をくっつけた形 ○ 2つに図形を分けて求める ◆ 底面が多いので、どの面を底面と見るか	・「どのように見ると体積を求められるか、図形を多方面から見るように助言する。 ・立体模型や端末でシミュレーションアプリなどを使って、多方面から図形を見られる手立てを用意しておく。
個別	**2.それぞれが考えたやり方で、体積を求める** ◆4年生の面積を求める問題と似ている ○5年生では、2つの直方体に分けて、あとで合わせるやり方だった。 ○大きい立体から、小さい立体を引くやり方もある。 ◆角柱や円柱のように、底面積に注目するやり方もある。どこを底面と考えればいいか。	・解き方の見通しをもてない児童には、寄り添って考えを引き出すようにする。 ・配布されたシートや端末を使える場合はデジタルカードに、自分の考えを書く。考え方を交流する際

	◆どこの辺の長さを使うと、体積が求められるか。	には、そう考える理由を話せるようにしておく。 ・前時までの学習「角柱、円柱の体積＝底面積×高さ」等の公式は、教室に掲示しておくようにする。 ・底面積を求めることでつまずいている児童には、底面とみる面に色を塗って考えるよう促す。
個別、ペア、グループを選択	**3.解決できたら、友だちと考えを交流したり、他の方法でできないか考えたりする** ◆どのような手順で求めかを、説明し合う。  自分の考えを説明し友だちの考えと比較	〔思考力、判断力、表現力等〕 複合立体の体積を、角柱や円柱の求積公式を用いて求め記述しているか、ノートや行動観察から評価する。
全体	**4.底面の大きさと高さが分かる立体の体積は、「底面積×高さ」の公式を使って体積を求めることができることを確認する** ○どの方法でも、答えは同じになる ○底面と高さを見つけることができれば、公式を使うことができる。	
全体	**5.振り返りを書く**	

①「教科の特質を活かした学習場面の設定」の事例

三角形と四角形
特別な平行四辺形の定義・定理

数学・中学2年

単元目標

平行四辺形やその特別な形である長方形、ひし形、正方形の定義や相互関係を理解し、平行四辺形の基本的な性質や条件を活用して図形の性質を証明・考察する力を身につけることができる。また、証明や問題解決の過程を振り返りながら、統合的かつ発展的に思考を深めることができる。

指導計画（全10時間扱い）

学習プロセス	1――課題の設定（発見）	2――情報の収集（収集）
時間数	1	2～3
教科別 情報活用能力 ベーシック	日常の事象や社会の事象、数学の事象の中から目的意識をもって課題を発見する。	目的に応じて、適切で能率的な方法でデータを収集する。
主な学習活動 と学習内容	**1.学習課題①を提示する** 「2つのテープが重なる部分の四角形は、どんな四角形になるのか？」（幅が異なる2種類のテープを用意し、同じ幅のテープ同士、異なる幅のテープ同士で重ねた様子を観察させどのような図形になるのかを考える） ○幅が異なるテープ同士や同じテープ同士など重ねる組み合わせを変えることで平行四辺形や長方形、ひし形や正方形になることを確認し、なぜそのようになるのかを単元を通じて解決していく。 ◆課題の設定 目的意識をもって課題を発見する。	**2.平行四辺形の定義と図形の基本的な性質をもとにして、平行四辺形の性質を導く** ○比較しやすいように図形作成ソフトを用いて、辺や角度の条件が違う様々な平行四辺形を作成する。 3.作成した様々な図形に対しても平行四辺形の性質が成り立つことを証明する（定理の証明） ◆情報の収集 適切で能率的な方法でデータを収集する。
資料		図形作成ソフトによる図形

情報活用能力ベーシックを活用するポイント

図形分野について小学校算数科では主に直感的な取り扱いをしているのに対して、中学校数学科では考察の対象とする図形を広げ、考察の方法についても深めていくことを目指している。そのため図形指導において観察や操作、実験などの活動を通じて、図形の性質や関係を見出し、それら見出した性質や関係について批判的に考察する場面や考察したことの内容を数学的な表現を用いて説明する場面などが多い。これらの活動は、情報活用能力ベーシックの学習場面「整理・分析」または「まとめ・表現」のプロセスと合致している。また図形作成ソフトや表計算ソフトなどを用いることで、容易に図形を作成し変形することができたり、表などにまとめることで他者との比較検討がしやすくなったりと、これらの活動を通じることで情報活用能力の育成に効果的につなげることができる。

3――整理・分析 （整理・処理・比較・統計）	4――まとめ・表現 （形成・表現・発信・創造・伝達）	5――振り返り・改善 （振り返り・改善）
4～7	8～9（本時）	10
データを表やグラフ等に整理し、分布の傾向を比較・読み取り、批判的に考察して判断する。*	問題解決の過程や結果を、数学的表現を用いて説明し、事象を簡潔・明瞭・的確に表現する。*	問題解決の過程を振り返りながら、数学的な表現を自立・協働的に修正し、改善しようとする。*
4～5. 表計算アプリを用いて、比較がしやすいように平行四辺形の定義、定理を表にまとめる 6. 図形作成ソフトで長方形、ひし形、正方形、台形、たこ形の図形を作成する 7. 表計算アプリを用いて、長方形、ひし形、正方形、台形、たこ形の性質を表にまとめる ◆整理・分析 コンピュータ等の情報手段を用いてデータを整理し比較する。	**8～9. 前時に作成をした図形や表を活用し、それぞれの図形について定義を見出し、平行四辺形との相互関係を理解する** ○定義を見出しやすくするために、表の色分けをしたり、強調したりなど工夫をする。 ○表を活用して、平行四辺形にどんな条件を加えれば長方形やひし形、正方形になるのかを見出す。 ◆まとめ・表現 問題解決の過程や表などの結果を用いて説明し伝え合う。	**10. 前時の表を活用し、学級全体にグループでわかったことなどを発表する** ○他のグループの意見などを聞くことによりこれまで作成した自グループの表の修正を行い、改善を図る。 ◆振り返り・改善 問題解決の過程や表などを振り返りながら、協働的に修正し、評価・改善する。
図形比較まとめシート	図形比較まとめシート、 図形作成ソフトによる図形	図形比較まとめシート

本時目標（第8～9時）

「平行四辺形、長方形、ひし形、正方形、台形、たこ形の性質をまとめた表」を活用することで、長方形、ひし形、正方形の定義を見出すことができる。また、平行四辺形にどんな条件を加えると長方形、ひし形、正方形になるか理解することができる。

本時における情報活用能力ベーシックの構成要素について

前時に「平行四辺形、長方形、ひし形、正方形、台形、たこ形の性質をまとめた表」を表計算アプリで作成した。本時は、すでに導き出された図形の性質を批判的に考察し判断する場面を設定した。その後、表を工夫することで、いろいろな四角形の定義を導く。その際に、表を活用しながら数学的な表現を用いて説明できるように工夫をする。

本時展開

学習形態	学習活動・内容	指導上の留意点・評価
全体	**1.本時のめあてを確認する**	・前時までの表計算アプリで作成した「平行四辺形、長方形、ひし形、正方形、台形、たこ形の辺、角、対角線の性質をまとめた表」を確認させる。

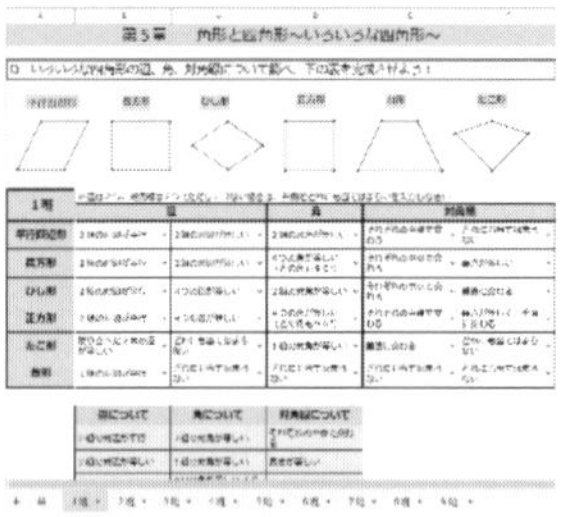

学習形態	学習活動・内容	指導上の留意点・評価
	2.学習課題を確認する いろいろな四角形の定義を導き出そう	
グループ	**3.同じ性質をもつものの色分けをする**	・平行四辺形と同じ性質をもつものに色をつけさせる。また複数の性質が重なっているものには別の色をつけさせる。 ・図形作成ソフトで作成したそれぞれの図を動かすことで、性質が正しいことを再確認させる。 ・色分けされているところに着目しいろいろな四角形の定義を考えさせる。

※辺は２つ、対角線は２つ（ただし２つない場合は、右側をどれにも当てはまらいを入力しなさい

1班	辺		角	対角線	
平行四辺形	２組の対辺が平行	２組の対辺が等しい	２組の対角が等しい	それぞれの中点で交わる	どれにも当てはまらない
長方形	２組の対辺が平行	２組の対辺が等しい	４つの角が等しい（どの角も９０°）	それぞれの中点で交わる	長さが等しい
ひし形	２組の対辺が平行	４つの辺が等しい	２組の対角が等しい	それぞれの中点で交わる	垂直に交わる
正方形	２組の対辺が平行	４つの辺が等しい	４つの角が等しい（どの角も９０°）	それぞれの中点で交わる	長さが等しく、垂直に交わる
たこ形	隣り合った２本の辺が等しい	どれにも当てはまらない	１組の対角が等しい	垂直に交わる	どれにも当てはまらない
台形	１組の対辺が平行	どれにも当てはまらない	どれにも当てはまらない	どれにも当てはまらない	どれにも当てはまらない

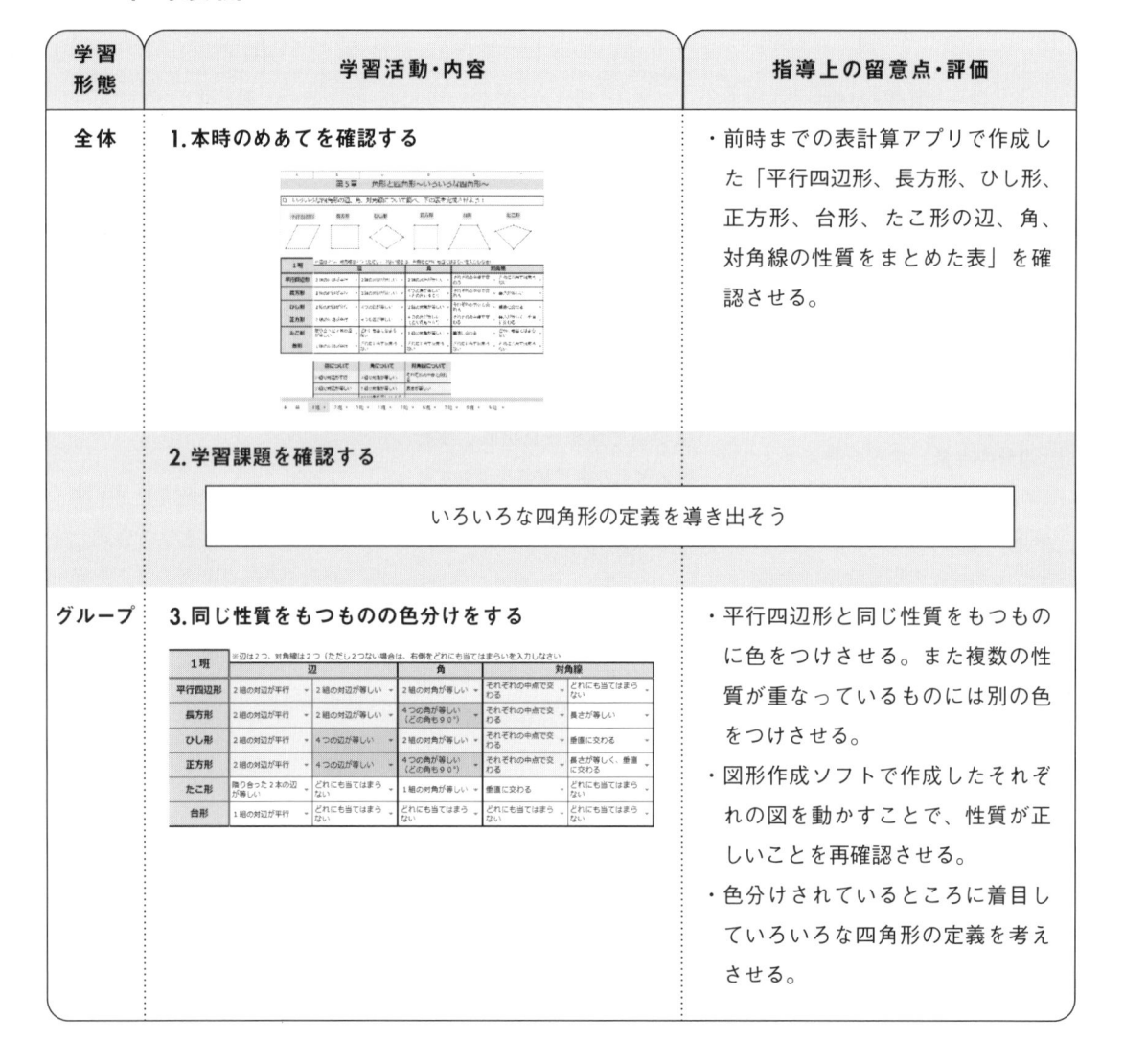

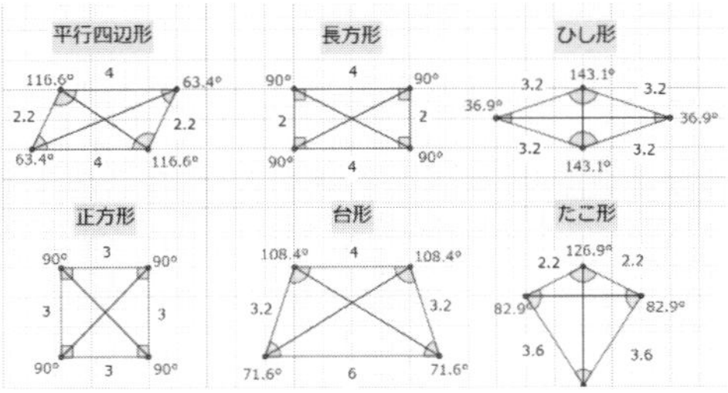

	◆整理・分析 コンピュータ等の情報手段を用いてデータを整理し比較する。	
個別	**4.「まとめた表」を活用して、それぞれの図形の定義を考える**	・なぜそのように考えることができるのか表を使って説明できるように準備させる。
グループ	**5.それぞれの図形の定義についてグループで確認し、説明し合う** （たこ形、台形についても考える） ◆まとめ・表現 問題解決の過程や表などの結果を用いて説明し伝え合う。	・定義について、表や図、言葉を使って説明させる。 ・長方形、ひし形、正方形と平行四辺形との相互関係についても説明させる（たこ形、台形については平行四辺形とは相互関係になっていないこと確認する）。 ・図形作成ソフトで作成した図を動かしながら考えさせる。
グループ	**6.「まとめた表」やそれぞれの四角形の定義を踏まえて、平行四辺形にどんな条件を加えると長方形、ひし形、正方形になるのかを考える** （たこ形、台形についても考える）	・なぜそのように考えるか全体に向けてそれぞれのグループで発表を行わせる。
	7.演習問題を行う	〔知識及び技能〕 グループでの話し合い活動や記述内容や演習問題

②「教科書単元を活かした単元づくり」の事例

工場の仕事

社会・小学3年

単元目標

飲食店から要望を受け、多種類の麺を生産する工場の工程や工夫を調べ、働く人々の仕事の様子を理解する。問いを見出し、主体的に学習計画を立て、ふり返り、働く人々の仕事の様子を捉え、工場が市の食文化を支えていることや地域の人々の生活との関連を考え、表現することができる。

指導計画（全10時間扱い）

学習プロセス	1――課題の設定（発見）	2――情報の収集（収集）
時間数	1～2	3～4
教科別 情報活用能力 ベーシック	地域や生活などの社会的事象から課題を発見する。	調査活動や諸資料の活用など手段を考えて問題解決に必要な社会的事象に関する情報を適切に収集する。
主な学習活動と学習内容	**1.札幌市のラーメン店** ○札幌市の名産品について話し合う ○札幌市のラーメン店と製麺工場の地図やグラフを見て話し合う **2.ラーメン店を支える製麺工場** ○ラーメン店を支える製麺工場について話し合い、学習問題をつくる。 学習問題 札幌ラーメンを支える製麺工場の秘密を探ろう ◆市内の三千のラーメン店のうち3割を支える製麺工場の工夫や努力への問いを見出し、学習問題をつくる。 ◆1人1台端末に学習計画、ルーブリックを作成する。	**3・4ラーメン工場見学** ○端末に質問等を入力し、問いをもって工場見学する。 ○人（従業員）、モノ（機械、商品）、コト（人の動き、工夫等）に着目する ○関係者にインタビューをする ○ラーメン製造の工程をまとめる ◆事前に製麺工場の紹介動画、パンフレットなどを子ども達の端末に配付し、見学の視点を明確にしておく。 ◆インタビューは相手の返答によって内容を変えられるようにする。 ◆許可をもらえればカメラで記録をする。
評価	［主］見通し、［思判表］工夫や努力についての問い（発言や振り返り）	［知技］工程や流通の理解（レポート・ミニテスト）、学び方（観察や取材）

情報活用能力ベーシックを活用するポイント

形成したい中心概念は、本工場で生産されている「麺」が、札幌市の名産である「さっぽろラーメン」や市内に数多く存在するラーメン店を支え、わたしたちの生活と密接に関わっていることである。情報を収集するスキルだけの方法知で終わらず、「3割のラーメン店の麺を製造する工場の秘密」に問いをもち、追究する「問題意識」から札幌のラーメン文化に誇りをもち、自分たちも応援したいという「目的意識」に転化させることで、主体的に学びに向かう態度を持続させる。1人1台端末でのポスター制作は、情報が更新されることで編集を繰り返すことが可能で、共同編集機能を活用し、チームでのコミュニケーション能力を高めながら、多角的な考えを反映できる表現活動をねらう。

3――整理・分析 (整理・処理・比較・統計)	4――まとめ・表現 (形成・表現・発信・創造・伝達)	5――振り返り・改善 (振り返り・改善)
5～7	8～9(本時)	10
社会的な見方・考え方で捉え、比較・分類・総合したり、生活と関連付けたりし、選択・判断する。	得た情報を白地図や年表、図表などに効果的にまとめ、考えや選択・判断したことを議論し表現する。	学習を振り返り、生活の在り方やこれからの国家及び社会の発展について考える。
5.工場の工夫や努力 ○工夫(安全面、衛生面、ニーズ、機械化)について整理する。 ◆人や機械の様子を画像で確認し、行動の目的や、機械を使わない場合との比較を考える。 **6・7.ラーメンはどこへ** ○工場で作られた麺がどのように運ばれ、どの地域に送られるかを調査する。 ○工場がラーメン文化を支えていることについて話し合う。 ◆工場の麺を使用するラーメン店を取材し関係性に探る。	**8・9.ラーメンポスター作成** ○取材し調べてきたことから、学習問題についてまとめる。 ○製麺工場の工夫や努力を発信する計画をする ◆工場の工夫や努力を秘密と称してポスターで発信する。 ◆地域に発信する計画立案。 ○ラーメン店の店主さんにも見ていただき制作する。 ◆内容、デザインを相談する。 ◆1人1台端末において、共同編集機能を活用し、役割分担し、互いに編集しあう。	**10.札幌ラーメンの未来は？** ○ラーメンと市民のつながりを時間的な側面(60年の歴史、名産品としての定着)、空間的な側面(観光客、世界に輸出)でまとめる。 ○製麺工場と市内多くのラーメン店が安全と安心、品質の信頼関係で結ばれており、今後の関係の継続について考える。 ◆本単元の学習内容、学び方、成果物のルーブリックを確認し自己評価を行う。
[知技] 工場の工夫、ラーメン店との関係の理解(レポート)	[思判表] 食文化への工場の役割や地域との関わり(ポスター)	[思判表] 食文化の価値や伝統の価値(ふりかえり)

本時目標（第8〜9時）

製麺工場の工夫や努力を発信するポスター制作を通して、製麺工場の仕事や地域のラーメン店が市民の生活や市の歴史と密接に関わっていることを理解する。

本時における情報活用能力ベーシックの構成要素について

本時は情報活用ベーシックの5つの学習過程の中の「まとめ・表現」に位置づいている。「まとめ・表現」では、「形成、発信、伝達、表現、創造」の5つの構成要素があるが、本時においては「形成及び表現」の要素を意識して、授業設計を行なっている。

【形成】: 学んできた製麺工場の工夫や努力をポスターにまとめ、ポスターを制作する。文字の量、大きさ、色合い、デザインなどを配慮して取り組む。その際、1人1台端末の共同編集機能を活用することで、編集等が容易となる。

【表現】: 製麺工場と地域のラーメン店が築いてきた札幌市のラーメン文化の定着と継続についての思いをポスターに込める。

本時展開

学習形態	学習活動・内容	指導上の留意点・評価
全体	**1. 製麺工場やラーメン店の秘密についてふりかえる** 学習問題 札幌ラーメンを支える製麺工場の秘密を探ろう ○どんな秘密があったかを想起する。	・様々な表現方法があるがここでは地域のラーメン店からポスター作成を依頼されたことにする。
個別	**2. ポスター制作の計画** ◆どのような内容をポスターに掲載するか、これまで調査活動で得た情報をまとめる。 ◆札幌市のラーメンの食文化を応援するために自分が考え、判断したことを文章にする。 札幌のラーメン文化を支える製麺工場の工夫や努力を伝えよう！	・調べたことがうまくまとまらない子には、順位付けをするなど個に応じた指導を行う。
グループ	**3. グループごとにポスターの内容を計画する** ◆ミニホワイトボードを活用し、ファシリテーターを中心に考えを伝え合い、集約していく。 ○ポスターの内容 ・製麺工場でつくる麺の特徴 ・麺をつくるまでの工夫や努力	〔思考、判断、表現〕 ・ポスターに掲載する内容を、選択・判断しているか話合いの内容から評価

	・ラーメン店がその麺をつかうわけ ・製麺工場がラーメン店の開業支援を行う ・西山製麺の長い歴史 ・海外への展開 ・ラーメン店が西山製麺をつかう理由	 **ポスターの内容についてアイデアを出し合う活用事例**
グループ	**4. 1人1台端末で、ポスター作成** ○製麺工場の工夫や努力、札幌ラーメンのよさを伝えるポスターの内容構成・デザインについて話し合う。 ◆端末のポスター作成ソフトをつかって、ポスター作成の分担を考える。 ○製麺工場の工夫や努力、札幌ラーメンがつくる食文化、ラーメン店のこだわりを伝えるために、次の内容を組み合わせて判断する。 （内容）キャッチコピー、テキスト、情報選択 （デザイン）色合い、画像、書体 ◆共同編集機能で修正する ・共同編集機能は同じファイルに生徒が同時にアクセスし、編集ができる機能 ・使いたい画像などをメンバーに提案し、メンバーが画像を差し替えたり、大きさを変更したり、場所を変えたりすることが可能 ・提案した文章を、メンバーが編集することが可能 ・具体的で、直感的な議論が可能となる	**〔思考、判断、表現〕** ・デザイン面、内容面からバランスよく判断しているかグループの話し合いやポスターから評価  **ポスター作成を端末のアプリの共同編集で制作** 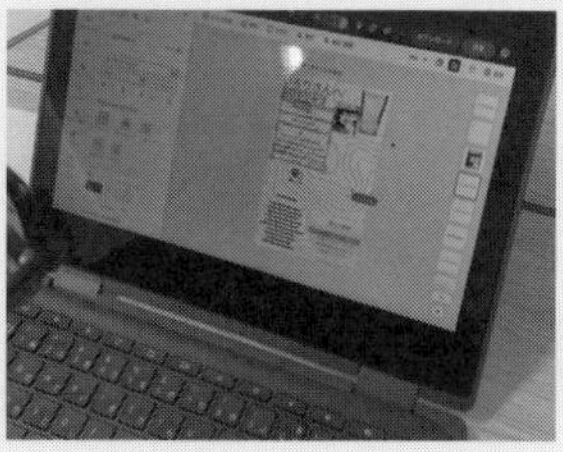
全体	**5. 完成したポスターを評価する** ○学級全体でポスター作成のポイントを発表する（画面上で確認）。 ○ラーメン店の店主さんにも見てもらい評価していただく ◆ルーブリックを設けて評価する 「調査した製麺工場の秘密をラーメン店や食文化と関連させて伝えられているか」等	**〔思考、判断、表現〕** ・製麺工場と地域のラーメン店が築いてきた札幌市のラーメンの食文化の定着と継続についての思いをポスターに込められているかを話し合いやポスターの内容から評価
グループ	**6. ポスターを再編集し掲示する** ◆評価されたことをもとに、作成したポスターを再編集する。	**〔主体的に学びに取り組む態度〕** ・ポスターをよりよい内容にしようと粘り強く編集できているか評価

②「教科書単元を活かした単元づくり」の事例

社会・小学6年

世界に歩み出した日本

単元目標

歴史上の主な事象について人物や地図や年表などを調べ、我が国の歴史の展開を考え表現することを通して、戦争、条約改正、科学の発展などを手掛かりに、国力が充実し国際的地位が向上したことを理解するとともに、主体的に問題を追究・解決しようとする態度を養う。

指導計画（全7時間扱い）

学習プロセス	1——課題の設定（発見）	2——情報の収集（収集）
時間数	1	2～3
教科別 情報活用能力 ベーシック	我が国の国土・産業・歴史や、世界の人々との共生に関することから課題を発見する。	情報の収集手段の特性に留意して情報を集めたり、資料から、事象の広がりや経過などを適切に読み取ったりする。
主な学習活動と学習内容	**1.国民が不平等条約の存在に気付いたとされる「ノルマントン号事件」を、NHK for Schoolで視聴し、問いや仮説を出し合う** ◆不平等条約についての問いを出し、現代には条約改正されていることを考え、どのようなことがあって条約改正されたのか、という課題につなげる。	**2～3.単元に出てくる人物をならべ、「軍事」「政治」「文化」「科学」「産業」と視点分けをする** ◆教科書や資料集を見たり、NHK for Schoolなどの動画を視聴したりしながら、それぞれの人物について調べ、情報を集める。
評価	［態］ グループにおける話し合い	

情報活用能力ベーシックを活用するポイント

単元のゴールを「動画にして伝えよう」とすることにより、より高次なインプットが必要になる。本単元は、国家及び社会の発展に大きな働きをした先人の業績について理解し、我が国の歴史上の主な事象を手がかりに、大まかな歴史を理解するとともに、関連する先人の業績を理解できるようにする学習である。そこで、子どもたちが少しでも自分ごととして歴史を捉えることができるよう動画作成を手段とした。

3── 整理・分析 （整理・処理・比較・統計）	4── まとめ・表現 （形成・表現・発信・創造・伝達）	5── 振り返り・改善 （振り返り・改善）
4～5	6	7
複数の情報を比較・統合、世界における我が国の役割と関連付けたりしながら考える。	根拠や理由などを明確にして論理的に説明したりして議論したりする。*	学習を振り返り、生活の在り方やこれからの国家及び社会の発展について考える。
4～5. それぞれが調べたことを友達と共有しながら、確かなものなのか確認したり、相関関係を整理したりする ○学び方のルーブリックを確認しながらふりかえりを行い、次への見通しをもったり学びをつなげたりする。	**6. 国力を向上させ、国際的地位を上げてきた我が国の歴史上の人物について、その人の様子ややってきたことがわかる動画にする** ◆動画の内容は、本人になりきってのインタビュー形式や対談形式、歴史ニュースなど、班で工夫する。 ○動画をつくるために、自分の強みを生かした役割分担を行う。	**7. 学んだことを、アプリなどを使って確認しながら、振り返る** ◆学び方と成果物のルーブリックを確認しながら、単元のふりかえりを行い、次の単元につなげる。

本時目標（第1～7時）

国力が充実し、国際的地位が向上するきっかけとなった出来事である条約改正や、日清・日露戦争に勝った背景には、どのような人たちの動きや働きがあったのかを動画にして伝える。

本時における情報活用能力ベーシックの構成要素について

単元を通してカリキュラムマネジメントをしているため、学習のプロセスを往復しながら進めていくことになる。そこで以下の展開においては、本時展開だけでなく単元全体の流れをより詳細に記述することとした。また、5つの学習過程の「②情報の収集、③整理・分析、④まとめ・表現」を行き来しながら、個で学びとる時間もあるので、確実に基本的な知識は共有していく必要がある。伝える場面と学びとる場面のバランスに気をつける必要がある。

本時展開

学習形態	学習活動・内容	指導上の留意点・評価
全体	**1.「ノルマントン号事件」を知り、問いをもつ** ○NHK for Shoolの「ノルマントン号事件」の動画を全体視聴し、現在との違いに気づき、どのようにして不平等条約を改正したり、国際的地位を向上させたりできたのか仮説を立てる。	・さまざまな視点で「問い」をもつことができるよう、動画を視聴したあと、ペアで感想や質問を共有し、ミニディスカッションができる時間を設ける。
全体	**2.単元に出てくる人物を知り、視点わけをする** ◆仮説から、5つの視点（「軍事」「文化」「政治」「科学」「産業」）を全体で考え、人物をWチャートで視点分けをしていく。	
	条約改正が実現し、戦争に勝った背景にはどのような人たちがいたのか動画にして伝えよう	
グループ	**3.動画をつくる時の班を決める**	・役者やカメラマンなどの役割の中から自分の強みを生かせるものを希望するよう伝える。
グループ	**4.班ごとに作戦タイムを行い、動画の内容を決める** ○動画の内容 ・本人になりきりインタビュー形式 ・対談形式	・調べるものは、教科書や資料集、NHK for Schoolなどさまざまなものがあることを確認する。 ・その期間中に家庭学習で進める児

<table>
<tr><td></td><td>・歴史ニュース形式　など
</td><td>童がいれば紹介しながら、全体にも広めていく。</td></tr>
<tr><td>個別</td><td>5.担当することになった歴史上の人物が、どのようなことを行なっていたのか調べる
◆情報を集める中で、間違った情報がないのか確かめるためにも、全体で確認していく時間をつくっていく。</td><td>・作るまでのスケジュールを確認し、役割分担を決め、班での見通しをもてるようにする。

</td></tr>
<tr><td>グループ</td><td>6.班で協力しながら動画を撮影する
◆どうすれば歴史上の人物のことが伝わるのか考えながら動画にしていく。時間も考えて、必要な部分だけにしていく。
○教科書や資料集などを確認し直しながら、間違っていることはないのか確認をしていく。</td><td>・動画を作ることが目的ではなく、あくまでも歴史的背景や出来事を理解するための手段だということを確認しながら進めるようにする。</td></tr>
<tr><td>全体</td><td>7.作品を見合いながらブラッシュアップする
○他の班の友達と作品を見合いながら、伝わりにくい部分やもっとこうした方がいいというアドバイスをもらって、作品をブラッシュアップしていく。</td><td>〔思考力、判断力、表現力等〕
学んだ知識をもとにシナリオを構築し、対話を通じて自分の考えを他者と共有し、フィードバックを受けながらブラッシュアップしているかをグループでの話し合いの内容から評価</td></tr>
<tr><td>全体</td><td>8.どうやって日本が国力を上げ、国際的地位をあげてきたのかまとめる
○自分の考えをまとめる。
○成果物と学び方のルーブリックを確認しながらふりかえりを行う。</td><td></td></tr>
</table>

②「教科書単元を活かした単元づくり」の事例

日本の様々な地域
日本の地域的特色と地域区分

社会・中学2年

単元目標

我が国の自然環境、人口、資源・エネルギーと産業、交通・通信についての理解を踏まえて国土の特色を大観し理解するとともに、それらを関連付けて多面的・多角的に考察・表現し、よりよい社会の実現を目指して課題を主体的に追究できる。

指導計画（全11時間扱い）

学習プロセス	1―― 課題の設定（発見）	2―― 情報の収集（収集）
時間数	1	2～9
教科別 情報活用能力 ベーシック	社会的事象に見られる課題を発見する。	観察や調査、資料を活用し、社会的事象の情報を適切かつ効果的に収集する。
主な学習活動と学習内容	1.学習課題「地理的な視点から見たとき、日本はどのような国であると言うことができますか」に対して考えを文章にする ◆小学校での学びを踏まえて	※日本の地域的特色を捉える8つの視点をそれぞれ1単位時間で取り扱う。なお、8つの視点は、地理①（山地・山脈・河川）、地理②（平地・海）、気候、自然災害と防災、人口、資源・エネルギー、産業、交通網・情報通信網で構成する。 ○我が国の国土の地域的特色や区分された地域の地域的特色を捉えるための視点としての「自然環境」「人口」「資源・エネルギーと産業」「交通・通信」
評価	［態］ グループにおける話し合い	［知技］ 収集した情報

情報活用能力ベーシックを活用するポイント

本単元は、我が国の国土の地域的特色や区分された地域の地域的特色について、自然環境、人口、資源・エネルギーと産業、交通・通信という視点から多面的・多角的に考察し、表現する力の育成を目指している。しかし、取り扱う事柄が多いため、カタログ的に羅列された事象を単なる個別の語句として覚えることに終始してしまうことも多い。

そこで、それぞれの事柄を端的に説明する学習活動に加えて、その説明の根拠となったり説明を補ったりする資料を示しながら概要を論述することに重点を置く計画とした。そのため、この過程では、学習者が選択したさまざまな情報源から、適切な資料を収集し、もっともふさわしいものを選択する学習活動を重視している。

3── 整理・分析 （整理・処理・比較・統計）	4── まとめ・表現 （形成・表現・発信・創造・伝達）	5── 振り返り・改善 （振り返り・改善）
2～9	10・11	
課題に応じて時系列や地理条件で整理し、多面的・多角的に考察する。	事象を解釈・論述し、意見交換や合意形成を視野に入れて表現する。	学習成果を振り返り、国家・社会の発展を考えるとともに、学習方法を改善する。
2.視点に関する授業者の説明を聴く **3.その時間で取り扱う視点に関する説明文（100文字以上200文字以下）を作成する** **4.説明文に添える資料をインターネットから収集し、アンケートアプリに入力する** **5.それぞれが作成した説明文と収集した資料を共有して、その適切さを議論し、 検討する** ◆説明にふさわしい資料の収集 （インターネットの活用）	**6.学習課題に対する論述（500文字以上600文字以下）を行うとともに、論述に添える資料を選択する** **7.それぞれが作成した論述文と資料を説明し合いながら、その論述文と資料の正確さ、適切さ、わかりやすさを評価し合う** **8.グループでの評価に基づいて、個人で論述文と資料を改善する** **9.本単元の学びによって高まった資質・能力や、本単元による学びの成果をアンケートアプリで論述し、振り返る** ○我が国の国土の地域的特色や区分された地域の地域的特色を大きく捉えた理解 ◆具体的な事柄の抽象化や関連付け	
［態］ グループにおける話し合い	［思判表］個人で作成する論述分と資料 ［態］アンケートアプリによるふり返り	

本時目標（第3時）

我が国の気候の特色について、論理的に説明するとともに、我が国の気候の特色の説明に添えるのにふさわしい（具体的に表す、根拠を与える、補足する）資料（図表や画像等）を適切な方法で収集し、選択する。

本時における情報活用能力ベーシックの構成要素について

情報を収集する際には、収集する目的と方法を限定することによって、意図的な資質・能力の育成を図ることができる。本時では、「自らの説明文に添えるのにふさわしい資料を収集する」という目的と、「インターネットから収集する」という方法に限定している。とくに方法については、学習者が自らの判断で方法・手段を選択することができるように、さまざまな方法を系統的に取り入れる必要がある。

本時展開

学習形態	学習活動・内容	指導上の留意点・評価
全体	**1.本時の展開の見通しをもつ** 我が国の気候はどのような特色があるか？	・前時までと同じ展開であることを示し、具体的な展開も改めて示す。
全体	**2.我が国の気候について、授業者による説明を聴く**	・説明を聴く際には、3.以降での学習活動に取り組むことを見通して、工夫して聴くように促す。
個別	**3.気候に関する説明文を作成する** 〇我が国の国土の地域的特色や区分された地域の地域的特色を捉えるための視点としての「気候」	・主に教科書の記述や授業者による説明を参考にするよう指示する。 ・説明文の文字数は100文字以上200文字以内とするよう指示する。
個別	**4.個人で説明文に添えるのにふさわしい資料（図表・画像等）をインターネットから収集し、アンケートアプリに入力する** ◆説明にふさわしい資料の収集（インターネットの活用）	・資料が掲載されているURLをコピーして貼り付けるように指示する。 ・インターネットからの情報収集では、URLの正確な表記の必要性を説明する。

	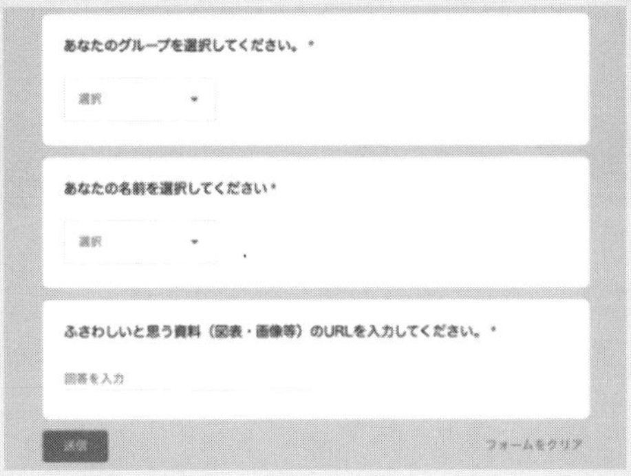	・できるだけ複数の資料を収集するように促す。
グループ	**5. メンバーに対して、自分がその資料を収集（選択）した理由について、説明文と併せて説明する** ◆収集した情報の共有（表計算アプリの活用）	・それぞれが入力したURLは、アンケートアプリの入力結果が集約される表計算アプリで共有する。 
グループ	**6. それぞれが収集した資料のふさわしさについて議論し、検討する** ◆収集した情報の共有（表計算アプリの活用）	・「ふさわしさ」については、「説明文を具体的に表している」「説明文に根拠を与えている」「説明文を補足している」という3つの観点のうち、いずれか1つ以上が該当する資料をふさわしいものと判断するように示す。 **〔主体的に学びに取り組む態度〕** 「ふさわしさ」の3つの観点に基づいて資料を評価しているか、グループでの話し合いの内容から評価
個別	**7. 自分の説明文や資料を改善する。**	**〔知識・技能〕** 気候について資料を示しながら説明文を記述しているか、ワークシートへの記述から評価

②「教科書単元を活かした単元づくり」の事例

電池のはたらき

理科・小学4年

単元目標

電流の大きさや向き、乾電池につないだ物の様子に着目して、それらを関係付けて、電流の働きを調べる活動を通して、それらについての理解を図り、観察、実験などに関する技能を身に付けるとともに、試行錯誤しながら、必要なデータを収集することができる。

指導計画（全7時間扱い）

学習プロセス	1—— 課題の設定（発見）	2—— 情報の収集（収集）
時間数	1	2、3、4〜5（本時）
教科別 情報活用能力 ベーシック	事物・現象を比べて、差異点や共通点をもとに問題を見いだしたり、既習内容等に基づいて予想や仮説を発想したりする。	着目した事物・現象を比較したり、関連づけたりしながら調べ、情報を得る。
主な学習活動 と学習内容	**1. 3台の乾電池で作成したモーターカーを走らせ、気づいたことを発表し、学習課題を設定する** ◆モーターカーは、乾電池を①直列つなぎ、②並列つなぎ、③直列つなぎで電池の向きが異なるつなぎ方の3種類を用意し、速さ、走行向きが異なるように配慮する。 ◆意図的に壁に衝突させ、止めたいという思いを膨らませ、なぜだろうという疑問から科学的に価値ある課題につなげたい。	**2・3. モーターカーの製作、走行して実験する** ◆1時間目の演示実験より、同じモーターカーができるように、グループで電池のつなぎ方を試行錯誤するよう助言する。 **4・5. モーターカーの制御を検討しプログラムを考え、実験しながらデータを収集する** ○センサーをモーターカーにつけて、壁に衝突するのを回避のために、何を制御（速さ、電流）するか検討し、プログラミングし、実験する。
評価	［態］ グループにおける話し合い	［技能］ 観察・タブレット

情報活用能力ベーシックを活用するポイント

本単元は、電池のはたらきを調べる観察、実験などを通して、電池のつなぎ方や向きによって、電流の大きさや流れる電流の向きが変わることを学習する。また、プログラミングを取り入れ、モーターカーが壁への衝突を回避することを制御させる学習活動を設定したことにより、情報を整理し収集し整理する学習のプロセスが必要になった。この過程では、試行錯誤しながら得られたデータを整理したり、モーターカーを制御させる方法を見出したり、考えたことを図にまとめたりする力を育む。

3――整理・分析 (整理・処理・比較・統計)	4――まとめ・表現 (形成・表現・発信・創造・伝達)	5――振り返り・改善 (振り返り・改善)
6	7	8
観察や実験で得られた情報を図や表、グラフなどを用いて整理し、考察できるようにする。	表やグラフから読み取ったことなどを使って、特徴や関係性を捉え、適切に表現する。	予想や仮説に基づいて行った観察や実験の方法を振り返り、学習の見直しを行う。
6.電池のつなぎ方について、考察をする ○壁に衝突するのを回避させるプログラミングのために必要なことを考察する。 ◆確かめた方法について、何が異なるのか、意味を考えながら考察するよう助言する。	**7.電池のつなぎ方について、分かったことを、図などで表す** ○モーターカーが壁に衝突するのを回避させるために、必要なことを、図などで表す。(電池の向き、直列つなぎ、並列つなぎによって違うこと等) ◆考察したことから、図などを使ってまとめられるように、まとめ方の例をいくつか提示する。	**8.本単元の学習を振り返り、次の学習に生かせることを考える** ◆実験のやり方を振り返るとともに、生活の中で生かせることについて考えるように助言する。
[思判表] 観察、タブレット	[知技] 成果物	[態] 記述

本時目標（第4、5時）

モーターカーが壁に衝突するのを回避するために、センサーによって何を制御（速さ、電流）するか、試行錯誤しながら、考え、必要なデータを収集することができる。

本時における情報活用能力ベーシックの構成要素について

本時は、「②収集」に関する学習活動である。グループで、センサーを使ってモーターカーを制御する方法を考える。その方法に合わせて、センサーのしきい値を見つけるために、試行錯誤をしながら、算数的要素を入れ、時間や距離を測定などして、感覚ではなく数値を集めることを目的にしている。

本時展開

学習形態	学習活動・内容	指導上の留意点・評価
全体	**1.めあてを確認する** プログラミングを使って、モーターカーが壁にぶつからないようにするためにどうしたらよいか考えよう	・前時までの学習を振り返り、学習課題を確認する。
グループ	**2.プログラミング・センサーについて知る** ○プログラミングの仕組み、赤外線センサー（障害物を認識させる）について、グループで確かめる。 	・説明のプリントを用意し、グループで試行錯誤して、確かめることができるようにしておく。
グループ	**3.モーターが壁に衝突することを回避する条件を考える** ○だんだん速さを遅くさせる ○壁を察知したら電流を止める	・衝突回避はモーターカーを止まらせることで、それにはどうしたらよいかを学級全体で話し合う。その際、自動車を思い出しながら、

		考えるように声をかける。
グループ	**4. 衝突を回避するプログラムを考える** ○考えた回避方法で、グループで自由に試行錯誤をし、プログラミングをつくっていくことを確認する ○試行錯誤しながら実験し、どんなデータを集めたらよいか考え、必要なデータを集める。 ○止まるのには、○cmかかるから、△cm手前から流れる電流の割合を20%ずつ減らしていく。 ○壁の手前◇cmで止まるようにしたい。止まるまでに□cm動くから、センサーを感知する値は、いくつにしたらよいか何度も確かめる。（データは記録する） 	・学級全体での話し合いを受けて、グループで、どんな方法で壁への衝突を回避させることができるか話し合うようにする ・何の条件を変えるのか確認し、変える条件（距離、時間など）は、感覚ではなく数値で表せるようにすることを伝える。 ・考えた回避方法で、グループで自由に試行錯誤をし、プログラムをつくっていくことを確認する。 ・再現できるようにするためにも、データを記録する必要があることを確認しておく。 ・プログラミングができてきたら、壁からどれくらい手前で止まるのが良いかも考えてみると良いことを伝える。
全体	**5. 本時の振り返りをする**	・本時を振り返り、次の時間はグループごとに回避させた方法を報告しまとめることを告げる。 **〔知識及び技能〕** 制御の方法を試行錯誤しながら、決めることができているか（観察）。

②「教科書単元を活かした単元づくり」の事例

てこのはたらき

理科・小学6年

単元目標

力を加える位置や大きさが、てこの働きに与える影響とその規則性を観察や実験を通して学び、身の回りの道具に、てこの原理が利用されていることを理解する。また、他者と協力して問題解決に取り組む姿勢を養い、学んだ知識を日常生活に応用する態度を育成する。

指導計画（全8時間扱い）

学習プロセス	1―― 課題の設定（発見）	2―― 情報の収集（収集）
時間数	1	2〜3
教科別 情報活用能力 ベーシック	予想や仮説をもとに次の問題を発見したり、新たな視点で自然の事物・現象を捉えようとしたりする。	事物・現象の変化する要素について、条件を制御しながら観察や実験を行い、多面的に調べながら情報を得る。
主な学習活動と学習内容	**1.単元内自由進度学習についてのガイダンスを聞く** ○ガイダンスを聞き、今後の学習の見通しをもつ。 ○てこについて知る。 ◆今までの生活経験の想起や個別に動画視聴を行い、「てこ」の活用場面について知る。	**2.設定された課題に自分のペースで取り組む。その際に、個人で学習計画を立てる** ○てこに関して動画や教科書を見たり、実験を行ったりして、てこの仕組みや用語に関して調査を行う。 ◆実験では、試行錯誤しながら多くのデータを収集する。
評価	[態] ワークシート	[知技] ワークシート・AI ドリルの達成度

情報活用能力ベーシックを活用するポイント

本単元は、単元内自由進度学習を採用した。単元内自由進度学習とは、単元の学習を児童が自分のペースで自由に進度を調整して学習を進める学習方法である。この学習方法を取り入れたことにより、児童は情報活用能力ベーシックの学習過程に沿って学んでいく必然性が生まれる。本実践では、はじめに、授業者が単元全体の学習課題や学習の進め方について指導を行い、その後児童は設定された課題の解決に向けて各自が設定する学習計画に沿って、調査・実験等に取り組んでいく。課題は基本課題と発展課題を用意することで児童それぞれの学習ペースの差に対する配慮を行った。

3――整理・分析 （整理・処理・比較・統計）	4――まとめ・表現 （形成・表現・発信・創造・伝達）	5――振り返り・改善 （振り返り・改善）
4〜6	7	8
観察や実験で得られた情報を図や表などを用いて整理し、考察できるようにする。	根拠のある予想や仮説をもとに、解決の方法を発想し、より妥当な考えをつくり出し、表現する。	予想や仮説に基づいて行った観察や実験など、自らの学習活動を振り返り、見直しを行う。
3.実験データをもとに、てこのきまりやはたらきについて理解する ○実験データをデジタルカード等に記録し、てこのきまりやはたらきについて考える。 ◆デジタルカード等の実験データを比較したり条件によって整理したりすることでてこのきまりやはたらきの理解を深める。	**4.単元を通して学んだことをもとにクイズアプリで問題を考える。その後、クラス全員で作成した問題に取り組む** ○正答だけでなく間違えやすい誤答も選択肢に入れておくことを助言する。 ◆学んだ内容を問題形式で出題することで本単元の内容を自分なりにまとめることにつながる。	**5.本単元の振り返りを行う** ◆本単元全体の振り返りを行い、全体で共有する。 ○てこの仕組みについて理解すると共に、自分たちの身近にも、てこが使われ、生活が豊かになっていることに気付かせる。 ※振り返りは毎時間実施しているが、本単元の最後にまとめとして全体で振り返りを共有する時間を確保する。
[知技] [思判表]	[思判表]	[態]
発言・ワークシート	作成した問題の内容	ワークシートの振り返りの記述

本時目標（第6時）

てこのはたらきを利用したものには、どのような道具があるか、生活経験や動画視聴、実験を通して理解する。さらに、身近な道具のてこの仕組みについて理解し、てこの規則性によって分類することができる。

本時における情報活用能力ベーシックの構成要素について

本時では、前時までに得た情報をもとに、てこの規則性や力を加える位置、力が作用する位置によって、てこのはたらきが違うことを理解を深め、さらに、ここまでに学んだ情報を整理しつつ、身近な道具にてこがどのように利用されているかに関して、図やイラスト等を活用したワークシートにまとめる。それを他者と比較検討することで、てこのきまりやはたらきについて自分なりの考えを形成することにつなげる。

本時展開

学習形態	学習活動・内容	指導上の留意点・評価
個別学習（個人の判断でペアやグループでの学習も可とする）	**1.前時の振り返りにおいて、理科的な視点をおさえたものや優れた書き方のものを知り、前時までの学習を想起する**	・前時の学習の振り返りを紹介し、学習を想起させる。
	2.前時までに調査したてこの仕組みや働きについて全体で確認を行う てこのはたらきを利用した道具にはどのようなものがあり、どのように仲間分けすることができるだろうか。	・てこの基本的な仕組みについて全体で共通理解を図る。
	3.くぎぬきでは、どのようにてこの仕組みが使われているかについて調査を行う ○動画視聴や実際にくぎぬきを使用することで、利用されているてこの仕組みについての調査をし、理解を深める。 ◆くぎぬきについて実験等を行って理解を深めた内容について学習支援システムを用いてワークシートにまとめる。	・本時の課題として上記内容を提示しているが、本単元では単元内自由進度学習を採用しているため、前後の時間の学習課題を学んでいる児童もいることに教師は留意しておく。 ・動画視聴や生活経験を想起させながら、くぎぬきのてこのはたらきについて理解を深めるよう助言する。 ・実際にくぎぬきを使用する際には

疑問点について友達と確認しあっている様子

ケガ等に十分気をつけてくぎ打ちとくぎぬきの実験を行うように助言する。

・力点の位置を変えながら実験を行うことについて確認する。

〔知識及び技能〕

（力を加える位置や大きさを変えると、てこを傾けるはたらきが変わり、てこがつり合うときにはそれらの間に規則性があることを理解しているか、発言やワークシートへの記述から評価）

4.くぎぬき以外のてこのはたらきを使った身近な道具（ハサミ・トング・ピンセット等）について調べる。それぞれのてこの仕組みについて理解し、まとめる

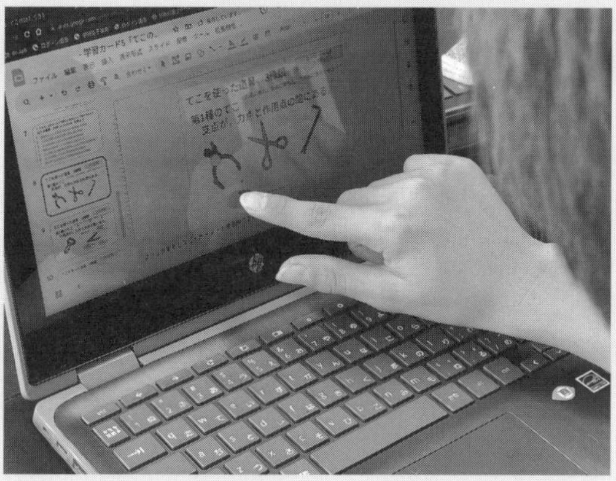

くぎぬき以外の身近な道具について学習支援アプリを活用してまとめている

◆身近なてこを使った道具について、学習支援アプリのリンクを共有し、クラス全体で情報整理を行う。

・図やイラスト、言葉などを活用してまとめることを助言する。自分の言葉でまとめることが難しい児童については、教師からキーワード等を提示しまとめるように手助けをする。

5.本時の振り返りを行う

次時は本単元で学習した内容をもとに問題作りを行うことを伝える。

・授業冒頭に紹介した振り返りを想起させ、本授業の振り返りを記入するように助言する。

②「教科書単元を活かした単元づくり」の事例

自然と人間

理科・中学3年

単元目標

生物と環境に関する事物や現象に積極的に関わり、日常生活と関連付けて学習する中で、環境保全の基本概念や原理・法則を理解し、観察や実験の基本技能を習得するとともに、これらを活用して自分の設定したテーマについて科学的に探究できる。

指導計画（全14時間扱い）

学習プロセス	1——課題の設定（発見）	2——情報の収集（収集）
時間数	1～2	3～6
教科別 情報活用能力 ベーシック	自然の事物・事象の中から問題を見いだし、解決可能な課題を設定する。	仮説を立て、それを検証する方法を立案して観察、実験等を行い、記録や様々なデータを集める。
主な学習活動 と学習内容	○「今の豊かな生活を将来の世代まで続ける→今の生活を改善しなくては」に対しての考えを文章にする。 ◆節電、ゴミ削減、公共交通機関での移動など、使わない、減らすという視点が多くなることが想定される。 ◆減らす＝解決という短絡的発想で立てた解決方法で生活が豊かになるのかを考えさせる。 ○科学的な考え方を組み合わせることで身近な課題から新しい価値創造につなげる（例：水切り不十分な生ゴミが与える焼却熱発電への影響）。	○家庭の生ゴミに新たな価値付与のプロジェクトを立案する。（SDGs目標12：つくる責任　つかう責任） ◆考えが浮かばないときには例示する。「水気を切る必要性が広報される一方、臭いが出るので早く捨てたい。臭いも少なく、短時間で水切りするには？」 ○検証するために、関係する要素を挙げ、複数の実験方法を考える。（教科書、Web、自治体の資料書籍などを参考にする。） ○各種測定データの蓄積、体積変化や臭いといったデータも収集するように助言する。
評価	［態］ グループにおける話し合い	［思判表］ 検証方法・データ収集の手段

情報活用能力ベーシックを活用するポイント

本単元は、身近な自然環境や日常生活における事象を調べる観察、実験などを通して、自然環境の保全と科学技術の利用の在り方について学習する。特に、実証可能な観察や実験を行い、科学的な根拠に基づいて考察する理科の考察・推論の過程に重点を置く。この学習過程は、身近な環境から課題を見出し、仮説に基づいて実験によるデータの収集を行う。さらに、得られた結果を整理することで、仮説の妥当性を考えたり、結果から見出された関係性をグラフや表に表し、発表を通して交流する。これらの探究的な流れは情報活用能力ベーシックの5つの学習過程がそれぞれ含まれており、それぞれの過程で、生徒には今は学習過程のどこをやっているのかという意味付けをすることが重要である。

3── 整理・分析 （整理・処理・比較・統計）	4── まとめ・表現 （形成・表現・発信・創造・伝達）	5── 振り返り・改善 （振り返り・改善）
7～10	11（本時）～13	14
観察、実験等で得られた記録やデータを表やグラフに表し、分析して解釈する。	共通点や相違点、規則性や関係性を見いだして表現する。	探究の過程を振り返り、必要に応じてプロセスの改善をしたり、新たな問題を見いだしたりする。
○得られた各種データを表やグラフに表してみる。 ◆データの表し方の工夫の見られる班がない場合は例示する。「乾燥の程度と臭いの関係性が分かるデータの表し方」 ○複数の乾燥方法のデータを比較し、根拠を添えてメリット・デメリットを示す。 ○ペアのグループとプレ発表を行い、互いに改善点を指摘し合い、最終的なまとめに向けて質的な改善を図る。	○検証した方法の数値データ等、メリット・デメリットを比較しながら、より適切な乾燥方法を探る。 ○得られたデータを根拠として使い、適切な生ゴミ乾燥方法について結論をまとめる。 ◆事例に基づく結論がうまくまとめられていないときは、各家庭でも一工夫すればできる方法などを写真や図で示すことを助言する。 ○全体発表では、聞き手はコメントを付箋アプリで返す。	○付箋アプリのコメントを基に、自班の提案を修正し、受け手の納得度を高める表現になるようにする。（グループ） ○今の生活を改善することの必要性について、改めて自分の考えを表すとともに、新たな疑問があればそれも書き出す。（個）
[思判表] データの読取り・表現	[知技]［思判表] 付箋アプリの記述	[態] まとめの考えの記述

本時目標（第7～10時）

生ゴミを効率的に乾燥させるための複数の手段での実験で得られたデータを、実験ごとに表やグラフに整理し、分かりやすく表すとともに、それぞれの乾燥方法についてのメリット・デメリットをまとめる。〔思考、判断、表現〕

本時における情報活用能力ベーシックの構成要素について

探究的な学習において、学習プロセスを重視するあまりに【整理・分析】場面におけるデータの扱いや検証を十分に取り組ませないまま進めてしまうことが危惧される。特に理科の場合、科学的な根拠に基づくまとめにつなげるためにも、【整理・分析】の学習プロセスは重要である。ここでデータ不足などが明らかになった場合は、一つ前の【情報の収集】に立ち返ることも十分に想定される。そのため、単元設計では、その時間を含めた時間的なゆとりを考慮し、予め時間調整できる1コマを組み込んでおくといった柔軟な設計ができる力が求められる。

本時展開

学習形態	学習活動・内容	指導上の留意点・評価
全体	**1. 2種類の検証実験A・Bのデータを班内で共有して、個々の端末で処理できるように準備する**	・班の元データを共有した後、各自が編集できるように個々の端末にデータを保存させる。
個別	**2. 表計算アプリを活用し、実験A・Bのデータについて、表にまとめた上でグラフに表す** ◆データから読み取れることが分かりやすくなるように受け手を意識した表やグラフに加工する。	・教員も保存してバックアップする。 ・各自ができる範囲で表にしたりグラフに加工したりして、実験した乾燥方法についてのメリット・デメリットを共有する準備をさせる。 ・教科書やWebなどの資料の表現を参考にさせる。
グループ	**3. 各自のまとめた結果を共有し、それぞれの方法についてのメリット・デメリットを伝え合う**	〔思考力、判断力、表現力等〕仮説を立証するデータを分かりやすく整理している。
グループ	**4. 各自の解釈を組み合わせ、班として合意しながら、乾燥方法のメリット・デメリットをまとめる**	・途中までの解釈でもまずは一人一人が発表することの価値を説く。 ・各自の解釈に対して、疑問に思ったりした部分には積極的に指摘す

		るように指示する。
グループ	**5.現段階での実験データの解釈や、それに基づいて考えたメリット・デメリットについてペアのグループとプレ発表を行い、少しでも納得できない部分があれば指摘し合う**	・解釈ミスに気づくための共有の時間であることを繰り返し確認する。 ・全体発表はバズセッション方式で行うので、誰でも一人で話せる準備が必要なことを予告する。
	6.ペアのグループや教員から指摘された内容を改善するための追加実験や解釈のやり直しについて、具体的な手順を考えて実施する	・データの内容やグラフの解釈について納得できない部分には意見を伝え合うことを確認する。さらに、自分なりの改善提案があればなお良いことも確認する。 ・教員もこの場面では質問をする。欠点の指摘ではなく、納得できない点を具体的に示し、それに対する対応を見ながら、質問を繰り返し、生徒自身に不足のデータや実験のあいまいな部分があることを気づかせる。 ・指摘された内容によっては、同じ手順で実験データを増やせば良いだけなのか、そもそも実験の条件を変える必要があるのかの見極めをしっかりとさせる。 ・どの班も一度の実験で十分な根拠につながるデータを作れないので、人を説得する根拠を作るには粘り強く試行錯誤する必要があることを繰り返し説く。

②「教科書単元を活かした単元づくり」の事例

「レシピを投稿しよう」

家庭科・小学6年

単元目標

毎日の食事に関心をもち、栄養を考えた食事のとり方について主体的に取り組もうとする。献立を構成する要素が分かり、献立作成の方法について理解する。栄養バランスのよい献立について考え、課題解決する力を身につける。

指導計画（全9時間扱い）

学習プロセス	1――課題の設定（発見）	2――情報の収集（収集）
時間数	1（家庭学習あり）	2～3
教科別 情報活用能力 ベーシック	日常生活・家庭生活の中から問題を見出し、課題を設定する。	調べたり、観察・実験・実習した結果について多様な観点から比較・検討したりする。
主な学習活動 と学習内容	**1.家事の悩みから問題を見出し、栄養バランスを考えた献立をレシピ投稿サイトに掲載するという課題を設定する** ◆（事前調査）保護者が毎日の家事に対して何に悩んでいるのかを実際に調査して、授業支援クラウドのアンケート機能を用いて集計する。 ◆集計結果を整理して、どのような課題があるのか話し合う。 ○栄養バランスを考えた献立を、レシピ投稿サイトに掲載して、家族や自身の家事に役立てようというゴールを設定する。	**2.栄養士から給食の献立作りのポイントを聞く** ○栄養バランスのとり方を学ぶ。 **3.レシピ投稿サイトや本などを見て、自分が作りたいメニューの候補を挙げる** ◆自校の給食の献立やレシピ投稿サイト、保護者からの助言や図書室の本などを参考に、掲載したい献立の候補を挙げる（ピラミッドチャート）。 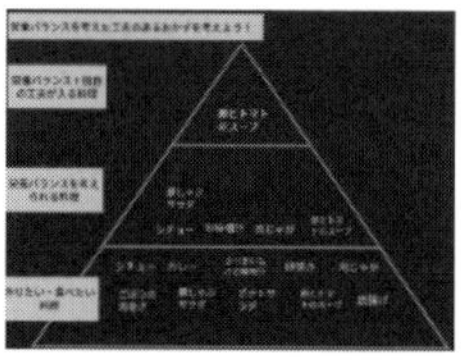
評価	［思判表］ 学級における話し合い	［態］ 記述、発言

情報活用能力ベーシックを活用するポイント

本題材は、教科書単元の「こんだてを工夫して」をベースにしている。家庭でできることを増やしたり、将来自立した時にも困ったりしないように、「栄養バランスを考慮したオリジナルの献立をレシピ投稿サイトに掲載しよう」というゴールを設定する。どういうレシピが注目されるのか、どうしたら栄養バランスに配慮したことをアピールできるのか、班員や保護者、栄養士からの助言を受けてブラッシュアップしながら投稿する。この活動により、保護者にも児童の献立を見ていただけるようにすることで、家族の役に立てると思わせたい。また、不特定多数の方からの感想や閲覧数を見ることができるようになり、多くの人からのフィードバックを得ることができる。

3――整理・分析 **（整理・処理・比較・統計）**	**4――まとめ・表現** **（形成・表現・発信・創造・伝達）**	**5――振り返り・改善** **（振り返り・改善）**
4～5	**6**	**7～9（家庭学習あり）**
生活をよりよくする視点をもって情報を取捨選択し、図表・グラフ等に整理する。	実感を伴って理解できるように、発表のしかたを工夫する。	今までの取り組みを評価し、どのように改善して生活に生かしたらよいかを考えることができる。
4.どの献立を掲載するのか決定する ◆掲載したい献立の候補から、栄養バランスの配慮ができて、独自性を出せる献立を決定する（ピラミッドチャート）。 **5.献立に自分なりの工夫を加える（特に栄養バランスという視点で）** ◆決定した献立の詳細を書く（フィッシュボーン図）。 ・献立名・紹介文・材料 ・手順 ・コツ・ポイント、生い立ち	**6.出来上がったフィッシュボーン図を班の中で発表する** ○各自で作成した献立の詳細を4、5人の班で発表し合う。 ◆学習支援ツールの共同編集機能を用いて、良い点（青）、課題や疑問（赤）、提案（緑）を各自のフィッシュボーン図に張り付けていく。 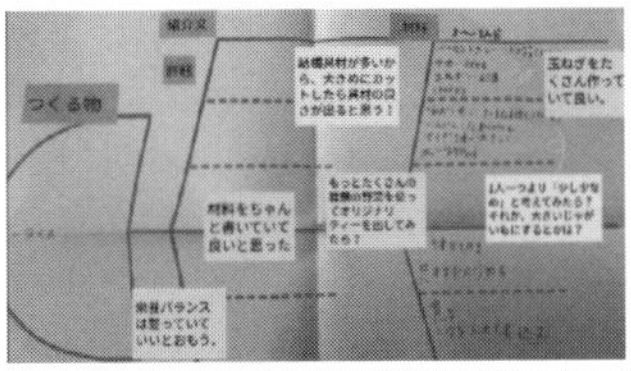 	**7.献立詳細をブラッシュアップする** ◆班員の意見を受けて、自身の献立詳細を改善する。 ○保護者や栄養士に加筆修正した献立詳細を見せ、助言をもらい、さらに改善する。 ○（家庭学習）献立通りに料理を作り、料理の写真を撮る。 **8.改善点を踏まえて、レシピ投稿サイトに掲載する** **9.活動を振り返る** ◆掲載した献立のアクセス数やコメントから振り返る。
[知技] ペーパーテスト	[思判表] グループにおける話し合い	[思判表] 作品の制作や表現

発見 収集 整理 比較 処理 統計 形成 発信 伝達 表現 創造 振り返り 改善

本時目標（第7〜9時）

自身で考えた献立が、栄養バランスへの配慮がされていて、独自性を出せる献立になっているか、その材料や手順で誰が作っても完成するかを班員や保護者、栄養士から助言を受けてその都度献立を改善し、レシピ投稿サイトに掲載し、最後に振り返る。

本時における情報活用能力ベーシックの構成要素について

本時では、班員への発表や保護者、栄養士に自分の献立を見せる活動を通して、自身の考えた献立の改善を繰り返す。実際に料理した際にも、記載した材料や手順で仕上げて思い通りに献立が完成したかを振り返り、改善することで、誰でも作ることができる献立に昇華していく。更には、Webに投稿後しばらく経ってから、自身の献立に対するコメントを見ることで、今後の献立作りに対する振り返りと改善を行う。

本時展開

学習形態	学習活動・内容	指導上の留意点・評価
全体	**1.学習のめあてを確認する** 班員や保護者、栄養士の先生からの意見をもとに、 栄養バランスを考えた献立を改善して、自作の献立を投稿しよう。	
グループ	**2.班員、保護者、栄養士の意見から献立詳細をブラッシュアップする** ◆班員からの意見を受けて、自身の献立詳細を改善する。 ◆班員の意見を受けて、どこをどう改善したのか伝え合う。 ◆（家庭学習）保護者から助言をもらう。 ○栄養士からの助言を伝え、保護者の意見とともに献立の詳細を改善する。 ○（家庭学習）修正した献立通りに料理を作り、料理の様子や完成した料理の写真を撮る。	・栄養バランスや独自性という点で、自分で判断しながら改善したという意見や献立詳細については、クラス全体に周知する。 ・保護者からの助言によってどこを加筆修正したのか分かるように、青鉛筆で修正させる。 ・栄養士の方に現在の児童のレシピ詳細を拝見していただき、助言を得る。 ・事前に手紙を配るなどの手段で保護者の方に協力をお願いする。
個別	**3.改善点を踏まえて、レシピ投稿サイトに掲載する**	・実際に料理した際に、記載した材料や手順で仕上げて思い通りに献

		立が完成したかを振り返り、さらに改善した献立を投稿させる。 **〔思考・判断・表現等〕** 工夫し、実践を評価したり、改善したりしているか、作品から評価
	4. 活動を振り返る ◆（1か月以上待ってから）掲載した献立のアクセス数やコメントから良かった点や改善点を振り返る。	**〔学び向かう力、人間性等〕** 課題の解決に向けて主体的に取り組んだり、改善したりしているか、記述、発言から評価

児童が作成したレシピ

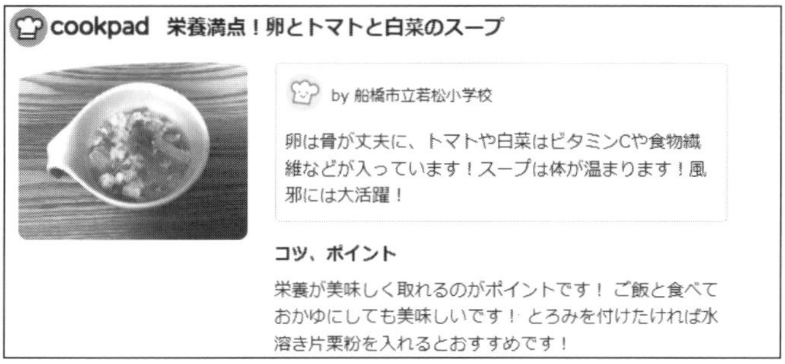
cookpad 栄養満点！卵とトマトと白菜のスープ
by 船橋市立若松小学校
卵は骨が丈夫に、トマトや白菜はビタミンCや食物繊維などが入っています！スープは体が温まります！風邪には大活躍！
コツ、ポイント
栄養が美味しく取れるのがポイントです！ ご飯と食べておかゆにしても美味しいです！ とろみを付けたければ水溶き片栗粉を入れるとおすすめです！

レシピの最新アクセス数

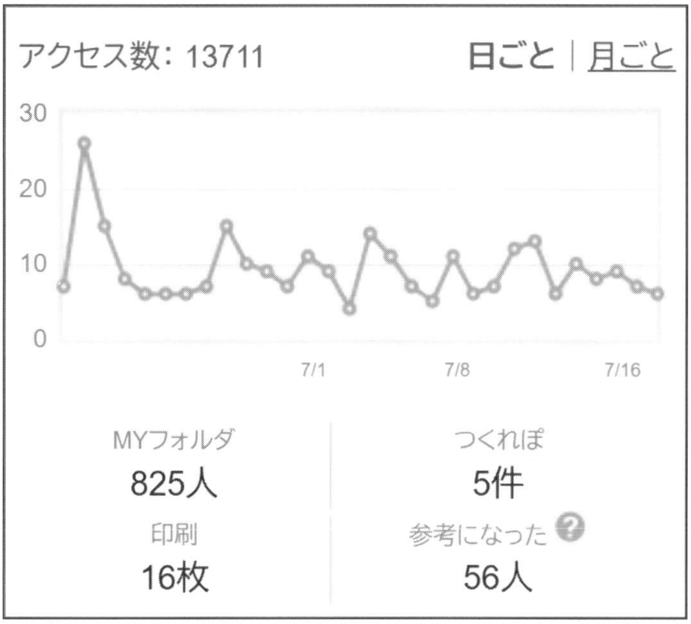
アクセス数：13711
日ごと | 月ごと
30
20
10
0
7/1
7/8
7/16
MYフォルダ
825人
つくれぽ
5件
印刷
16枚
参考になった
56人

②「教科書単元を活かした単元づくり」の事例

すきなものいっぱい“I SPY Game”

単元目標

身の回りの物を尋ねたり答えたりする表現に慣れ親しむことができると共に、自分の好きな物を相手に伝えられるように3つのヒントを考えたり、友だちのヒントを聞いてクイズの答えを考えたりして、相手に伝わるように工夫しながら英語でクイズを出したり答えたりしようとしている。

指導計画（全6時間扱い）

学習プロセス	1── 課題の設定（発見）	2── 情報の収集（収集）
時間数	1～2	（家庭学習）
教科別 情報活用能力 ベーシック	外国語の音声や文字、語彙、表現、文構造、言語の働きなどについて、日本語と外国語との違いに気付き理解する。	実生活や本や新聞、インターネットなどから二次情報を収集する。
主な学習活動 と学習内容	**1.本時の学習の見通しをもつ。** ○Let' s Try! 1 Unit 8“What 's this?” に取り組む。 ○Let' s Try! 1 Unit 9“Who are you?” に取り組む。 ◆指導者の『すきなものいっぱいクイズ』を見て、自分のクイズへのゴールイメージをもつ。  	**2.クイズで使用する写真を準備する。** ○自分のすきなものは、英語ではどのように言うのかを調べる。 ◆自分のすきなものをいっぱい用意して、それらをどんな風に並べて写真を撮れば素敵に表現できるかを考える。
評価	［知技］ 行動観察・ワークシート点検	

情報活用能力ベーシックを活用するポイント

Let's Try!のテキストでは、身の回りの物の一部を提示し“What's this?”とクイズを出し、答えを導くヒントを “Hint、please.”と伝え、やり取りをする外国語活動が設定されている。教室内で行うには、目の前の物を英語でなんと言うか？と聞き合う活動になりやすい。

そこで、本単元は、子どもたちに馴染みのある『ミッケ！』（英語版“I SPY”）を参考にしながら、自宅にある自分の好きな物をいっぱい並べ、その中で一番好きなものはどれかを外国語活動で学んだ英語を用いて友だちにクイズを出す活動行う。そうすることで、友だちの普段は知りえることができない部分を友だち同士で共有することができると共に、写真をどのようにか、どのようにヒントを出せば相手に伝えられるのか？と相手意識を活用する活動にすることができる。また、友だちから送られてきた解答ったクイズを振り返り、再構成してより良いものにできる場も設定できる。

…け）	4—— まとめ・表現 （形成・表現・発信・創造・伝達）	5—— 振り返り・改善 （振り返り・改善）
	4（本時）	5
…的や場 …整理し …る。	基本的な表現の中から適切なものを選び、自分の考えや気持ちなどを伝え合う。	自らの学習のまとめと振り返りを行い、新たに得られた知識を言語活動へつなげる。
…して、 …イズ』 …の写真 …を考え、 …ヒン …って …確認す	**4.『すきなものいっぱいクイズ』をする。** ○『すきなものいっぱいクイズ』をクラス共有し、作ったクイズを解き合う。 ◆学習支援システムに提出した『すきなものクイズ』を共有し、お互いがヘッドホンを使用して見合う時間をとる。	**5.自分のクイズをふりかえり改善する。** ○友だちのクイズを見て参考にしたい所や、友だちから届いた解答をもとに、振り返りをしたり、改善をしたりする。 ◆本単元を通して振り返りを行う。
…タル カ…ドの提出物	［思判表］行動観察・デジタルカードの提出物	［態］行動観察・デジタルカードの提出物

本時目標（全5時間扱い）

友だちのクイズの英語でのヒントを聞いて答えを考えたり、友だちの『すきなものいっぱい』の作品を見て、互いのコレクションの良さや違いを楽しんだりすることができる。

本時における情報活用能力ベーシックの構成要素について

自分のすきなものをいっぱい並べた写真を基に、今までに学習した英語を用いて作成したクイズを、クラスの友だちへデジタル教材を通して発信することで、自分だけの好きなものいっぱいの世界を創造し表現したものを、クラスの仲間に伝達することができるよさがある。

本時展開

学習形態	学習活動・内容	指導上の留意点・評価
全体	**1.【Let's Chant】** ○ "What's this?" のChantをリズムに合わせて言う。	・質問と答えのパートに分かれたり、質問内容を変えたりして、何度も繰り返し表現を繰り返し言うことができるようにする。
全体	**2.【Let's Play】** ○Let's Try! 1 p.32のクイズを見て、それが何かを考える。 Q：What's this? A：It's a carrot.	・指導者用デジタル教科書を大型テレビに映し出しながら、本時の表現の使い方を確認することができるようにする。
個別	**3.【Activity】** "I SPY" すきなものクイズをしよう。 ○『すきなものいっぱいクイズ』をクラスで共有し、作ったクイズを解き合う。	・1人1台端末やヘッドホンを使用することで、友だちのクイズを繰り返し聞き、しっかり確認することができるようにする。

◆学習支援システムに提出した『すきなものいっぱいクイズ』を共有しクイズを解き合う。

Q：I'm (Name). I SPY game.
　Hint1 It's a bird.
　Hint2 It's light blue.
　Hint 3 It's a small.
　What' s this?
A：Yes. That' s right.
　I like Namine (Bird' s name).

・出題者は、解答者が写真の中からみつけた答えに○をして返信してくれたものを見ることで、自分の考えたヒントがわかりやすかったか、英語が伝わったかどうかを確認することができるようにする。
〔思考力、判断力、表現力等〕
（クイズの英語のヒントを聞いて答えを考え、友だちの作品を見て良さや違いを楽しんでいる。）

児童のロイロノートのクイズ

4.【Reflection】

◆振り返りをデジタルカードに記入する。

・クイズの良かった点をいくつか共有し、自分のクイズや友だちのクイズについて、振り返ることができるようにする。

児童のロイロノートでのふりかえり

自分が作った感想
・どんなものを置こうか迷ったけど自分の好きなものを置いたら簡単にできた
他の人の感想
・欲しいものがあって憧れました。みんなそれぞれ別のものを持っていてびっくりしましたこんなにあるなんて思いもしませんでした。

自分が作った感想
. 好きなものがいっぱいあって移すものを選ぶのが楽しかったです
. 形を考えたりするのが楽しかった

みんなのを見て思ったこと
. みんな形を工夫したりしていた
. いろんな好きなものを見れて楽しかった

②「教科書単元を活かした単元づくり」の事例

英語・中学2年

Unit 7　World Heritage Sites
（NEW HORIZON English Course 2東京書籍）

単元目標

ALTの家族に、自分の町に来たいと思ってもらうために、家族が興味のあることをもとに、自分の町のおすすめについて、事実や自分の考え、すすめる理由を伝え合うことができる。

指導計画（全8時間扱い）

学習プロセス	1── 課題の設定（発見）	2── 情報の収集（収集）
時間数	1（本時）	2
教科別 情報活用能力 ベーシック	課題に示されたコミュニケーションを行う目的や場面、状況等を理解し、学習の見通しを立てる。*	何を聞き取らなければならないか、伝えなければならないかを判断し、聞いたり話したりすることで情報を収集する。*
主な学習活動 と学習内容	1.単元の見通しをもつ ○ALTの家族からのビデオレターを視聴し、本単元のゴールを確認する。 ◆コミュニケーションを行う目的や場面、状況等を理解する。 ○自分の町のおすすめについて、ペアで意見交流を行う。 ◆友達の意見と比較しながら、自分が伝えたいことを整理する。 ○本時の振り返りを行う。	2.必要な情報を収集する ◆ビデオレターを再度視聴し、誰にどんなことを伝えるべきかを考え、ALTに再度質問して必要な情報を聞き取る。 ○世界遺産についての教科書の映像を視聴し、話の概要を捉え、ペアで伝え合う。 ○本時の振り返りを行う。 ◆家庭学習で、自分が伝えたい町のおすすめについて調べる。
評価	※記録に残す評価は行わないが、指導に生かす評価は行う。	※記録に残す評価は行わないが、指導に生かす評価は行う。

情報活用能力ベーシックを活用するポイント

単元のゴールを、オンラインで繋がったALTの家族に自分の町のおすすめの場所・行事・食べ物等について紹介するという設定にすることで、相手の興味に沿って伝えたい事や内容について情報収集し、自分の考えやすすめる理由を整理して伝えるという学習のプロセスが必要となる。また、コミュニケーションを行う目的や場面、状況等を明確に設定して言語活動に取り組ませることで、相手意識や実際に英語を用いて考えや気持ちを伝え合う必然性が生まれ、情報を整理しながら考えなどを形成するといった一連の情報活用能力が育成できる。

3――整理・分析 （整理・処理・比較・統計）	4――まとめ・表現 （形成・表現・発信・創造・伝達）	5――振り返り・改善 （振り返り・改善）
3～5	6～7	8
得られた情報について、整理したり、精査したり、既知の知識と照合したりして、活用する。	既習の表現等を駆使しながら、事実や考え、気持ちを理由等と共に伝え合い、表現する。	自分の英語運用能力や考えの変容について、自ら学習のまとめや振り返りを行う。
3～5. 世界遺産について書かれた教科書の説明文や対話文を読み、引用するなどしながら、考えたことや感じたこと等を伝え合う ○説明文や対話文を読み、内容に関する自分の考えや感じたこと等をペアで伝え合う。 ○受け身の構造と意味を理解し、英文を引用するための英語表現を学ぶ。 ◆ALTの家族に伝えたい情報を整理し、ペアで伝え合う。	**6. 自分の町のおすすめについて、ペアで伝え合う** ○ALTの家族にすすめたい事を、理由と共に伝え合う。 ◆興味に沿った内容になっているか、情報を整理して再構築する。 **7. オンラインで繋いだALTの家族に、自分の町のおすすめを伝え合う** ◆写真や動画を使いながら、町のおすすめを伝えると共に、家族からの質問に答える。	**8. クラスの仲間のやりとりを視聴し、考えたことや感じたことを伝え合う** ○前時のやりとりの様子を動画で共有し、考えや感じたことをクラスで伝え合う。 ◆自分のやりとりの様子を視聴し、自分の変化や成長について振り返る。 ◆自分自身が伝えたおすすめを、内容を整理しながら書く。 ○本時の振り返りを行う。
[知技]	[知技] [思判表] [態]	[思判表] [態]
ペアやALTとのやりとり	ペアやALTとのやりとり	ワークシート、振り返り

本時目標（第1時）

ALTの家族の興味に沿った自分の町のおすすめを伝え合う活動を通して、お互いの考えを深め、即興的なやりとりができるとともに、単元の目標を理解し、学習の見通しを立てることができる。

本時における情報活用能力ベーシックの構成要素について

本時は①【課題の設定】で「発見」がキーワードとなる。ALTの家族からのビデオレターを視聴することで、ALTの家族に自分の町に来たいと思ってもらえるよう、相手の興味に沿った内容を伝えるという課題が設定され、コミュニケーションを行う目的や場面、状況等が明確になり、学習の見通しを立てることができると考える。

本時展開

学習形態	学習活動・内容	指導上の留意点・評価
  ペア ペア	**1. スモール・トークを行う** ○What' s your favorite Japanese food? ・ペアでやりとりする。 ・ペアを替えて、再度やりとりする。	・JTEとALTでデモンストレーションを行うことで、会話のモデルを示す。 ・中間指導を入れ、言語面の指導を入れたり、工夫しているやりとりを紹介したりする。
全体	**2. ALTの家族からのビデオレターを視聴し、単元の目標を理解する**	・ALTの家族が日本のどんなことに興味があるのかを事前録画してもらい、ビデオレターとして流す。
	ALTの家族に来たいと思ってもらえるよう、自分の町のおすすめを紹介しよう。	
全体	・ALTの家族の話の概要を捉える。 ・本単元のゴールの言語活動について知る。 ◆コミュニケーションを行う目的や場面、状況等を理解する。	・ビデオメッセージを視聴させた後、話の内容を確認させる。 ・単元の見通しをもたせる。
個人	・ALTの家族のうち、誰に、どんな町のおすすめを紹介するのかを考える。 ・ALTに、家族が興味のあることについて、追加質問をする。	・まずは個人で考える時間をつくる。考える際には、端末を活用してもよいことを伝える。 ・追加質問をさせることで、相手意識をもたせ、コミュニケーション

		を行う目的や場面、状況等をより明確にする。
ペア	**3. ペアで、ALTの家族にすすめたいことを伝え合う** ・ペアを替えながら、即興的なやりとりを行う。	・机間指導で生徒が困っている語句や表現を拾い、中間指導で言語面の指導を行う。 ・事後指導ではALTの家族の興味に沿った内容になっているか、内容面の指導を行う。
全体 個人	**4. ALTの先生に、家族に伝える自分の町のおすすめを紹介する** ・クラス全体で、家族に伝える自分の町のおすすめを共有する。 ◆友達のアイデアと比較しながら、自分が伝えたいことを整理する。 ○本時の振り返りを行う。	・自分の考えと友達の考えを比べながら、自分のアイデアを整理させる。 ・生徒が考えた内容について、ALTがアドバイスすることで、内容のブラッシュアップにつなげる。 ・記録に残す評価は行わないが、ALTの家族の興味に沿って自分の考えを伝えようとしているかを見取る。

生活総合・特支1～6年

動物発見！
～お気に入りの動物を紹介しよう～

単元目標

動物園に探検に行き、取材をしながら、情報収集し整理・分析して、自分が意図した表現に近づけるようにプログラミングクイズを考えて組んでいくことができる。また、よりよいクイズを作るためにプログラムを組むことを何度も繰り返しながら続けていく。

指導計画（全18時間扱い）

学習プロセス	1――課題の設定（発見）	2――情報の収集（収集）
時間数	1	2～7
教科別 情報活用能力 ベーシック	日常生活や社会に目を向けた時に湧き上がってくる 疑問や関心にもとづいて、自ら課題を見つける。	具体的な問題について情報を収集する。
主な学習活動と学習内容	**1.「動物園に遠足に行って、楽しかったことや調べた動物の実態について、お家の方に紹介しよう」という学習課題を確認し、計画の見通しをもとう** ○学習目標を確認をする。 ◆読書や日常の生活や事象、見学、観察などを通して根拠ある予想を立て解決方法を考える。	**2～4.動物園について調べてみよう** ◆どのような動物がいるのだろうか。お気に入りの動物を決めよう。紹介したいエリアを決めよう。 **5～7.合同遠足「動物園」に出かけよう** ○お気に入りの動物を観察してこよう。 ◆自分のお気に入りの動物、紹介したい動物について、メモに残す。 ◆本や新聞、インターネットなどの複数の二次情報を収集する
評価	［態］ 話し合いの様子	［態］ 話し合いの様子

情報活用能力ベーシックを活用するポイント

動物園に遠足に行きいろいろなエリアにいる動物の中から、自分の好きなエリアと動物の情報を収集し、収集したデータを基に整理をしてオリジナルマップクイズを作成する活動としてプログラミング教育との関連化を図った。それにより、アプリを使い、何度も修正、見合い、教え合いを通してオリジナルマップクイズを作成し、発信する中で、クイズ作りを楽しみながら作り、プログラミングを工夫して組んでいくことで、プログラミング的思考に目を向けることができ、回を重ねるたびにもっと工夫したい、もっと難しいものを考えたいと振り返りながら活動し続けた。まさに、情報活用能力ベーシックの5つの学習の過程と重なるところである。さらに、ここでの経験が、自己肯定感を高めることにつながることを期待したい。

3── 整理・分析 （整理・処理・比較・統計）	4── まとめ・表現 （形成・表現・発信・創造・伝達）	5── 振り返り・改善 （振り返り・改善）
8～15	16～17	18
課題の解決にとって、その情報が必要かどうかを判断し取捨選択する。	整理・分析された情報から、自分自身の意見や考えをまとめて表現する。	学習を振り返る中で、物事や自分自身に関して考え方が深まるようにする。
8～10. 調べたことをどのように発信していきたいか考えよう ○お家の人に伝えたい一番紹介したい、お気に入りの動物について付箋を並べてピラミッドチャートで考え、入れ替えて、書く順番を工夫する。 **11～13. プログラミングアプリの使い方について外部講師を招いて教えてもらう。** **14・15. 写真から気になったところついて、短い言葉でデジタルカードの付箋に文を書く。**	**16. 書いた文書を読み返し、文の推敲をしよう** ○もっと動物の特徴がわかる内容にできるか考える。 **17. プログラミングアプリを使って、お気に入りの動物クイズマップを作ろう。作成したマップをグループで見合いアドバイスをしよう**	**18. 完成したマップを紹介し合い、どんなことができるようになったか単元の振り返りを書こう** ◆学習した内容を自分の言葉でまとめる
[知・技] カードの記述内容	[思・判・表] プログラミングの様子	[態] 発表に取り組む様子

本時目標（第16時）

遠足に行ってきた思い出について、自分の思いを大切にして動物紹介や動物クイズを作ることができる。

本時における情報活用能力ベーシックの構成要素について

相手や目的に応じてより分かりやすく伝わるようにオリジナルマップクイズを作っていくために、相手意識をしっかりともたせ、クイズの難易度を工夫した。また、オリジナルマップクイズで伝えたい内容を明確にし、学年にあった表現・動物の写真を考えた。撮りためた動物の写真、動物図鑑、デジタル百科事典などを使いながら、個人で作業する時間と友達や教師と考えながら取捨選択し、協働的に作業する時間をうまく合わせながらまとめ・表現を工夫した。

本時展開

学習形態	学習活動・内容	指導上の留意点・評価
全体	**1.学習内容の確認** ○学習課題となるめあてを確認する。 ○プログラミングアプリを使い紹介マップ、クイズを作ろう。	・前回の学習内容の確認をする。 特別支援学級ⅠAグループ、Bグループ、Cグループ、特別支援学級ⅡCグループ、Dグループにわかれて活動することを伝える。
	動物園のお気に入りの動物紹介クイズを作ろう	
グループ及び個人	**2.グループに分かれながら活動する** ○自分のお気に入りの動物に、おすすめの理由とその特徴を分かりやすい文を書く。 ○個人で、各自タブレットを使って活動を進めるが、困ったときは、グループの友達と協力しながら教えあって活動する。 ・オセアニア区（コアラについて載せよう。食べ物や活動する時間について載せよう。） ・アフリカ区（ヒガシクロサイについてクイズを作ろうかな。やっぱりキリンも載せたいな。） ・ユーラシア区（シロテナガザルも載せたいな。・インドサイについて載せようかな。） ・アメリカ区（オオツノヒツジでクイズ作れそう。マーラはあまり見たことないから載せたいな。）	・地区ごとに選んでもいいことを伝える。 ・ホワイトボードと手順書を使い、プログラミングを考え直してもよいことを伝える。 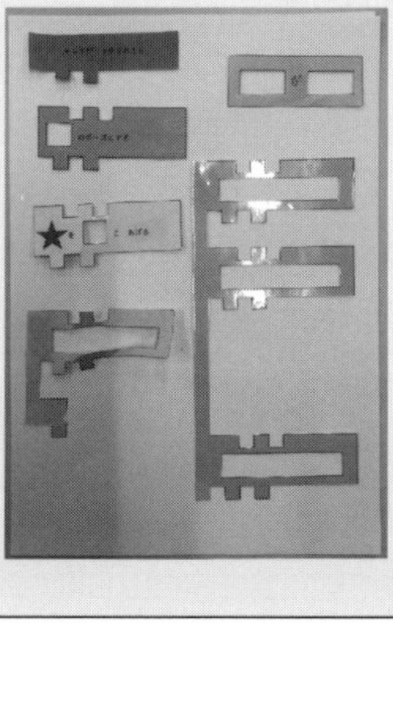

<table>
<tr>
<td></td>
<td>・遠足に行って楽しかったこと、遠足に行けなかった
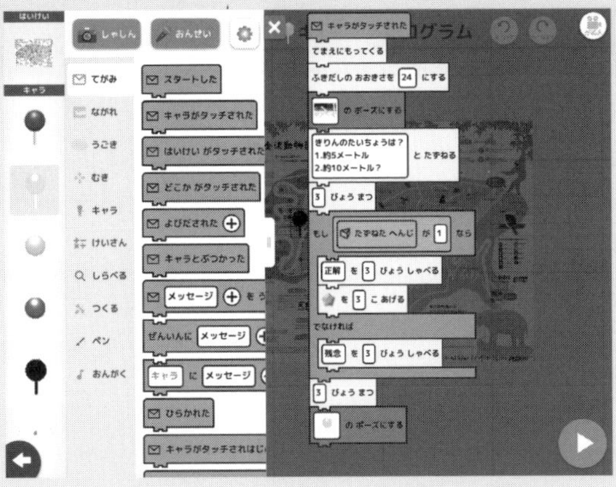
</td>
<td>・一番伝えたい動物と場所についてあっているか伝える。
・伝えたい動物の写真と理由を紙で用意する。
・遠足にでかけたことを通して、伝えたい動物の特徴を捉えているか、また、自分で考えながら、友達と見合ったり教えあったりしながら作成していくことを伝える。
・載せたい記事やクイズが正しいかを確認するように伝える。
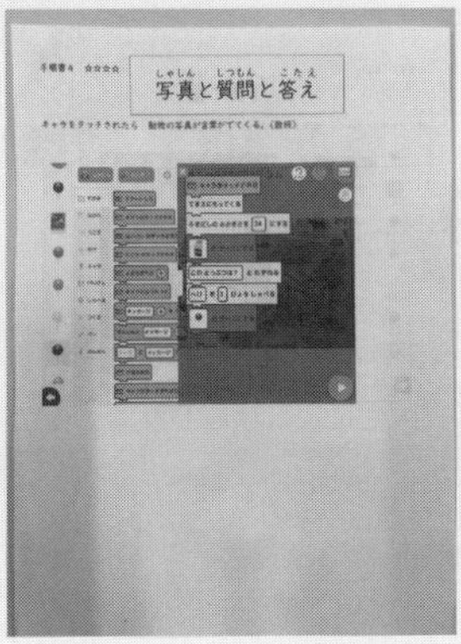
</td>
</tr>
<tr>
<td>グループ</td>
<td>3. 特別支援学級ⅠAグループ、Bグループ、Cグループ、特別支援学級ⅡCグループ、Dグループで、見合ってアドバイスをしよう
・写真を他の物をつかうといいよ。
・もう少しわかりやすい文にしたほうがいいよ。</td>
<td>・遠足に行って楽しかったこと、遠足に行けなかった児童も取り組めるように、見て見たい動物、この園のなかで好きな動物を選べるように声掛けする。
☆（思）自分の思いや考えをまとめ、必要に応じて適切な方法で伝える。
（グループでの活動や話し合いの内容から評価）</td>
</tr>
<tr>
<td>全体</td>
<td>4. 本時の振り返り、次時の見通しをもつ。完成したもの、お互いに見合ってみよう</td>
<td>・グループで協働しながら活動をできるように支援をする。低学年は担当の先生に補助してもらいながら活動をする。
・よかったところ、もっと工夫した方がいいところなどを発表する。</td>
</tr>
</table>

③「教科等横断的な学習の充実」の事例

生活・小学2年

大きくなったよ! 成長したね!

単元目標

自分自身の生活や成長を振り返る活動を通して、自分の成長を支えてくれた人についてや自分でできるようになって役割が増えたことなどが分かるとともに、支えてくれた人々への感謝の気持ちをもち、これからの成長への願いをもって意欲的に生活できるようにする。

指導計画(全22時間扱い)

学習プロセス	1―― 課題の設定(発見)	2―― 情報の収集(収集)
時間数	1〜3	4〜7(本時)
教科別 情報活用能力 ベーシック	身の回りの日常の事象から様子や特徴を発見する。	目的を明確にしながら調べたり体験したりして収集する。
主な学習活動と学習内容	**1.自分ができるようになったことなどを出し合う** ◆最近の出来事をきっかけに、入学してからの出来事を共有し自分の成長に目を向ける。 **2.「じぶん物語」作りから、発表会までの計画を立てる** **3.幼い頃の情報をどのように収集するか話し合って決める** ※家庭学習:写真を集めたり保護者にインタビューしたりすることを、事前に連絡しておく。	**4・5.収集した情報を「思い出カード」に記録する** ◆集めた写真やうちの人に聞いたことから、小さい頃の自分の様子(「したこと」「思ったこと」で色分けした付箋)を記録する。 **6・7.友だちとカードを見せ合って、自分の成長に気づく。** ○互いの成長に目を向けることを大事にする。 ◆友だちの感想をもとに、「友だちから言われたこと」を付箋に記録する。
教科との関連	国語 「楽しかったよ、二年生」	

情報活用能力ベーシックを活用するポイント

この時期のこの単元は、自身の成長を自覚し、次へのステップにしたい。自分ができるようになったこと想起し、さらに、過去の自分のことが分かる具体物・写真やエピソード、関わってきた人へのインタビュー等々、様々な方法で調べたことを関連づけていくことで、自分の成長に気付くことができる。今回は、その中から一番の出来事を選び、「じぶん物語」で表現する活動とした。それを紹介し合うことで、互いの素敵なことを見つけたり、自分が気づかなかった成長にも気づいたりすることを期待したい。本単元は、国語と並行して実施することで、より探究的な学びへと展開した。低学年のうちからこのような教科横断的な要素を盛り込んだ学習を大事にしていきたい。

3―― 整理・分析 （整理・処理・比較・統計）	4―― まとめ・表現 （形成・表現・発信・創造・伝達）	5―― 振り返り・改善 （振り返り・改善）
8〜10	11〜20	21・22
自分や身の回りの自然の変化や成長の様子を比較する。	伝える相手や伝える目的を明確にしながら様々な方法で発信する。	自分自身の生活や成長を振り返る。
8・9. 記録したカードの中から、発表会で伝えたいことを選ぶ **10. 友だちに「一番伝えたいこと」を紹介し、感想を聞く。** ◆「したこと」「思ったこと」「友だちから言われたこと」（付箋で色分け）を付け加えていきながら、一番伝えたい内容を決める。	**11〜14. 物語作りをして、調べたことと現在の成長をまとめる** ○「はじめ・中・おわり」で組み立てる。 **14〜19. 自分の成長を支えてくれた人たちに「ありがとうはっぴょうかい」をするための準備やリハーサルをする** **20. 2年間の生活を振り返り、成長を支えてくれた人、お世話になった人に「ありがとうカード」を書き、感謝の気もちを届ける**	**21・22. 自分の成長に希望をもち、3年生なったらしてみたいこと、がんばりたいことを振り返りカードに書く** ○自分のよいところ、がんばったところ等これまでの自分の成長に関することと、これからのなりたい自分について考える。 22. 友達同士で伝え合う
国語 「すてきなところをつたえよう」		

本時目標（第6～7時）

自分の小さい頃の様子や出来事に集めてきた情報を友達に伝える活動を通して、自分の成長や新しい自分の良さに気付き、さらに誰にどのような方法で情報収集するか考える。

本時における情報活用能力ベーシックの構成要素について

自分の誕生から現在までの成長を振り返り、記録をつくることを通して、自分が成長したことや、自分の成長には多くの人々の支えがあったことに気づくとともに、それらの人々に感謝の気持ちをもち、新学年への意欲と希望をもつことをねらいとした単元である。その目的をいつも明確にすることで、主体的に自分が幼いころに使った思い出の品やエピソードや記録を探し集めたり、保護者へインタビューをしたりして情報収集する姿が期待できる。

本時展開

学習形態	学習活動・内容	指導上の留意点・評価
全体	**1.本時のめあてを確かめる**	・これまで調べて分かったことを友達に伝え、友達から質問や感想をもらったり、この2年間の友達の成長で、みんなが知っていることを伝えたりすることで、より自分のよさに気づくことが重要であることを確認する。
	自分のことをもっとしろう。	
グループ	**2.これまで調べてきた自分の成長を、友達に伝えよう** ◆「思い出カード」や実物を見せながら、これまでの自分の成長について分かったことや思ったことを伝える。	・グループは3～4人に設定する。 ・これまで国語の「話すこと・聞くこと」で学んだことを想起させ、時間内にみんなが話せるように助言する。 つたえかた名人 ○思い出カードを見せながらできるようになったことを話すことができる ○最後に、成長について分かったことや思ったことも話すことができる

○『思い出カードは』，端末の活用が進んでいる学級では，持ってこれない実物や写真を入れて，示しながら話すようにする．
○端末活用が進んでいない学級では，紙の『思い出カード』に写真を貼ったり絵を描いたりして，示しながら話すようにする．

○質問や感想を交流する。

・どこでれんしゅうをしていたのですか。もうすこしくわしくおしえてください。
・わたしは、○○さんが4才の時からスケートボードのれんしゅうをしていることがわかりました。すごいなとおもいました。
・○○さんは、がんばりやさんだとおもいました。2年生になっても、なわとびをがんばっていました。

3.友達の話を聞いて、2年生の成長についてカードを追加する。また、もっと自分の成長を知るために、聞いてみたいことが出てきたら、「誰に、どんなこと」を聞くか考えて、インタビュー計画を立てる

4.今日の活動を振り返る

・新しいすてきが見つかって、よかった。
・もっと、自分のすてきなところを探したいと思った。

聞きかた名人

○いつ、どこで、だれが、何をしたのかをしっかり聞くことができる
○聞いてわからなかったところを聞いたり、よかったところを伝えることができる

〔思考力、判断力、表現力等〕
（収集した資料をもとに、話し方を工夫しているか、グループでの様子から評価）

・あまり伝え合いがうまく進まないようであれば、「話すこと・聞くこと」で学んだことを生かして伝え合っているグループを動画に撮り、1人目が話し終えた後に、皆で視聴して、資料の示し方、質問や感想の伝え方を確認するとよい。
・友達が伝えてくれた情報は、カードに付け足しておくことを助言する。

端末上のカードに情報を付け加える様子

◆日常的に端末で空間を超える学びをしている学級では、まちたんけんでお世話になった人たちにインタビューすることもできる。

③「教科等横断的な学習の充実」の事例

富士見台のまちの
デジタルハザードマップをつくろう

総合・小学4年

単元目標

地域のハザードマップを制作することを通して、地域の安全を守る人々の願いを知り、多様な立場の人の連携が安全につながっていることについて考え、自らも進んで地域に関わることができるようにする。

指導計画（全20時間扱い）

学習プロセス	1――課題の設定（発見）	2――情報の収集（収集）
時間数	1～3	4～8
教科別 情報活用能力 ベーシック	日常生活や社会に目を向けたときに湧き上がってくる疑問や関心に基づいて、自ら課題を見つける。	具体的な問題について情報を収集する。
主な学習活動と学習内容	**1.学区のデジタルハザードマップづくりの計画を立てよう** ○学区の特徴から学区専用のハザードマップが必要なことに気付く。 ○なぜ、どんな時にハザードマップが必要なのか考え話し合い、目的に合った名前を決定する。 ○大まかな完成予想を共有し、完成までの見通しをもつ。 ◆3つの区のハザードマップを比べて、まちの特徴に合わせ、どんな項目を取り入れるとよいか、誰に相談するとよいのか話し合う。	**2.「今から備えるデジタルハザードマップ」に必要な情報を収集しよう** ○既存のハザードマップをもとに、情報を集める。地域を取材する。 ◆情報をクラウドに集めて蓄積し、互いの情報を確認しながら取材を続ける。 ○デジタルハザードマップで情報をわかりやすく伝えるためのアイコンをデザインする。専門家にアドバイスをもらう。 ◆情報を伝える視点からピクトグラムの特徴、色、形のもつ意味を知る。
教科との関連	国語 「パンフレットを読もう」	国語 「聞き取りメモの工夫」

情報活用能力ベーシックを活用するポイント

「崖崩れや急坂が多い」「建物が立て込み道幅が狭く、火災の延焼が懸念される」「3つの区の区境に位置するため3つの区のハザードマップが必要」といった学区の特徴から課題を見出し、学区のデジタルハザードマップを作成し地域で役立てることを目指した。児童それぞれが住んでいる家の周りを担当し「今すぐ備えるために必要だ」と伝えていくべき危険箇所や防災施設について情報を収集した。区が発行している既存のハザードマップを比べ読みし、取り入れる情報を決定した。さらに国語「パンフレットを読もう」の学習で効果的に伝える工夫を探した。写真や図と言葉を組み合わせたり、共通したフォントを使用したり、大切なことを目立つ字で示したり、順番を数字で表したりといった読み手が捉えやすくする工夫に気付かせた。また、利用者へのアンケート結果を基に修正を重ねていくために、算数「データの活用」を関連付け、資料を組み合わせて多面的に読み、修正のポイントを話し合うようにした。

3――整理・分析 (整理・処理・比較・統計)	4――まとめ・表現 (形成・表現・発信・創造・伝達)	5――振り返り・改善 (振り返り・改善)
9～10	11(本時)～	12～(繰り返す)
複数の情報を組み合わせて、新しい関係性を創り出す。	相手や目的に応じてより分かりやすく伝わるように、より効果的な表現を工夫する。	学習を振り返る中で、物事や自分自身に関して考え方が深まるようにする。次の課題につなげる。
3.「今から備えるデジタルハザードマップ」にしよう ○目的を達成できているかを調べるために、「今から備えようと思うデジタルハザードマップになっているか」判断できる内容のアンケートを作成するため、内容や書きぶりを話し合う。 ◆必要な情報が集められるアンケートかを視点にアンケートの内容を検討する。	**4.「今から備えるハザードマップ」を試してもらおう** ○地域の防災訓練に参加したり、最寄り駅周辺で声をかけたりして、地域の人に実際に使用してもらえるよう働きかける。 ◆この改善を繰り返しながら、情報を足していく。	**5.「今から備えるデジタルハザードマップ」になるよう改善しよう** ○使った人の反応や、アンケート結果から、「今から備えようと思ってもらうデジタルマップになっているか。」について話し合い、改善点を挙げる。 ◆「もっと使ってもらうためにどうやって広めていくか」という課題を見つけ、次の小単元に入ることを確認する。
国語「アンケート調査の仕方」 算数「データの活用」	国語 「聞き取りメモの工夫」	算数 「データの活用」

本時目標（第11時）

試作段階のハザードマップの利用者から得られた情報をもとに、「今から備えよう」と思える情報が掲載されているかについて話し合う活動を通して、自分で自分の命を守る重要性が伝えられたことを実感するとともに、より地域に向けて発信するためにマップの情報や発信方法等の改善点を捉える。

本時における情報活用能力ベーシックの構成要素について

総合的な学習の時間等の場面でも、算数の教科の場面でも、日常の場面でも、「データを根拠に自らの考えをもち判断していく力」「データを根拠にして他者を説得する力」について教科等を横断した資質・能力として児童に意識させてきたことから、ふりかえりの際、教科等横断のよさに関わる記述が見られていた。データの読み取りの場面では算数的な見方・考え方を意識し、それぞれの教科で付けた力を生かして問題解決するよさを感じさせたい。

本時展開

学習形態	学習活動・内容	指導上の留意点・評価
全体	**1.本時の学習課題を確認する** ハザードマップを見てくれた人は、「今から備えるために役立つ」と思っているだろうか。	
	2.アンケート結果、活動の中で見てくれた人の反応について出し合う	 
グループ	**3.情報から考えたことを話し合う** ◆複数のグラフや記述を組み合わせて読み取り、それを根拠に考えたことを話す。  8「今すぐ備えよう」と考えた方の理由をお書きください。	・アンケート結果、デジタルハザードマップ使用時の写真等を提示し、どんな場面での会話か想起しやすくする。クラウドで共有しておく。

	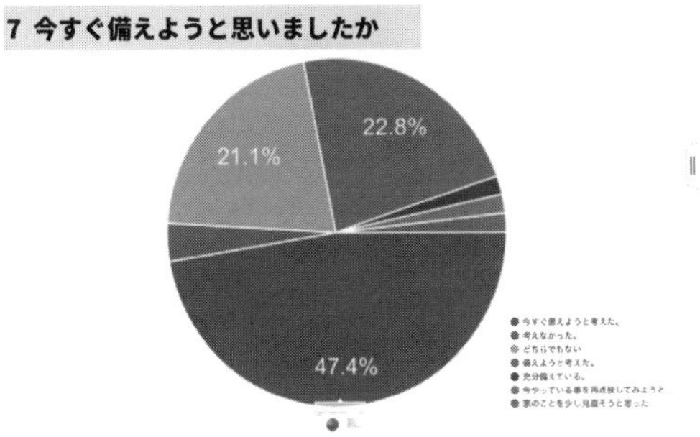 全体で共有する。	・授業開始前の個人の気付きを、回答共有機能で見られるようにする。 ・グループで対話し、考えを広げる。 ・今後の方向性に関わる重要な意見は、意図的指名で引き出す。
	4.改善点を出し合う ◆アイコンで、地域の防災施設・危険箇所などを示したり、タッチすると施設・危険箇所の説明や、それまでに発行した防災新聞の記事がポップアップされたりするようにプログラミングする。その記述の内容と、使用感に視点を分けて改善点を挙げる。	自分の命を自分で守る重要性が伝えられたかどうかについてデータや事実を根拠にあげて考察し、これからの活動のために、具体的な改善を考えているか。 **〔思考力、判断力、表現力等〕** グループでの話し合いの内容・振り返りの記述から評価 ・社会性や、相手への敬意など社会情緒的コンピテンシーにも着目して評価する。
	5.今日の学習で考えたことを振り返る	・振り返りをクラウド上で提出させる。授業後や、自宅に戻ってから考えたことも追記することも勧め、その行動の価値について認める。

③「教科等横断的な学習の充実」の事例

石川県立図書館の魅力を発信しよう

総合・小学6年

単元目標

石川県立図書館について調べ、魅力を様々な方法で発信することを通して、図書館に携わる方々の願いや、観光客の人達の思いに気付き、より多くの人に足を運んでもらうための解決策を粘り強く考えるとともに、自らの生活や行動にいかすことができるようにする。

指導計画（全28時間扱い）

学習プロセス	1——課題の設定（発見）	2——情報の収集（収集）
時間数	1〜5	6〜13
教科別 情報活用能力 ベーシック	日常生活や社会に目を向けたときに湧き上がってくる疑問や関心に基づいて、自ら課題を見つける。	具体的な問題について情報を収集する。
主な学習活動と学習内容	**1. 石川県立図書館に多くの人に訪れてもらうための計画を立てよう** ○石川県立図書館にはどんな人が来ているのか予想する。 ○曜日や時間帯などで分けて予想したことを話し合い、調査の見通しをもつ。	**2. 石川県立図書館に多くの人に訪れてもらうために必要な情報を収集しよう** ○石川県立図書館に調査に行き、どんな属性の人が訪れているのか情報を集める。 ◆情報をクラウドに集めて蓄積していく。互いの集めた情報を確認しながら再取材を続ける。 ○観光客に取材し、観光に何を求めているのかを調査する。
教科との関連		国語 「聞いて考えを深めよう」

情報活用能力ベーシックを活用するポイント

石川県立図書館に多くの人に訪れてもらうことをめざした。そのために、どんな人が来館しているのかを地域や年代などの視点で調査をし、曜日や時間帯などで情報を整理していくことを通して、魅力を発信するターゲットを「観光客」に決定した。国語科「聞いて考えを深めよう」と関連付け、観光客が多く訪れる観光地に街頭インタビューに行き、観光客の思いを引き出すインタビューの方法を考えた。これらの収集した情報を多面的に考え、どんな取り組みができるか条件に沿って整理するようにした。

3――整理・分析 **（整理・処理・比較・統計）**	**4――まとめ・表現** **（形成・表現・発信・創造・伝達）**	**5――振り返り・改善** **（振り返り・改善）**
13～20	**21（本時）～26**	**27・28**
課題の解決に、その情報が必要かどうか取捨選択し、組み合わせて、新しい関係性を創り出す。*	分かりやすく伝わるように「考えるための技法」を活用しより効果的な表現を工夫する。*	学習を振り返る中で、物事や自分自身に関して考え方が深まるようにする。次の課題につなげる。
3. 石川県立図書館に多くの観光客に来館してもらうためのアイデアを考えよう ○アイデアを出し合い、分類する。 ◆条件を設定し、条件と照らし合わせながらアイデアを検討していく。	**4. アイデアを石川県立図書館の館長さんに伝えよう** ○自分たちが考えたアイデアを採用してもらうために内容、表現を吟味する。 ◆他のチームとプレゼンテーションを見直すことで改善を繰り返す。	**5. アイデアを改善しよう** ○館長さんからの助言をもとに、アイデアを改善しよう ○「採用されるにはどんな情報が必要か」という課題を見つけ、次の小単元に入る。
	国語 「今、私は、ぼくは」	

本時目標（第11時）

石川県立図書館の魅力を高めるためのアイデアについて、石川県立図書館やその他の観光地で調査して得られた情報をもとに、条件と結び付けながら考えることができる。

本時における情報活用能力ベーシックの構成要素について

本時では、石川県立図書館に観光客を呼び込むためのアイデアを3つの条件と照らし合わせながら、整理していく。児童それぞれがインタビュー等で得られた情報を根拠として話し合うことで多面的に物事を考え、よりよいアイデアになるようにアイデアを統合したり、関連づけたりする。

本時展開

学習形態	学習活動・内容	指導上の留意点・評価
全体	**1.学習の学習課題を確認する** 条件に当てはめてアイデアを見直そう	
グループ	**2.アイデアについて条件と照らし合わせながら話し合う** ◆今まで蓄積している情報を根拠に自分が考えたアイデアを交流する。  今まで学んだことをもとに設定した3つの条件を満たしているか思考ツールをもちいて可視化しながら話し合う。	・今までのインタビューで得られた情報をクラウドに保存しておくことでそれらを根拠として話せるようにする。 

	条件①石川県立図書館の良さを生かしているか 条件②石川県らしさがあるか 条件③遠くても来てくれるか	
全体	**3.全体で共有する**  グループでの話し合いで出てきたアイデアを交流し、アイデアを練り上げる。	・石川県立図書館の方をゲストティーチャーとしてお招きし、適宜質問があれば質問に行けるようにする。 石川県立図書館の魅力を高めるためのアイデアについて、石川県立図書館で得られた情報やその他の観光地で調査して得られた情報をもとに、条件と結び付けながら考えている。 〔思考力、判断力、表現力等〕 グループでの話し合いの内容・振り返りの記述から評価
個別	**4.今日の学習で考えたことを振り返る**	・振り返りをクラウド上で継続的に記録していくことで自己の学び方に関しても振り返られるようにしておく。

③「教科等横断的な学習の充実」の事例

よりよいまちづくりを目指して提言しよう

総合・中学3年

単元目標

町づくりや地域活性化のための取組が、地域の新しい価値の創造につながっていることを理解し、適切な方法で効率的に情報を収集することができる。課題の解決に向け、地域にとって必要なことと自分たちにできることを検討し、地域との関わりの中で実践に移そうとする。

指導計画（全15時間扱い）

学習プロセス	1――課題の設定（発見）	2――情報の収集（収集）
時間数	1～2	3～5（本時）
教科別 情報活用能力 ベーシック	日常生活や社会に目を向けた時に湧き上がってくる疑問や関心にもとづいて、自ら課題を見つける。	具体的な問題について情報を収集する。
主な学習活動 と学習内容	**1.課題を設定する** ○1学期に学習した京都奈良から見る日本のよさを振り返り、市の現状と比較する。 ○よりよいまちづくりに向け、市が解決すべき課題を見いだし、課題を設定する。 ◆広報誌や市振興基本計画、各種統計資料等の客観的データをもとに、課題を設定する。	**2.課題解決のための提案に必要な情報を収集する** ○中学生である自分たちが未来のよりよいまちづくりのためにできることは何か解決方法の提案に向けたアイデアを考える。 ◆解決及び提案に向け、「他自治体の先行事例」「取組を通した効果と課題」等について、必要な情報を収集するとともに、提案調査方法と調査対象を決める。
教科との関連	社会 「地方自治と私たち」	社会 「地方自治と私たち」

情報活用能力ベーシックを活用するポイント

各教科別情報活用能力ベーシックを基に培ってきた情報活用能力を横断的に活用することで、教科等を横断する視点が明確になり、情報活用能力育成の単元構成が工夫できた。

例えば、「情報の収集」に関しては、社会科の「地方自治」単元において、地方公共団体の課題に着目し、どのような地域の課題が存在するのか、その解決の為に誰にどのようなアプローチをすればよいのか、多面的・多角的な視点を踏まえ、社会的事象に関する様々な情報を、地図や文献、統計資料、Webサイト等の諸資料から、適切かつ効果的に収集する力を身につけてきた。

そこで身につけた力をもとにして、本単元においては、より良いまちにするために自分たちの住む地域にはどのような課題があり、その解決のためにはどのような方法があるのか多面的・多角的な視点で情報を収集し、課題解決に向けたアプローチにつなげていく。

3―― 整理・分析（整理・処理・比較・統計）	4―― まとめ・表現（形成・表現・発信・創造・伝達）	5―― 振り返り・改善（振り返り・改善）
6～7	8～14	15
整理した情報をもとに、比較・分類したりして傾向を読み取ったり、因果関係を見付けたりする。	整理・分析された情報から、自分自身の意見や考えをまとめて表現する。	学習を振り返る中で、物事や自分自身に関して考え方が深まるようにする。
3.市の現状を整理・分析する ○どのような状態になっていれば「課題が解決された状態」となるかゴールを決める。 ○課題解決のためのアプローチ方法を考え解決のための計画を立てる。 ◆収集した調査結果をもとに整理・分析を行う。	**4.解決のための提案をまとめ実践する** ○提案を、市役所職員や地域の対象者、先行事例として取組を進めている関係者に対面やオンラインで提案する。 ○提案を通しフィードバッグ等の評価をもらう。 ○提案を通し実践可能な内容について実践する。 ◆中学生としてできることは何か考え提案をまとめ伝える（スライド、動画等）。	**5.一連の探究活動を振り返り評価する** ○「提案内容に関する改善方法」「提案を伝える表現の改善方法」の2点に関して自己評価を行うとともに、他者評価をもらうことで改善点を明確にする。 ○改善点を踏まえ、次の実践につなげる。
国語 「構成を工夫して主張をまとめる」	国語 「構成を工夫して主張をまとめる」	

本時目標（第3時）

意図や目的を明確にして、調査方法を考え、実践の計画を立てている。問題点を見つけよりよいまちづくりのため試行錯誤しながら改善しようとしている。

本時における情報活用能力ベーシックの構成要素について

提案を、市役所職員や地域の対象者、先行事例として取組を進めている関係者に対面やオンラインで提案を伝えフィードバックをもらうため、本時では中学生である自分たちが未来のためにできることは何か解決方法の提案に向けた情報を多面的・多角的な視点で収集する。その中で、それぞれの立場で取組を行っている関係者から、課題解決に向けた取組の実態（効果や課題）を把握することで、提案がアイデアベースに留まることなく、参画や具現化、実践につながるようにする。

本時展開

学習形態	学習活動・内容	指導上の留意点・評価
全体	**1. 前時までの振り返りを行う** ・解決したい課題の確認 ・実態把握のための情報収集の方法、及び対象者の確認	・「少子高齢化」「子育て」「施設の老朽化」「伝統行事の存続」「特産品のPR」「交通の利便性」「観光客の誘致」等を全体で共有する。
	よりよいまちづくりに向けた提案のため、まちの専門家から情報収集をしよう。	
グループ	**2. 実態把握をする対象者について、何が分かれば課題の解決に向かうか、グループで共通理解する。** ○実態把握をする対象者にどのような質問をすればよいか考える。 ◆解決及び提案に向け、対面やオンライン、メール、インタビューなどの方法を通し、「他の先行事例」「取組を通した効果と課題」等について、必要な情報を収集するため、調査方法と調査対象を決める。	・課題に対し、どのような対象者に聞けばよいか明確にできるよう助言する。 ・実態把握のための質問内容や、対象者の数によって調査方法が異なることを確認する。 

グループ	**3.対象者への質問項目について検討し、相手にとって適切だと思われる方法でまとめる。** クラウド上に共有されたシートに整理し、他のグループが整理した内容も必要に応じて参照しながらまとめる。	**〔知識・技能〕** 意図や目的を明確にして、調査方法を考え、実践の計画を立てている（スライドの計画内容から評価）。 **〔主体的に学習に取り組む態度〕** 問題点を見つけよりよいまちづくりのため試行錯誤しながら改善しようとしている（話し合いの様子及び振り返りの記述から評価）。
個別 全体	**4.振り返りと次時の確認をする** ○質問項目をグループ同士で確認し、実態把握対象者にアポをとる。	

3章 普及編

活用事例

教師編

今日から始める小学校での情報活用能力の育成

船橋市立若松小学校　渡辺拓也

本稿の概要

GIGAスクール構想によって、1人1台学習者用端末やデジタル教科書などのICT環境が整い、令和の日本型学校教育によって、個別最適な学び、協働的な学びの中でのICTの活用が求められています。そんな中、ICTをとにかく使うという段階から、「情報活用能力」の育成を目指そうという段階の自治体、小学校、先生が多くなってきたように感じます。しかし、「情報活用能力」の注目度が高まるほど、その育成に不安を感じるという声を聞きます。年間で育成しようと思えば尚更でしょう。本稿では、管理職や研究主任といった学校全体での取り組みではなく、公立小学校の一担任として年間でどのように情報活用能力を育成していけばよいのかについて述べていきます。

キーワード：5つの学習過程、魅力的なゴール

はじめに：まずは情報活用能力ベーシックを一読する

情報活用能力の育成方法において、多くの先生方から、「情報活用能力を意識して授業を作ると教科のめあてとずれてしまう」、「ツールを使うことばかり意識してしまって教科としての評価ができない」といった不安の声を聞きます。

そんな先生方にこそ、「情報活用能力ベーシック」を活用していただきたいです。特に「情報活用能力を育む授業づくりガイドブック」には、各教科、低中高学年別に5つの学習過程（①課題の設定、②情報の収集、③整理・分析、④まとめ・表現、⑤振り返り・改善）の展開例が示されています（右図）。そこには、各教科の特性がしっかりと示されています。逆に、タブレットやPCなどのデバイスや、アプリケーションなどのツールの話は載っていません。もしかしたら、いつも授業でやっていることだと感じる先生もいるでしょう。大切なのは、この5つの過程を「教師がさせる」のではなく、「児童がしたい」授業になっているかどうかです。

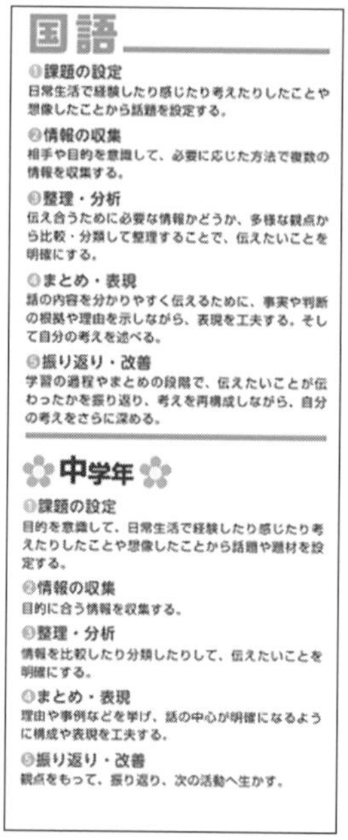

国語

①課題の設定
日常生活で経験したり感じたり考えたりしたことや想像したことから話題を設定する。

②情報の収集
相手や目的を意識して、必要に応じた方法で複数の情報を収集する。

③整理・分析
伝え合うために必要な情報かどうか、多様な観点から比較・分類して整理することで、伝えたいことを明確にする。

④まとめ・表現
話の内容を分かりやすく伝えるために、事実や判断の根拠や理由を示しながら、表現を工夫する。そして自分の考えを述べる。

⑤振り返り・改善
学習の過程やまとめの段階で、伝えたいことが伝わったかを振り返り、考えを再構成しながら、自分の考えをさらに深める。

中学年

①課題の設定
目的を意識して、日常生活で経験したり感じたり考えたりしたことや想像したことから話題や題材を設定する。

②情報の収集
目的に合う情報を収集する。

③整理・分析
情報を比較したり分類したりして、伝えたいことを明確にする。

④まとめ・表現
理由や事例などを挙げ、話の中心が明確になるように構成や表現を工夫する。

⑤振り返り・改善
観点をもって、振り返り、次の活動へ生かす。

情報活用能力を育むための「5つの過程」

①　課題の設定

児童に情報活用能力ベーシックの5つの学習過程に沿って取り組ませるにあたり、教師も5つの過程（①課題の設定、②情報の収集、③整理・分析、④まとめ・表現、⑤振り返り・改善）に沿って、教育の計画を見直すことが大切です。

もちろん、ここでいう課題は、「情報活用能力を年間を通じて育成すること」ですが、そのために必要なことは、(1)「魅力的なゴール」が設定された単元と、(2) どの児童も参加できる、強いて言えば、参加したいと思える日々の授業です。

②　情報の収集

児童にとって課題を解決するために最善の「手段や方法」を選択できるかが、情報を活用することの第一歩になります。したがって、教師は児童が課題を解決するための様々な「手段や方法」を示すべきだと考えます。

そして、様々な「手段や方法」を選択するために、1人1台学習者用端末は欠かせません。右図の枠内の方法は、GIGAスクール構想以降に選択できるようになった手段や方法です。こうした手段や方法を体験させていれば、児童は次回以降、自分であの手段で発表したい、この方法で調べたいと選択できるようになります。もちろん、「ICTを使うこと」＝「情報活用」ではありませんし、端末を使用することで、予期せぬトラブルが起こることもありますが、積極的に新しい手段や方法を取り入れることが肝要です。

情報の収集	整理・分析	まとめ・表現・行動
話し合い 本 新聞 テレビ PC室でWEB検索 校外学習	図をかく 表をかく 思考ツール（紙）	挙手 口頭で発表 紙新聞 紙芝居
アンケート機能 提出・共有機能 写真、動画 個々の端末で検索 相互通信（Zoom等）	協働編集 画面上で並び替え 思考ツール（端末）	アンケート機能 提出・共有機能 スライドショー CM作り（動画） 相互通信（Zoom等）

子供たち自らが手段やツールを選んで活用する

児童自らアナログ（紙の掲示物）とデジタル（電子黒板、端末）を選択する姿

教師の指示なく端末で検索したり、その情報を見たり、話し合ったりする姿

③　整理・分析

たくさんの手段や方法を児童とともに収集してきた教師にとっての整理・分析は、各単元や授業で5つの過程のうち、どこを山場にするかを考えることです。

例えば、特別の教科道徳で『ブランコ乗りとピエロ』という資料を用いて、内容項目「11　相互理解、寛容」を取り扱う授業（「情報活用能力を育む授業づくりガイドブック」P20に掲載）では、教科のめあてである「自分の立場から主張するだけでなく、自分とは異なる立場と思いがあることを理解し、広い心で相手を受け止めることができる判断力を培う」ことを達成するための山場を考えます。

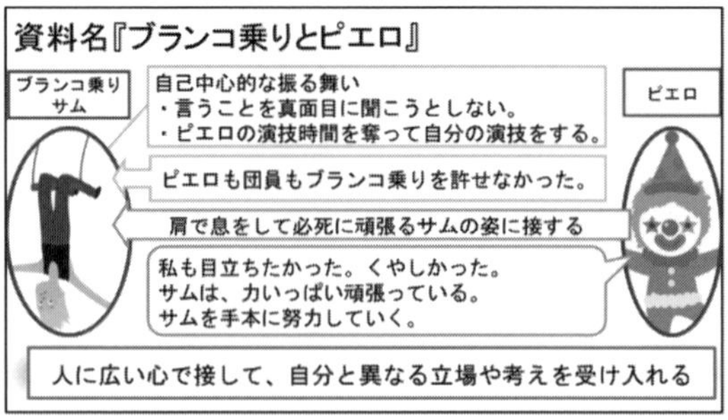

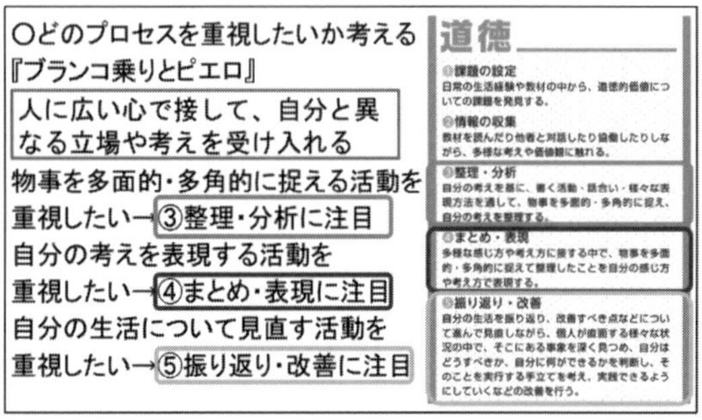

今回は、自分の生活について見直す活動を重視したいと考え、「⑤振り返り・改善」を山場とする授業にしましたが、教師の思いや児童の実態によっては、山場を「③整理・分析」や「④まとめ・表現」にすることもできます。

このように、どの過程を山場にするか悩み、どの時間を長く確保し、どんな手段や方法をとるか考えることは、むしろ情報活用能力の育成を通じて教科の目標を捉えることになります。

時間	主な学習活動	指導上の留意点
導入	1．事前にアンケートを実施した「最近の許せなかった出来事」をロイロノートで共有する。 2．主題を確認する。	●それぞれの出来事に共感しつつ、許せないと思い続けることのデメリットに注目させる。
	自分の身近なことで「許せない」と思うことを解決するには、どうしたらよいだろう。	
展開	3.【個別①】中心資料について話し合う。 ○カーテンのすき間からサムを見つめるピエロは、どんな気持ちだったでしょう。 ○肩で息をしているサムを見たときのピエロは、どんな気持ちだったでしょう。 4.【協働①】主題に迫る話し合いを班で行う。 ◎人はどのようなときに、相手を許せるような心が持てるのでしょう。 5.【協働②】自身の「最近の許せなかった出来事」をどうしたら許せるようになるか、班で助言し合う。	●ロイロノートを活用し、許すことができれば青の付箋に、許せなければ赤の付箋に気持ちを書き、提出させることで変化を色で確認する（回答は共有する）。 ●班ごとに意見を紙の付箋に書き、1枚のシートにまとめ、写真をロイロノートで提出させる。
まとめ	6.【個別②】自身の「最近の許せなかった出来事」について、どこが許せるようになったのか、なぜ許せるようになったのか分析する。 7.【協働③】各自で分析したことを班で話し合う。 ・許せなかったことも許せるようになった。 ・相手が反省していたら許そうと思った。 ・許せないと思う前に相手の気持ちを考えることができるようになった気がする。 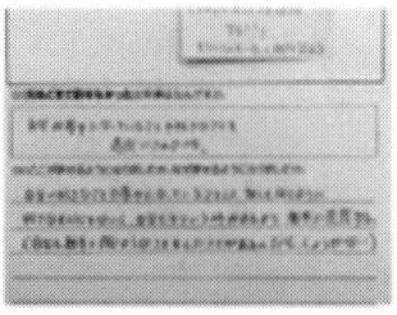	●紙のワークシートに書いた意見をタブレットのカメラで撮って、その写真をロイロノートで共有する。 ●自己分析の結果を伝え合うことで、振り返りを深める。

④ まとめ・表現

教師にとってのまとめ・表現は、授業実践の場面です。①課題の設定で示した「情報活用能力を年間を通じて育成すること」に必要なことと示した（1）「魅力的なゴール」が設定された単元と、（2）どの児童も参加できる、強いて言えば、参加したいと思える日々の授業についてここでは具体的に説明します。

(1)「魅力的なゴール」が設定された単元

「魅力的なゴール」の設定とは、児童にとって「学びがいのあるワクワクするゴール」または、「学ばなきゃいけない切迫感のあるゴール」を設定するということです。私自身の実践としては、「情報活用能力ベーシックの強みⅡ 「教科書単元を活かした単元づくり」の事例」に記載している第6学年家庭科の「レシピを投稿しよう」が、「魅力的なゴール」が設定された単元にあたります。

家庭科の教科書に「栄養バランスのよい献立を考えよう」と書いてあるからといって、児童が目を輝かせて献立を考えることはありません。しかし、考えた献立をインターネット（レシピ投稿サイト）で発信しようとなれば事情が変わります。児童は、どういうレシピが注目されるのか、どうしたら栄養バランスに配慮したことをアピールできるのか、必死で調べ、班員や保護者、栄養士からの助言を受けて何度もブラッシュアップして、自身にとって最高の状態でレシピを投稿しようとしていました。32名の児童が献立を投稿し、1か月過ぎた時点で約7万回のアクセスがありました（右図）。どのレシピも少なくとも200回以上のアクセス数があり、学習に対して、多くの児童が嬉しかった、良い経験になったと振り返り、さらに改善したい、今後も献立を考えたいという意気込みを示していました（下図：児童の振り返りの一部）。

「魅力的なゴール」は、単元全体で情報活用能力を育成する重要な要素ですが、全ての単元で設定するのは非常に難しいです。年間で1、2回このような単元づくりを行い、授業を蓄積することで、定期的に実施できるようにしています。

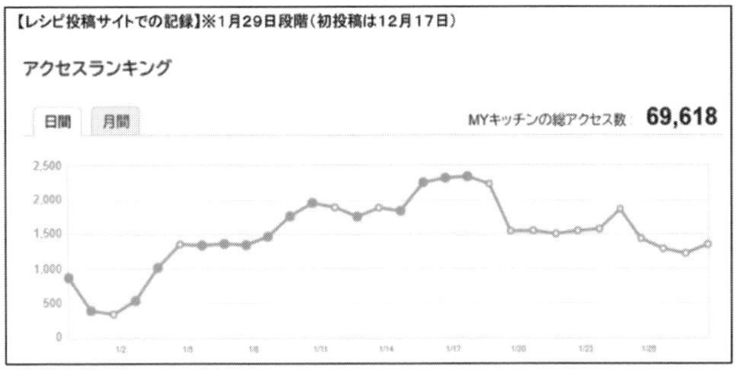

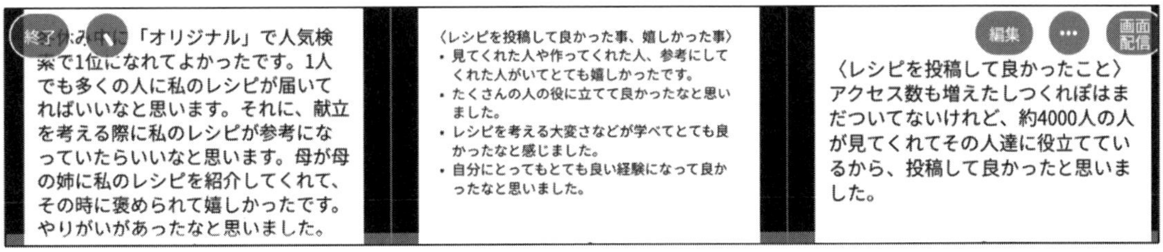

⑵ どの児童も参加できる、強いて言えば、参加したいと思える日々の授業

日々の授業で情報活用能力を高めるには、③整理・分析で述べた「各授業で5つの過程のうち、どこを山場にするかを考えること」に加えて、全員が参加できる場づくりが大切です。例としては、以下の4点です。

ア．全員の意見（疑問、予想、振り返りなど）を共有する。

ロイロノートやGoogleフォームなどでアンケートし、テキストマイニングすることで、全員の意見を集約できます。

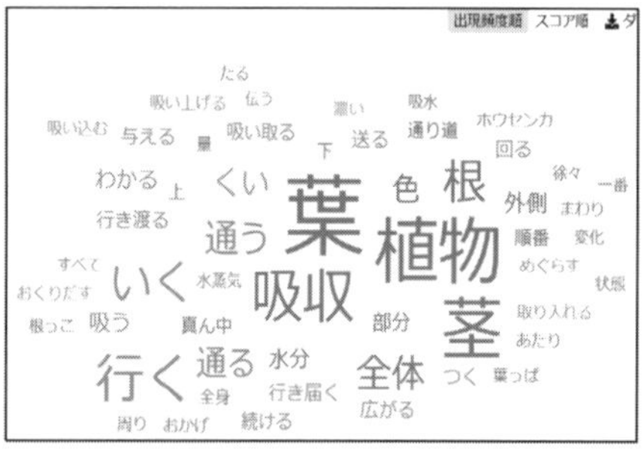

理科「植物のからだとはたらき」のまとめ

イ．挙手して発表するときは、自分の意見ではなく、他の人の意見への賛否を述べる。

ロイロノートの提出箱やGoogleスプレッドシートなどで意見を共有している際には、共感した意見や付け足し、質問などを発表するよう促すようにしています。

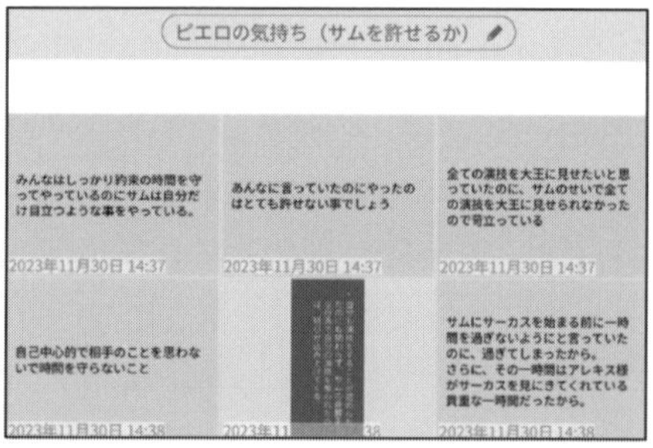

共有した意見の例（道徳）

ウ．児童の成果物を教師だけでなく、他の児童も評価する。

評価項目を児童と作り、成果物を児童間で評価し合うと、振り返り・改善が深まります。

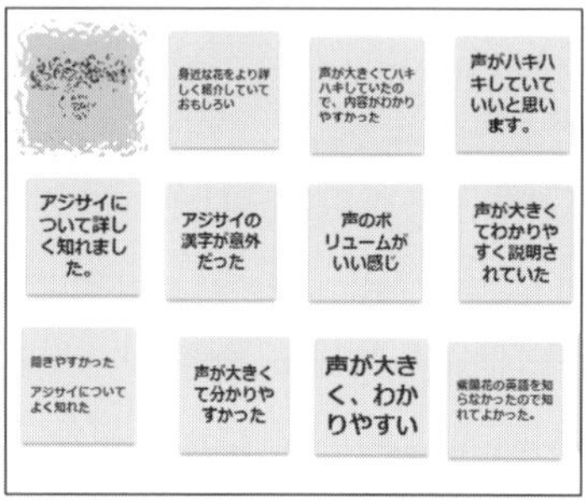

国語のプレゼンでの相互評価

エ．プレゼンやディスカッションの際に、聞き手の意見を共有する。

Padletやふきだしくん、Google Meetのコメント欄でディスカッション中も意見共有できます。

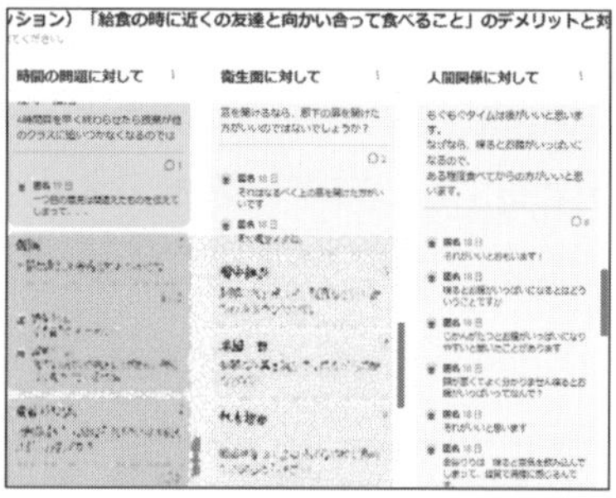

Padletでの各立場での意見共有

教師対児童ではなく、児童同士が互いに意見し合う授業を意識することで、一部の児童で成立している、参加しなくても勝手に進むという授業にしないように意識しています。日々、共有したり、思考を形にしたりできるツールが増えているので、②の話と重なりますが、積極的に児童が主体的に参加するための手段や方法を取り入れることが大切です。

⑤ 振り返り・改善

先生方に情報活用能力の育成の単元開発について説明する際には、次のポイントを示しています。私自身も、情報活用能力を育成する単元や授業になっていたか振り返り、改善する際のチェックリストにしているので、以下に掲載します。

〈情報活用能力の育成のポイント〉

□課題は児童が設定したか。

□魅力的なゴールになっているか。

例）学習したことが発信される。（他の学年、大きければ地域や全国または専門家に）

発表によって動きがある。（修学旅行の行先や持参できる金額、バザーの日程など）

□情報の収集「方法」、まとめ「方法」、発表「方法」などの方法を児童が選んでいるか。

※発達段階によっては制限がかかってしまうのも理解できますが、なるべく選択肢を多く用意し、児童に選ばせてください。先生が方法を示し、児童もなぜそれが良いのかわからず使っていたら、情報を活用していません。

□フィードバックが得られるか、また、改善の機会があるか。

※自分自身での振り返りだけでなく、せめて同じ学級内、できれば、保護者や地域から学習によって完成した物に対してフィードバックを得られるものでないと⑤振り返り・改善になりません。また、一度発表して終わりではなく、反省を生かしてもう一度発表する機会を設けることも重要です。

終わりに

はじめに述べたように、大切なのは、情報活用能力ベーシックで示された5つの学習過程を「教師がさせる」のではなく、「児童がやりたい」授業になっているかどうかです。

昨今では、主権者教育やインクルーシブ教育、国際理解教育など様々な教育が求められていますが、どれも「将来の変化を予測することが困難な時代を前に、自らの生涯を生き抜く力」を身に付けるための術であり、一道は万芸に通ずるということだと考えます。

魅力的なゴールに向かう児童は、まさに自らの生涯を生き抜こうと意欲に満ちていて、目を輝かせながら試行錯誤を繰り返して、想像以上の物を作り上げます。そんな児童の姿を見る度に、教師としてのやりがいを感じています。

我々も振り返り・改善の日々ですが、ぜひ、情報活用能力の育成をきっかけに、これからも授業改革に取り組んでいきたいと考えています。

活用事例

教科の専門性から掘り起こす・整理する・実践する・改善する

教師編

桐蔭学園中等教育学校／前 北海道教育大学附属函館中学校 郡司直孝

本稿の概要

本稿では、中学校3年間を見通した情報活用能力の教科等横断的な育成のための取組について、具体的な実践事例に基づいて述べていきます。また、この実践事例に「情報活用能力ベーシック」の活用を加えた展開を提案します。

学習の基盤となる資質・能力の一つである情報活用能力の育成のために、教科等横断的な視点に立った育成が求められることは周知の通りです。しかし、とくに中学校や高等学校でこれを進めていこうとするとき、いわゆる「教科の壁」が立ち現れます。本稿では、その壁を生み出す教科の専門性を「手掛かり」として生かすべきであるという立場に立ち、具体的に何をどのように取り組んだのかを述べていきます。

キーワード：教科の専門性、年間単元配列シート、資質・能力シート、情報活用能力育成のためのカリキュラム表

はじめに:「教科の専門性」を「壁」から「手掛かり」へ

学習の基盤となる資質・能力の一つである情報活用能力は、教科等横断的な育成が求められています。教科等横断的な育成のためには、各教科等の授業担当者がそれぞれの教科の中で具体的に取り組むことが必要です。

しかし、これを中学校や高等学校で展開しようとするとき、教科の専門性による難しさに突き当たってしまうことがあります。中学校や高等学校の教科担当者は、その教科の「内容」に関する高い専門性を有しています。このことは、それら免許状取得のために教科に関わる専門単位が多く設定され、より専門的な知識が求められていることからも明らかです。

こういった状況の下では、「教科等横断的な取組をどのように進めていくか」という問いに対する答えとして、「『内容』による横断」を検討することが多くなってしまいます。具体的には、「情報活用能力を教科等横断的に育成する」という話題に対して、数学科や理科を担当する教員が「自分の教科に『情報』の『内容』はない」と考えてしまい、担当する教科が情報活用能力育成のための大切な場であるという意識を持つことができない、という問題です。すなわち、中学校や高等学校における、いわゆる「教科の壁」という問題です。

しかし、教科の専門性は、本当に「壁」なのでしょうか。これまでに多くの学校で展開されてきた、多様で挑戦的な授業実践の蓄積は、教科の専門性によって生み出され、支えられてき

たことは間違いありません。だとすれば、情報活用能力を教科等横断的に育成するための手掛かりの一つとして、教科の専門性を位置付けることはできないのでしょうか。以下では、この考えに基づいて展開した実践事例を紹介していきます。なお本事例は、筆者が北海道教育大学附属函館中学校（以下、「附属函館中」とします）の研究主任として計画・展開したものです。

具体的な実践事例

現行中学校学習指導要領（文部科学省、2017）では、学習の基盤となる資質・能力の1つである「情報活用能力」について、「各教科等の特質を生かし、教科等横断的な視点から教育課程の編成を図る」ことが記されています。この実現のためにはまず、学校として育成を目指す資質・能力の一つとして、「情報活用能力」を明確にし、教員全員がそのことを意識することが大切です。その上で、附属函館中では次の4つのステップによって教科横断的な視点に立ったカリキュラムの作成に取り組んでいきました。カリキュラムの完成後には、各教科が授業実践を積み重ねるとともに、この実践に基づいて改善を図っていくことを目指しました。なお、各教科担当者が取り組む項目と、カリキュラムの作成や研究などの中心になる立場の方が取り組む項目とを明確にするために、前者については「各教科担当者が」、後者については「取りまとめ担当者が」という語句で記述しています。

ステップ1	各教科担当者が、各教科の「年間単元配列シート」を作成する
ステップ2	取りまとめ担当者が、「情報活用能力を構成する要素」を定め、各教科担当者が「資質・能力シート」を作成する
ステップ3	取りまとめ担当者が、「資質・能力シート」に基づいて情報活用能力の教科等横断的な育成を可視化する「情報活用能力育成のためのカリキュラム表」を作成し、授業実践する
ステップ4	各教科担当者が、授業実践に基づいて「情報活用能力育成のためのカリキュラム表」を改善する

ステップ1　各教科担当者が、各教科の「年間単元配列シート」を作成する

教科等横断的に学校全体で取り組んでいくためには、まず教科ごとに作成される年間指導計画に注目する必要があると考えます。ときに年間指導計画は、その教科の教員しか読み取ることができないほど詳しく、さまざまな情報が書かれていることがあります。もちろん、そうした計画が大切であることは間違いありません。しかし、教科等横断的に学校全体で取り組んでいくということは、異なる教科の教員が見てもそのおおよその内容がわかるということが大切だと考えました。

そこで、A3判1枚の中に各学年のどの時期（月）に何という単元を学習するのかを表現する「年間単元配列シート」を、すべての教科等で3学年分作成することとしました。この「年間

単元配列シート」は非常に簡易な形式であり、各教科等における学習の内容や時期を誰もが大まかに把握できるものです。また、ステップ2へ進んでいくための重要な基盤となりました。

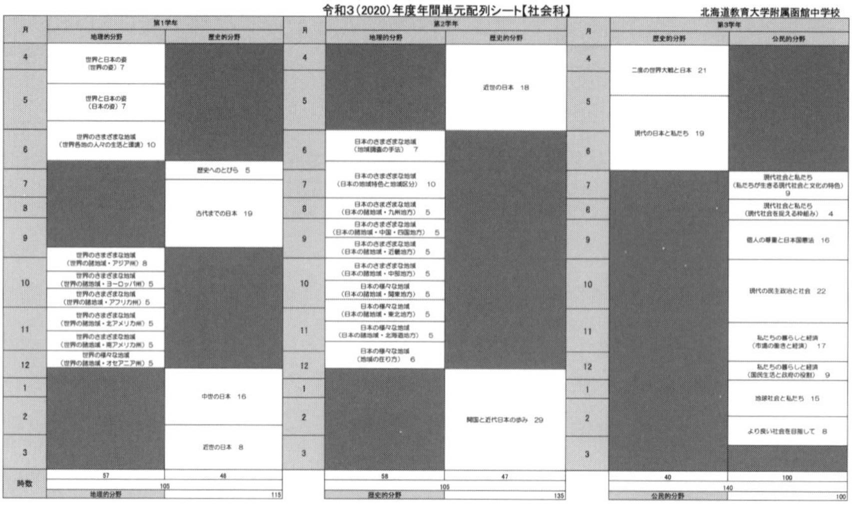

図1　年間単元配列シート（2021年度・社会科）

ステップ2　取りまとめ担当者が、「情報活用能力を構成する要素」を定め、各教科担当者が「資質・能力シート」を作成する

「情報活用能力を育成する」という抽象的な取組を、実際の授業において具体的に展開できるようにするために、「情報活用能力を構成する要素」を定めました。附属函館中では、その要素を中央教育審議会答申「幼稚園、小学校、中学校、高等学校及び特別支援学校の学習指導要領等の改善及び必要な方策等について」（平成28年12月21日）の別紙3-1に示された「情報活用能力を構成する資質・能力」を参考にして、図2のように設定しました。

知識・技能	情報と情報技術を適切に活用するための知識と技能
	情報と情報技術を活用して問題を発見・解決するための方法についての理解
	情報社会の進展とそれが社会に果たす役割と及ぼす影響についての理解
	情報に関する法・制度やマナーの意義と情報社会において個人が果たす役割や責任についての理解
思考力・判断力・表現力等	様々な事象を情報とその結び付きの視点から捉える力
	問題の発見・解決に向けて情報技術を適切かつ効果的に活用する力
	相手や状況に応じて情報を適切に発信したり、発信者の意図を理解したりする力
	複数の情報を結び付けて新たな意味を見出したり、自分の考えを深めたりする力
学びに向かう力・人間性等	情報を多面的・多角的に吟味しその価値を見極めていこうとする態度
	自らの情報活用を振り返り、評価し改善しようとする態度
	情報モラルや情報に対する責任について考え行動しようとする態度
	情報社会に主体的に参画し、その発展に寄与しようとする態度

図2　情報活用能力を構成する要素（北海道教育大学附属函館中学校 2017年度版）

これを受けて教科担当者は、「自分の教科のこの単元のこの学習内容（学習活動）は、この『情報活用能力を構成する要素』を育成するものとしてふさわしい」という観点で、各教科等の単元（学習内容・学習活動）と「情報活用能力を構成する要素」とを組み合わせていきました。この取組は、教科担当者の専門性とこれまでの自他の実践例の中からの掘り起こしによって進められたものであり、教科の専門性がこの取組を進めるための重要な手掛かりとなっているのです。

その後、教科担当者は、掘り起こされた単元（学習内容）と「情報活用能力を構成する要素」の組み合わせを「資質・能力シート」に記録していきました。「資質・能力シート」は、1つの単元において育成を目指すすべての資質・能力をA4判1枚で整理したものです。附属函館中では、各教科等のすべての単元で「資質・能力シート」を作成しました。

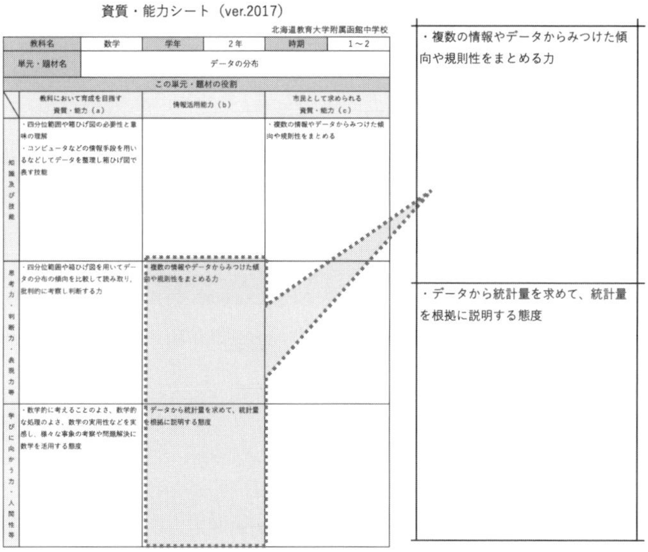
資質・能力シート（ver.2017）

北海道教育大学附属函館中学校

教科名	数学	学年	2年	時期	1～2
単元・題材名	データの分布				

この単元・題材の役割			
	教科において育成を目指す資質・能力（a）	情報活用能力（b）	市民として求められる資質・能力（c）
知識及び技能	・四分位範囲や箱ひげ図の必要性と意味の理解 ・コンピュータなどの情報手段を用いるなどしてデータを整理し箱ひげ図で表す技能		・複数の情報やデータからみつけた傾向や規則性をまとめる
思考力・判断力・表現力等	・四分位範囲や箱ひげ図を用いてデータの分布の傾向を比較して読み取り，批判的に考察し判断する力	・複数の情報やデータからみつけた傾向や規則性をまとめる力	
学びに向かう力・人間性等	・数学的に考えることのよさ、数学的な処理のよさ、数学の実用性などを実感し、様々な事象の考察や問題解決に数学を活用する態度	・データから統計量を求めて，統計量を根拠に説明する態度	

図3　資質・能力シート（本実践時は、「情報活用能力」の他に2つの資質・能力を記している）

ステップ3　取りまとめ担当者が、「資質・能力シート」に基づいて情報活用能力の教科等横断的な育成を可視化する「情報活用能力育成のためのカリキュラム表」に整理し、実践する

取りまとめ担当者は、作成されたすべての「資質・能力シート」に基づいて「情報活用能力育成のためのカリキュラム表」を作成しました。これは、「どの学年のどの時期に、どの教科のどの単元でどのような学習内容（学習活動）によって、どの『情報活用能力を構成する要素』の育成にアプローチしようとしているのか」を可視化したものです。

授業担当者はこのカリキュラム表に基づいて実践を積み重ねていきます。そして、「この単元ではこれの育成にアプローチすることは難しかった」や「他の教科でこの時期にこれをやっているなら、もう少し時期を変えたほうが取り組みやすいかもしれない」など、振り返りや気づきを蓄積・記録していくのです。

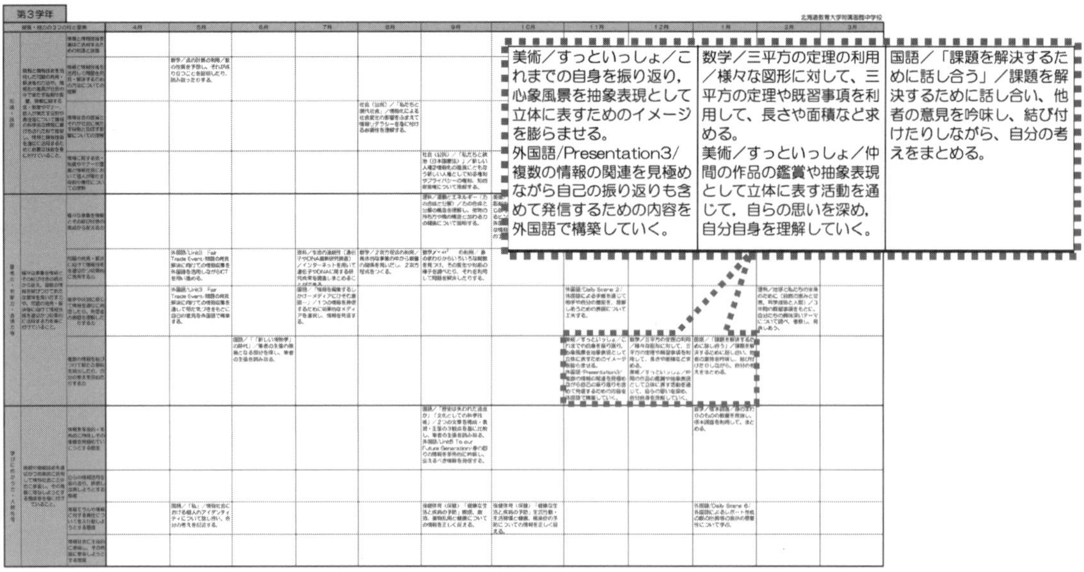

図4　情報活用能力育成のためのカリキュラム表（第3学年）

ステップ4　各教科担当者が、授業実践に基づいて「情報活用能力育成のためのカリキュラム表」を改善する

ステップ3の蓄積・記録は、次年度のカリキュラムを検討する際の重要な素材となります。授業担当者は、この蓄積・記録に基づいて「資質・能力シート」の見直しを行い、取りまとめ担当者が「情報活用能力育成のためのカリキュラム表」の改善へと進んでいきました。

実践事例についてとくに強調したいこと

この実践事例から、次の2つのことをとくに強調します。

①　教員全員でカリキュラム表を作り上げていく過程にこそ意味がある

さまざまな行政機関や研究機関、自治体、学校等から、情報活用能力に関するカリキュラム例が示されています。それらには豊富な知見が含まれていますが、背景や地域が異なりますので、そのまま取り入れて全校的な取組とすることはなかなか難しいのではないかと思います。これを克服するためには、多くの教員が参加して、自分たちの学校で目の前の生徒にとってできることは何かを考え、一緒になって作り上げていくという過程に大きな意味があると考えます。

②　資質・能力シートもカリキュラム表も、学習内容等を厳選して、空欄があることを厭わない

具体的な実践例での図からもお分かりいただけるように、資質・能力シートにもカリキュラム表にも、多くの空欄が見られます。これは、「自分の教科のこの単元のこの学習内容（学習活動）は、この『情報活用能力を構成する要素』を育成するものとしてふさわしい」という掘り

起こしを、教科の専門性に委ねて厳選したからです。もちろん、「あれもこれも」と考え、ぎっしり書かれたシートやカリキュラム表をつくることもできます。しかし、教科の専門性を強みとして意図的・全校的に取り組むためには、計画に空欄があることを厭わない態度が大切だと考えます。

実践事例に「情報活用能力ベーシック」の活用を加えた展開

とくに中学校において、実践事例に「情報活用能力ベーシック」の活用を加えた展開として、次の2つを提案します。

① 5つの探究の学習過程を構成する13の構成要素を、ステップ2：取りまとめ担当者が定める「情報活用能力を構成する要素」とする

「発見」「収集」「整理」「処理」「比較」「統計」「形成」「表現」「発信」「創造」「伝達」「振り返り」「改善」という13の構成要素を「情報活用能力を構成する要素」として、各教科担当者が「自分の教科のこの単元のこの学習内容は、この構成要素の学習活動を重視するものとしてふさわしい」と考え、組み合わせていく方法です。この方法によって、どのような教科等であっても、「情報活用能力を構成する要素」を授業で取り扱うことができるようになります。また、系統的な指導の必要性やそのためのカリキュラムの整理などへ発展させていくことも期待できます。

② 「中学校版情報活用能力ベーシック」における各教科の「教科の特性」を展開できる具体的な単元を見つけ出し、蓄積する

「中学校版情報活用能力ベーシック」では、国語・社会・数学・理科・英語の5教科について、「課題の設定」「情報の収集」「整理・分析」「まとめ・表現」「振り返り・改善」という5つの探究の学習過程に即して学習活動を示しています。この学習活動を実際に展開できる単元（学習内容）はどこか、学習活動としてどう展開していくのか、を見つけ出し、蓄積していくことによって、情報活用能力育成の実践を積み重ねていくことが期待できます。そしてそれは、共通した5つの学習過程という軸に基づいて取り組まれますので、結果として教科等横断的な情報活用能力の育成が実現できるものでもあるのです。

おわりに

教科の専門性は、教科等横断的な取組の足枷ではなく、それを加速し深化させる可能性を持っていると考えます。カリキュラムづくりの過程が大切にされ、その過程の中で教科の専門性が大いに発揮される展開をこれからも追究していきます。

参考文献

文部科学省（2017）中学校学習指導要領

活用事例

情報活用能力を発揮し、地域を変える学びの創造

学校編

柏市立大津ケ丘第一小学校　佐和伸明

本稿の概要

情報活用能力は、教科等を限定することなく横断的に育成することが求められています。教科等の内容に合わせて育成することはとても重要ですが、問題の発見から解決に至るまでの様々なプロセスを子供たちが体験することも必要です。社会に出てからも自ら課題を発見し、協働しながら解決していかなければならないからです。そこで、本校では情報活用能力育成に向けた単元開発に、学校全体で取り組むことにしました。「課題設定」「情報収集」「整理・分析」「まとめ・表現」「振り返り・改善」の5つの学習過程で、どのように学びを進めたら良いのか、子供たちが体験を通して考え、体系的に身に付けていくことを大切にしました。

キーワード：創造性を育む学び、Creative Confidence、管理職の役割、校内研究

研究に取り組む背景

学習指導要領前文には、「これからの学校には、（中略）様々な社会的変化を乗り越え、豊かな人生を切り拓き、持続可能な社会の創り手となることができるようにすることが求められる。」とあります。日本財団による第46回18歳意識調査「国や社会に対する意識」（6カ国調査）報告書[1]（2022年3月24日）によると、「自分の行動で、国や社会を変えられると思う」という日本の回答は26.9%であり、他国と比べるとたいへん低い結果でした。また、令和5年度全国学力・学習状況調査の児童質問紙調査[2]でも、「地域や社会を良くするために何かしてみたいと思いますか」は、全国平均33.3%とこれも低い結果でした。私が校長を務める柏市立大津ケ丘第一小学校は29.2%と、全国平均をさらに下回っている状況でした。このように、日本の子供が国や社会、地域への関心が薄いことや、当事者として活動することにあまり意欲を持たないのは、これまで国や社会、地域の課題について考えたり、解決に向けて自らアクションを起こしたりする機会が少なかったためと考えました。

また、2019年12月に出された、GIGAスクール構想に関する文部科学大臣メッセージ「子供たち一人ひとりに個別最適化され、創造性を育む教育ICT環境の実現に向けて～令和時代のスタンダードとしての1人1台端末環境～[3]」には、次のような記述があります。子供たちが1人1台端末を使って学ぶことは、令和の時代におけるスタンダードな学習の姿とされ、具体的には「個別最適化された学び」と、「創造性を育む学び」の実現が求められているのです。

> この新たな教育の技術革新は、多様な子供たちを誰一人取り残すことのない公正に個別最適化された学びや創造性を育む学びにも寄与するものであり、特別な支援が必要な子供たちの可能性も大きく広げるものです。（一部抜粋）

そこで、本校は学びのステージを学校から地域・社会に広げることで、社会に開かれた教育課程を目指すことにしました。具体的には、学校全体で地域をより良くすることをテーマとした創造的な学びの単元開発に取り組み、実際に「地域を変えた」という体験を通して、Creative Confidence（創造力に対する自信）を持たせたいと考えました。

このような創造性を育むことを目指した学びを行う上で欠かすことができない資質・能力こそが情報活用能力だと捉え、問題を発見・解決したり、自分の考えを形成したりしていく場面（単元）を設定することで、情報活用能力の育成を図ることにしました。

学校ビジョンを共有する

本校教職員のスローガンは、「子供たちの未来を預かっている」というものです。改めて言うまでもないことですが、学校教育は、子供たちが社会に出てたくましく生きていくために必要な資質・能力を育むためにあります。子供たちが社会に出て活躍する10年後、20年後がどのような世界になるかを見通し、その時に求められる資質・能力を踏まえた教育が求められます。

教師は、毎日子供たちと向き合い、「読み・書き・計算」など基礎的な内容をしっかり習得できるよう熱心に指導しています。このことに加え、これからの新しい社会をたくましく生き抜く子供を育てるという視点を持ち、必要とされる資質・能力について共有し、学校全体で推進していく必要があります。それが、先のスローガンの意味なのです。また、その実現に向けて目指すべき方向性（ビジョン）を示すことが必要であり、それは校長に求められている役割だと考えます。本校では、下記のビジョンを示しました。

ビジョンは、学校だけでなく、保護者・地域とも共有することが重要です。入学式や保護者対象の学校経営説明会、PTA総会、コミュニティスクールでの説明など、あらゆる機会を利用して、ビジョンを浸透させるように努めました。

＜こんな子供を育てたい＞

○情報活用能力を発揮して自分の力で学んでいく

○「Creative Confidence（創造力に対する自信）」を持ち、よりよい未来の創り手となる

⇒小学生として自分の周りの世界（学級・学校・地域）を変えていく

校内研修の進め方

教師の意識の差や指導観のズレを修正し、学校全体としての方向性を定めるために重要な役割を担っているのが校内研究です。どの学校でも、学びの質の向上を目指した研究の重要性は認識しているものの、多忙化が叫ばれ、働き方改革が求められる近年の学校においては、学年間で翌日の授業について相談したり、教材を作ったりする時間がなかなか取れないのが現状です。特に、「思考」したり「対話」したりする時間が少なくなってきているように感じています。

そこで本校の研修では、思考と対話を大切にすることにしています。図1に示したように、校内研究の方向性について校長や研究主任から提案するのではなく、すべての教師で考え、話し合って決めていくことにしました。日本の課題やそれを解決するためにどんな資質・能力を持った子供を育てる必要があるのか、といった大きなテーマで視座を高め、徐々に自校の状況を分析し、研究主題を設定していきました。「創造性」や「情報活用能力」といった解釈が異なるものについては、校内で定義を話し合っていきました。

4/13	日本の現状と将来の課題 子供たちにどんな資質・能力が求められるか
4/20	本校の子供の状況
5/11	校内研究で育てたい力とは
5/18	校内研究主題の決定
5/24	創造性を育むとは
6/1	情報活用能力とは
6、7月	めざす授業の具体とは（事例研究）
夏休み	学年ごとの単元開発
9月～	実践開始

図1　令和5年度　理論研修のテーマ

1. 今回の「テーマ」を共有
2. 各自考えを書き込む（思考）
3. グループで話し合う（対話）
4. 全体で話し合う（対話）
5. 校長・研究主任の助言
6. 今日の研修で分かったこと（思考・対話）
7. 自分の授業で行うこと（思考・表明）

図2　毎回の研修の進め方

話し合いの進め方については、図2のように、思考と対話を行き来して、最終的には各自が明日からの授業に活かすことを表明することにしました。「勉強になりました」で終わらず、自分なりのアクションを起こしていくことが大切だと考えたためです。

研究会を企画・運営するためには、コーディネート役としての研究主任の役割が非常に重要です。これまでは、研究授業日を設けて全員で参観し、その日に協議するといったやり方をしていました。しかし、単元を通した活動では、1時間の授業を参観しただけでは分からないこともあります。そこで、学習の進捗状況をクラウド上で共有し、参観できる時間にお互いに見合い、その様子をチャットに書き込んで話し合うようにしています。このように、日々の実践から学び合うための「しくみ」作りも求められます。

授業をデザインする

理論研修により、創造性を育む学びを通して情報活用能力を育むことの重要性を理解しても、「どのように単元開発を行い、授業をデザインしていったら良いか分からない」という教師も少なくありません。そこで、各学年の単元開発を個人や学年に任せるのではなく、学校全体で進めていくことにしました。研修時間の確保は難しいので、時期は、少し余裕のある夏季休業を利用しました。その際、配慮したことは下記のような点です。

① 情報活用能力ベーシックの理解

創造性を育む学びといっても、途中のプロセスでの学びがなければ、単に思い付きで作品を作って終わりになってしまいます。発見した課題の解決に向けて、必要な情報を収集し、集まった情報を整理して伝えたいことをはっきりさせ、自分なりの成果物を作ったり、考えを発表したりするプロセスを通して、学び方を身に着けていくことが重要となります。

このプロセスこそが、情報活用能力なのです。学習指導要領で「学習の基盤となる資質・能力」の一つに位置付けられたことにより、以前にも増して重要性は意識されるようになってきましたが、教師各々のイメージや用語で進めている状況がありました。そこで、本校では、情報活用能力ベーシックによる、「課題設定」「情報収集」「整理・分析」「まとめ・表現」「振り返り・改善」という5つの学習過程と、それぞれねらいを共有することにしました。ガイドブック等を取り寄せ、情報活用能力ベーシックの5つの学習過程で単元構成を立てたことで、情報活用能力育成のイメージを共有しやすくなりました。

② 十分な時間を確保する

単元開発で課題となったのは、「どれくらい時間をかけられるのか」でした。時間をかければ、情報は多く集まり、整理・分析により伝えたいことが明確になり、こだわりのある発表も期待できます。そうは言っても、今の学校の状況では、授業時数を確保するのは簡単なことではありません。そこで、カリキュラム・マネジメントにより、各教科等で横断的に実施することを検討しました。さらに、端末を持ち帰っての家庭学習も計画にいれることにしました。学校と家庭を結ぶことで、学びが途切れず、授業時数を最小限におさえて実施できるように考えました。

③ 支援者と子供をつなぐ

地域をテーマとするので、保護者や地域の人々を学習に巻き込みたいと考えました。協力してくれる人材を探すことは、教師より地域の人の方が良く知っていますので、コミュニティスクールの機能を活用しました。高学年の実践で、地域のことを教えてくれる人材のピックアップを依頼したところ25名もの外部人材を集めてもらいました。

また、地域のことを教師が知るために、夏休みに手分けしていろいろな場所に行き、様々な人に会う活動を行いました。人脈を広げていたことで、子供たちの要望に応じて外部人材とつなぐことができ、インタビューや見学を通して学びを深めることに役立ちました。

事例の紹介

図3は、令和5年度に各学年が情報活用能力ベーシックのプロセスで行った代表的な単元です。本稿では、5年生が「大津ケ丘アクティブ大作戦！」というテーマで、インタビューから課題を設定し、解決に向けてWebサイト制作や野菜の販売、公民館でのプレゼンテーション等の活動を行った事例を紹介します。

「創造性を育む学び」の単元
1年 ：「いろいろあるね、日本のあそび」
2年 ：「わたしの町はっけん」
3年 ：「給食にカブの献立を提案しよう」
4年 ：「ブログラマッピングで心をつなごう」
5年 ：「大津ケ丘アクティブ大作戦！」
6年 ：「デジタルイルミネーション」
特支：「縁日にみんなを招待しよう」

図3　情報活用能力を発揮する場面の設定

①　課題の設定（1～3時間目）

地域協力者25名を招き、児童によるインタビューを実施しました。インタビュー内容は、「地域でどのような活動をしているのか」「地域の良いところ」「地域の課題」「小学生に期待すること」の4項目です。収集した情報を整理・分析したところ、地域の課題として「多世代交流が少ないこと」、子供たちの強みとして「学校ホームページで情報発信をしていること」が挙がりました。地域の課題により、「商店街」「近隣センター」「農家」の3チームに分かれ、それぞれと協働して、地域の交流を促進するという課題を設定して学習を進めることにしました。

写真1　集まった地域の人々

②　情報の収集（4～6時間目）

収集すべき情報を整理し、取材の計画を立てるために、キャンディーチャートを活用しました。計画をもとに、何度も地域の方にインタビューや見学を繰り返しました。収集した情報は、クラウドで共有しました。

③　整理・分析（7～10時間目）

Webサイト制作に向けて、収集した情報の中から自分たちが伝えたい内容をチームごとに話し合っていきました。どんな内容をどう載せるかといった、サイトマップとページごとのレイアウトを考えました。

④　まとめ・表現（11～18時間目）

チームでWebサイトを仮完成させることを目標に活動しました。一律の課題に取り組む学習ではなく、各チームから個人に到るまでの学習を自由進度としました。また、地域の交流を促進する手段について、Webサイト以外の方法も生まれ、公民館のイベントに集まった地域の人々の前でステージ

写真2　公民館での発表

発表をしたり、地域の米やカブ、ブルーベリーの美味しさを知ってもらうために、商店街で販売したりする活動も行いました。

⑤　振り返り・改善（19、20時間目）

仮完成したWebサイトを外部の協力者に公開し、助言を受けました。協力者の中には、Webサイト制作を仕事にしている方もおり、様々な立場や視点からの助言をもとに修正を行った後に、一般に公開しました。公開後はWebサイトに設置したアンケートフォームを通じて、一般ユーザーからのフィードバックを収集し、改善や更新を行なっています。

写真3　商店街での野菜販売

写真4　子供が作成したWebサイト
(https://sites.google.com/g.kashiwa.ed.jp/active)

今後の課題・展望

図4は、先の実践を行った5年生に対して、実践の前後にアンケートをとった結果を示しています。「自分には周囲の世界を変える力がある」について、実践前は71%が当てはまらない（ややあてはまらないを含む）と回答していましたが、実践後は85%があてはまる（ややあてはまるを含む）という結果になりました。情報活用能力を発揮して制作したWebサイトや、公民館でのプレゼンテーションが地域の人々に受け入れられ、喜ばれたことにより、生徒たちのCreative Confidenceが高まったことが分かります。

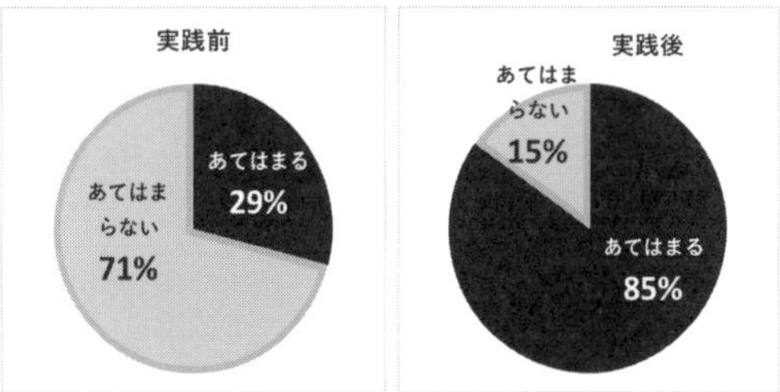

図4　自分には周囲の世界を変える力がある

情報活用能力の育成を目指した活動について、令和6年度までに全学年で21本の単元を開発しました。あわせて、各教科等でも情報活用能力育成を意識した授業を行っています。今後は、各学年、教科ごとの年間指導計画を作成し、系統的・横断的に情報活用能力の育成を進めていきたいと考えています。

参考文献

日本財団　18歳意識調査「第46回─国や社会に対する意識（6カ国調査）─」報告書、https://www.nippon-foundation.or.jp/app/uploads/2022/03/new_pr_20220323_03.pdf(2024年6月30日確認)

令和5年度　全国学力・学習状況調査　報告書、https://www.nier.go.jp/23chousakekkahoukoku/report/data/23qn_k.pdf　(2024年6月30日確認)

文部科学大臣メッセージ「子供たち一人ひとりに個別最適化され、創造性を育む教育ICT環境の実現に向けて～令和時代のスタンダードとしての1人1台端末環境～、https://www.mext.go.jp/content/20191225-mxt_syoto01 000003278 03.pdf(2024年6月30日確認)

活用事例

学校編

学校全体で一から取り組む情報活用能力の育成

―情報活用能力ベーシックを年間指導計画に位置付けて―

千葉県船橋市立宮本小学校　秋元大輔

本稿の概要

情報活用能力を育成するためには、学校全体でどのように取り組めばいいのか。以下の3つ点を実施することで、確実に情報活用能力の育成が図れました。1点目は、情報活用能力ベーシックを取り入れた情報活用能力年間指導計画を作成し、それに基づいて授業を実施したことです。2点目は、情報活用能力の育成を単元全体で取り組む単元開発を行い、研究授業を実施したことです。3点目は、情報活用能力の基礎的な力を育てるために、普段の学級活動や授業の中でタブレット端末を活用する日常的な活動を実施したことです。この3点をあわせて1年間取り組むことにより協働的・探究的な学びが展開され、情報活用能力の育成が図れました。

キーワード：5つの学習過程、年間指導計画、単元開発

情報活用能力ベーシック活用した情報活用能力年間指導計画の作成と活用

(1) はじめに

文部科学省は、学習指導要領総則の中で「情報活用能力」を学習の基盤となる資質・能力と位置づけ、それぞれの能力を育成していくように求めています。しかし、学校では、約40年近く前からその重要性を位置づけられ、情報活用能力に関する様々な表や整理されたものが出されていても、情報活用能力を普段の授業にどのように落とし込んで育成すればいいのかわからない状況でした。そのような中で、情報活用能力ベーシックが出され、これを年間指導計画に位置づけ、「5つ学習過程」を意識して単元や本時に取り入れることで、確実に子供に情報活用能力を身に付けさせることができました。

(2) 年間指導計画の作成方法

児童の実態を踏まえつつ情報活用能力を段階的に育成するために、3つの育成段階（フェーズⅠ→フェーズⅡ→フェーズⅢ）に分けて育てることとしました［図1］。フェーズⅠ（基礎）では、自分の考えを表現し、相手の考えを理解して話し合う、「多様性の理解」を基礎の段階としました。次にフェーズⅡ（標準）では、多様な考えがあることを理解して最適な結論を出そうとする「最適解の追究」を標準の段階としました。最後のフェーズⅢ（完成）では、最適な結論を出して具体的に行動する「結論から行動」を完成の段階としました。

3つの段階と5つの学習過程をそれぞれ横の項目、縦の項目におくと、全部で15の項目がで

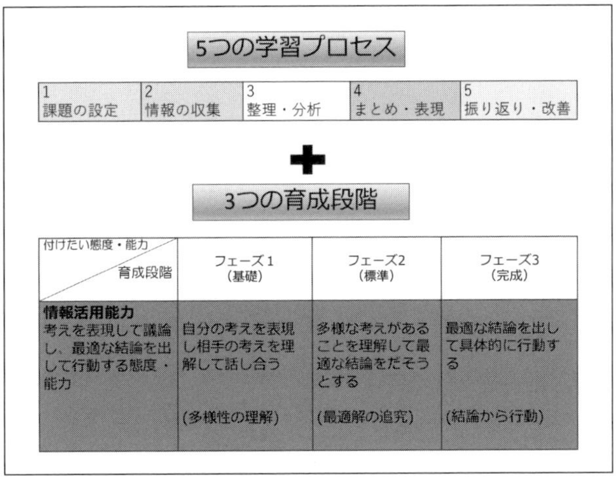

図1　5つの探究の学習過程と3つの育成段階

育成段階 / 5つの学習プロセス	フェーズⅠ（基礎）	フェーズⅡ（標準）	フェーズⅢ（完成）
青（情報活用能力）考えを表現して議論し、最適な結論を出して行動する態度・能力	自分の考えを表現し相手の考えを理解して話し合う(多様性の理解)	多様な考えがあることを理解して最適な結論をだそうとする（最適解の追究1）	最適な結論を出して具体的に行動する（最適解の追究2）
1　課題の設定	話し合って課題を設定する ①	多様な考えから最適な課題が設定できるようにめざす ▽1	話し合って最適な課題を設定する ◆1
2　情報の収集	話し合って情報収集する ②	目的や手段を意識して報収集する ▽2	目的や手段を明確にして様々な手段で情報収集する ◆2
3　整理・分析	話し合って情報を選択する ③	観点を定めて情報を比較して取捨選択する ▽3	観点を定めて情報を分類・比較して取捨選択し、傾向を読みのとったり、因果関係を見つけたりする ◆3
4　まとめ・表現	自分の考えを相手に伝えあい、相手の考えも理解する ④	自分の考えをわかりやすい方法で相手に伝えあい、相手の考えを聞いて合意形成を目指す ▽4	自分の考えをわかりやすい方法で相手に伝え、相手の考えを聞いて合意形成し、それに基づいて行動する ◆4
5　振り返り・改善	振り返りを行い、改善点を話し合う ⑤	振り返りを行い、課題を見出して改善する ▽5	振り返りを行い、課題を見出して改善し、新たな問題を見いだす ◆5

図2　5つの学習過程×3段階のフェーズ＝15項目

きます。それを一覧としたのが15項目の表です［図2］。

次に、この15項目を授業に取り入れていくため、情報活用能力を育成する年間指導計画を作成します。作成の手順は、ます、どの学校にでも活用している教科書の単元名が入れてある年間指導計画を用意します。次に、単元ごとに特にどの学習過程で情報活用能力を身につけることができそうかチェックします。例えば、6年生の算数科の「対称な図形」では、身の回りにある身近な図形で対称となる図形を取り上げるなどして、子供たちと話し合いながら課題を設定していくので、フェーズⅠ（基礎）の「課題の設定」として位置付けます。このように、順番に単元を見ていき、情報活用能力の育成が図れるところを探していき、年間指導計画にマーク（①〜⑤）をつけていきます。実は、ほとんどの単元で情報活用能力の育成が図れるのですが、それでは際限がありません。よって、前期のカリキュラムを横断的に見て各月ごとに5つの学習プロセス（①〜⑤）、教科ごとに前期までで①〜⑤の学習過程を意識した単元が一つずつ位になるよう調整して作成します［図3］。

宮小プラン（情報活用能力年間指導計画）　**第６学年**

	4月	5月	6月	7月	9月	10月	11月	12月	1月	2月	3月
常時活動	白：1分間スピーチについて ①担任が決めたお題に対して自分の考えをロイロで提出　②毎日ランダムで選ばれた児童一人がスピーチ　③その考えに対しての自分の考えをロイロで提出（赤→賛成　青→反対　緑→その他） 緑：国際理解委員会の活動 青：①めあて・まとめ・振り返りを児童自身で行う【課題設定】　②自主学習ノートを活用して普段の生活の中から疑問を見つける。【課題設定】　③ロイロノート、ジャムボードの日常的な活用【整理・分析】 ④ロイロノート、スライド、iMOVIEの日常的な活用【まとめ、表現】　⑤付けたい力（情報活用能力）を視覚化し、振り返り等で活用する。【振り返り】　⑥学級会のルールを視覚化する										
国語	自分に質問してみよう② 風景　純銀もざいく ① あの坂をのぼれば② 図に表して考えよう③	春はあけぼの③ 薫風・迷う③ 随筆を書こう⑤ 漢字の広場①三字以上の熟語の構成① 雪は新しいエネルギー⑤	雨① 世代による言葉のちがい①	漢字の広場②複数の意味をもつ漢字① 川とノリオ⑦	教えて！あなたのとっておき② イナゴ① 「知恵の言葉」を深めよう① 物語を書こう⑤	会話を広げる① 漢字の広場③熟語の使い分け① あなたはどう感じる？① ぼくの世界、君の世界⑦ 哲学対話をしよう④	言葉は時代とともに⑤ 説得力のある文章を書こう⑥ 漢字の広場④音を表す部分①	きつねの窓⑧ 書評を書いて話し合おう⑥ 敬意を表す言い方②	言葉と私たち② 漢字の広場⑤同じ訓をもつ漢字① 伊能忠敬⑪ 立場を決めて、主張を明確にしよう　パネルディスカッション⑥	日本の文学② 漢字の広場⑥さまざまな読み方① 主語と述語の対応をみる② 立場を決めて、主張を明確にしよう　パネルディスカッション⑥	出会った言葉をふり返ろう⑨
書写	○はじめの学習② 姿勢と持ち方 点画の種類	○文字の組み立て方 と点画のつながり1③	トライ＆チャレンジ1② 目的に合わせて書く ○文字の組み立て方と点画のつながり2④	予備②	○字配りと点画のつながり③	トライ＆チャレンジ2① トライ＆チャレンジ3②	○字配りと点画のつながり③ 小筆 小筆を生かして書く	○学習のまとめ② 書き初め④　予備②	○書き初め③	○学年のまとめ④ 好きな言葉を書く 学年のまとめ	
社会	1. わたしたちの生活と政治 1わたしたちのくらしと日本国憲法⑧ 2国の政治のしくみと選挙③	2. わたしたちの生活と政治1 選択単元 1子育て支援の願いを実現する政治⑧ 1震災復興の願いを実現する政治	1. 日本の歴史1 1縄文のむらから古墳のくにへ⑨	1. 日本の歴史2 2天皇中心の国づくり⑦ 1. 日本の歴史3 3貴族のくらし③	1. 日本の歴史4 4武士の世の中へ⑤ 1. 日本の歴史5 5今に伝わる室町文化③	1. 日本の歴史6 6三人の武将と天下統一⑥ 1. 日本の歴史7 7江戸幕府と政府の安定⑤	1. 日本の歴史8 8町人の文化と新しい学問⑤ 1. 日本の歴史9 9明治の国づくりを進めた人々⑦	1. 日本の歴史10 10世界に歩み出した日本⑥ 1. 日本の歴史11 11長く続いた戦争と人々のくらし⑦	1. 日本の歴史12 12新しい日本、平和な日本⑦	3. 世界の中の日本1 選択単元 1日本とつながりの深い国々⑦ （中国韓国サウジアラビア）	3. 世界の中の日本2 2世界の未来と日本の役割⑨
算数	わくわく算数学習① 1. 対称な図形⑨ 2. 文字と式⑦	3. 分数×整数、分数÷整数② 復習① 4. 分数×分数⑬	5. 分数÷分数⑩	6. 資料の調べ方⑨ どんな計算になるのかな① 算数の自由研究① 復習①	7. 円の面積⑤ 8. 立体の体積⑤ 9. 比とその利用⑨	表を使って考えよう(1)② 復習① 10. 図形の拡大と縮小⑩	11. おおよその形と大きさ② 12. 比例と反比例⑰	表を使って考えよう(2)② 見積もりを使って② 算数ラボ① 復習①	13. 場合を順序よく整理して⑨	図を使って考えよう② すごろく① みらいへのつばさ① 6年のまとめ⑮	
理科	地球と私たちのくらし② 1. 物の燃え方と空気⑦	2. 動物のからだのはたらき⑨	3. 植物のからだのはたらき⑧	4. 生き物のくらしと環境⑥ 予備③	5. 太陽と月の形⑥ 6. 大地のつくり⑧	7. 変わり続ける大地④	8. てこのはたらき⑨	9. 電気と私たちのくらし⑫	10. 水溶性の性質とはたらき⑰	11. 地球に生きる⑨	
総合	オリエンテーション	動画の世界に飛びこもう！ 130周年の歴史を振り返ろう！				学校支援隊！		地域支援隊！			
外国語	This is Me !	How is your school life?	How is your school life? Let's go to Italy.	Let's go to Italy.	Summer Vacations in the World	We all live on the Earth.	We all live on the Earth Let's think about our food	Let's think about our food.	My Best Memory	My Future, My Dream	1年間のまとめ
音楽	音の重なりとひびき⑥		ひびき合いを生かして④	演奏のみりょく⑧	音楽のききどころ⑦		豊かな表現を求めて⑫		私たちの国の音楽⑦		音楽に思いをこめて⑥
	スキルアップ① 笑顔でワ・ハ・ハ おぼろ月夜②	マルセリーノの歌① ハンガリー舞曲第5番②	ロック　マイ　ソウル② カノン　カノン（鑑賞）②	交響曲第5番「運命」第1楽章から④ 語り合おう④	われは海の子① バイオリンとピアノのためのソナタ（第4楽章）⑥	明日を信じて④	ス ワンダフル⑤	音のスケッチ③	越天楽今様④	春の海／「さくら さくら」から 音楽に思いをこめて⑥ ふるさと②	選択A交響曲第9番「新世界より」第4楽章④ 選択Bさようなら／別れの歌④
図工	・学校へようこそ⑥		・わたしのお気に入りの場所⑫		・ゆらゆら、どきどき⑤	・なぞの入り口から・・・（陶芸教室）④	・いろどり、いろいろ⑤	・龍を見る②	・墨から生まれる世界④	・わたしはデザイナー 12さいの力で⑫	
家庭	生活時間をマネジメント③ できることを増やしてクッキング⑧	クリーン大作戦④	すずしく快適に過ごす住まい方⑤	すずしく快適に過ごす着方と手入れ⑤	生活を豊かにソーイング⑩		こんだてを工夫して⑪		共に生きる生活④	持続可能な社会を生きる④	2年間の学習をふり返って中学校の学習に生かそう①
体育	・短距離走,リレー⑥ ・マット運動③	・水泳④・マット② ・保健(病気の予防)②	・体力テスト ・水泳②・走り高跳び⑥	・水泳⑥ ・保健(病気の予防)②	・幅跳び③ ・マット運動③・跳び箱⑥	※運動会(表現⑧)(走・跳②)	・幅跳び②・鉄棒⑤ サッカー⑥	・マラソン強化週間⑧ ・保健（病気の防止）②	・バスケットボール⑥	・バスケットボール② ・縄跳び⑤	・体つくり①・保健②
道徳	・心を形に ・あこがれのパティシエ ・うちら「ネコの手」ボランティア	・おばあちゃんのさがしもの ・白神山地 ・愛華さんからのメッセージ	・みんないっしょだよ ・白旗の少女 ・土石流の中で救われた命 ・ばかじゃん！	・ピアノの音が…… ・命の重さはみな同じ	・エンザロ村のかまど ・修学旅行の夜 ・星野君の二るい打 ・心をつなぐ音色	・お母さん，お願いね ・言葉のおくりもの ・お母さんへの手紙 ・手品師	・田中正造 ・せんぱいの心を受けついで ・義足の聖火ランナー ・新しい日本に	・夜空 ・銀のしょく台	・タマゾン川 ・心に通じた「どうぞ」のひとこと ・「すんまへん」でいい	・東京大空襲の中で ・夢 ・青の洞門 ・小さな連絡船「ひまわり」	・桜守の話 ・まんがに命を ・あなたはどう考える？
学活	学級目標を決めよう 係を決めよう	話し合いの仕方を知ろう	歯の健康について 読書に親しもう	学級の問題を話し合おう	避難の仕方を考えよう	運動会を成功させよう	後期の目標や生活について考えよう	風邪の予防に努めよう	火災時の避難の仕方を考えよう	6年生を送る会を成功させよう	学校をきれいにしよう 1年間の反省をしよう

図3　情報活用能力を育成する年間指導計画

(3) 各学年の単元設定理由表の作成

各単元の中でどの時間に情報活用能力の育成を図るかを明らかにするために、各学年・各月ごとに単元設定理由表を作成し、その単元のどの時間で情報活用能力の育成を図るかを明らかにします。例えば以下の表は、小学校第2学年の単元設定理由表です。一番上の国語「すみれとあり」では、すみれとありの関係をただ書かせるのではなく、表にまとめることで、その協力関係をわかりやすくまとめることができ「整理・分析」の力がつきます［図4］。

教科	単元	情報活用能力育成場面	内容	授業展開
国語	すみれとあり	Ⅰ３整理・分析	すみれとありの協力関係を表にまとめる。	展開
算数	長さ	Ⅰ１課題の設定	長さの単位の必要性に気づく。	導入
生活	１年生を案内しよう	Ⅰ１課題の設定	１年生にわかりやすく案内の仕方を考える。	導入
音楽	はくのまとまりをかんじとろう	Ⅰ３整理・分析	２秒拍、３秒拍の違いを感じる。	展開
図工	えのぐじま	Ⅰ４まとめ・表現	点や線の描写を使い分けて表現する。	展開
体育	ボール遊び・ボール投げ遊び	Ⅰ４まとめ・表現	投げ方のコツをアドバイスしながらゲームを楽しむ。	展開
道徳	いそいでいても	Ⅰ４まとめ・表現	よりよい挨拶や場に応じたに言葉ついて考える。	展開
	ありがとうりょうたさん	Ⅰ３整理・分析	人それぞれによさがあることを知る。	展開
特活	迎える会	Ⅰ１課題の設定	どんなことをしたら喜んでもらえるか考える。	導入

図4　小学校第２学年の単元設定理由表

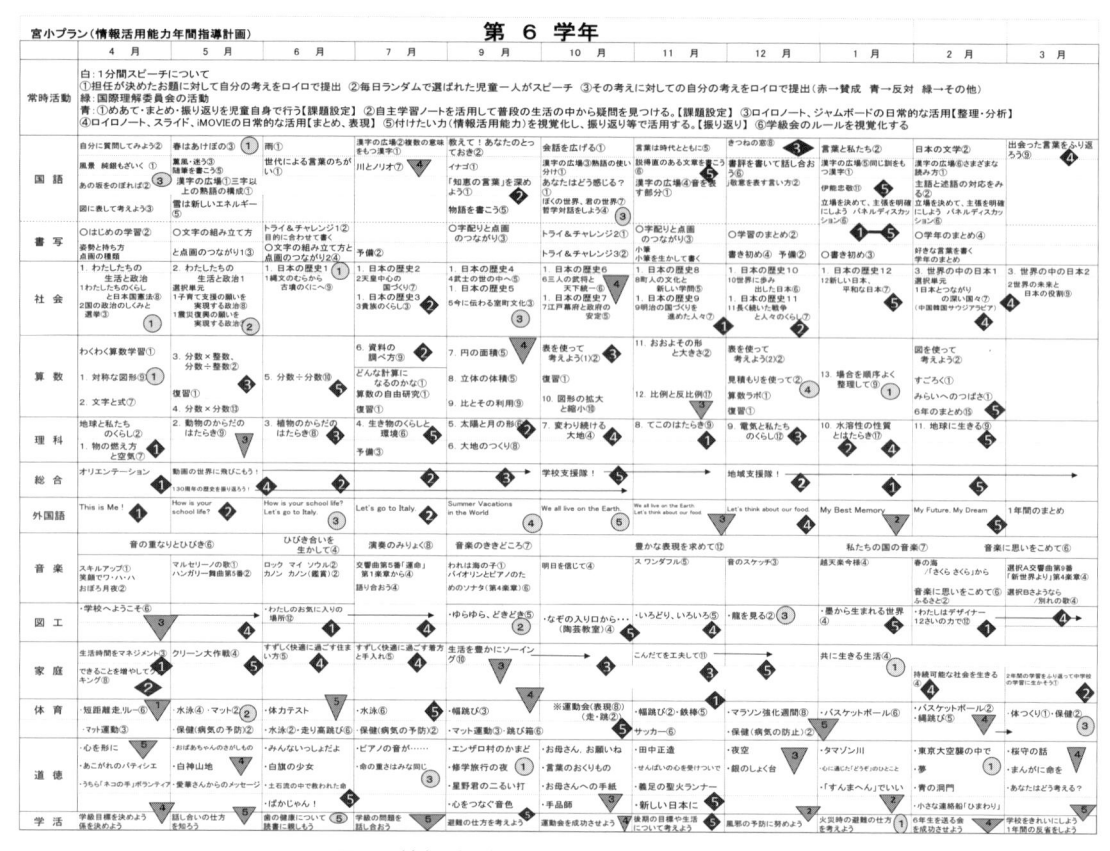

単元開発と研究授業（情報活用能力をどのように高めるか）

「情報活用能力をどのように高めるか」という問いに対して、次のように捉えています。

① 授業（本時）で高める→学習方法の工夫、ツール等（思考ツール・タブレット端末等）の活用 ② 単元全体で高める→「5つの学習過程」が単元全体で展開（単元開発等）

もちろん、単元全体で「5つの学習過程」が展開され、本時でも展開の中で学習過程の育成場面があるというような、①と②が同時にある場面もあります。また、特に、②の単元全体で高める活動は、「魅力的な課題設定・魅力的なゴール」になるような単元開発をすることで、「5つの学習過程」の順に協働的な学びが随所で展開され、情報活用能力が大きく育成されます。このような実践は、まさに情報活用能力ベーシックを活用した実践の最も魅力的な学びになります。では、この①本時で高め、同時に②単元全体で情報活用能力が高まる実践を紹介します。

(1) 単元名

2年生　国語科「町の「すてき」を伝えます」、生活科「わたしの町発見」

(2) 単元について

本単元は、生活科で学区内の町探検に行って発見した学区のお勧めしたいお店や場所について、伝えたいことを整理し、紹介カード（ポケットカード）や報告文を書く活動です。通常の学習では、町探検をして相手にお礼の手紙などを書いて単元が終了しますが、ここでは、情報活用能力の育成を図るために、さらに発展的な学習に展開します。お勧めしたいお店やその場所を学校内や地域に広めるために、何か自分たちで出来ることを考えようということで（課題の設定）、町探検で得た情報（情報の収集）をもとに、思考ツールを使って整理し（整理・分析）、一番伝えたいことを簡潔にポケットカードにまとめます（まとめ・表現）。さらにそのポケットカードには2次元コードがついて、興味を持った人が読み取ると、お店や場所の詳しく説明した文章や写真を見ることが出来ます［図5］。完成したポケットカードは、学校内一番目立つところに置いて自由にもっていけるようにしたり、お店にも置いてもらったりしてポケットカードを見た人の声を聞きます（振り返り・改善）。町探検から町の良さを伝えるPR活動に発展し、それがポケットカードの配布につながるダイナミックな展開に子供たちの学習意欲が高まります。そして、「5つの学習過程」が、単元の中で展開されている実践です。

図5　完成したポケットカードの例

(3) 本時の概要

〈(国語科) ポケットカードに載せる「すてき」が伝わる言葉を3つ作る〉

子供たちは、前時までに町探検で調べたお店や場所の「すてき」なところ（例えば「カレー屋」では「スパイスが16種類もある！」「カレーを1日も煮込んでいる」）を授業支援ツール「ロイロノート」にたくさん書き出しています。本時では、各自が書き出した「すてき」なところについて思考ツール（ピラミッドチャート）を使って厳選したり、言葉をつなぎ合わせたりして、ポケットカードに載せる「3つのすてきな言葉」をつくります（図6）。

まず、共同編集画面上のピラミッドチャートの最下段に各自が書き出した言葉を5つほど載せます。次に班で話し合ってポケットカードに載せたい言葉を中段にあげます。最後に、その中でも特に伝えたいすてきなところを3つ最上段に書き出します。最終的にはポケットカードに載せる「3つのすてきな言葉」が決まります。

本時では、子供たち同士でタブレット端末上の共同編集画面をみて、話合いながら最適解を見つけていくというまさに協働的な学びが展開されました。このように本時では、情報活用能力ベーシックに示されている学習過程の中でも「整理・分析」に関するする力を高めることにつながりました。

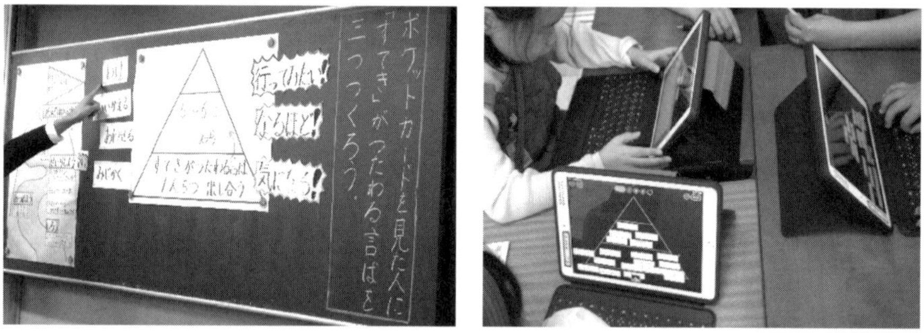

図6　3つのすてきな言葉をつくる学習活動

情報活用能力を育成するための日常的な活動

本校では、情報活用能力を育成するために、常時活動と呼ぶ日常的な活動を実施して情報活用能力の基礎となる力を育てています。情報活用能力の育成を図るのは授業（通常の授業や研究授業）が中心ですが、日常的な活動をあらゆる機会で実施することにより、情報活用能力の基礎的な力が育つと考えております。いわば、“授業”と“日常的な活動”の両輪で情報活用能力を育成しているのです。本校では全学級で以下の3つに取り組みました。

① タブレット端末を活用した朝の会（スライドショーとスピーチ）
② タイピング（週1回全校＋授業中のすき間時間）
③ 授業でのタブレット端末の活用（カメラ機能・一斉表示・情報共有の日常化等）

スライドショーは、毎朝その日の日直が自分のタブレット端末を電子黒板につなぎスライドを映しながら朝の会を進めて行きます。朝の挨拶からスタートして、健康観察、朝の歌など朝

の会のプログラムが順にスライドで示されていきます。最後のスライドが「一分間スピーチ」になっており、その日の日直がスピーチをします。さらに、月ごとに話すテーマを決めたり、質疑応答をしたりして、表現力や判断力を高めています。

成果

全校児童を対象に、情報活用能力育成に取り組む前と後で情報活用能力ベーシックに関する18項目についてアンケートを実施しました。その結果どの項目も力が向上したことが明らかになりました。さらに、タブレット端末の活用についても34学級の全担任に調査しました。その結果、9割を超える学級担任がタブレット端末をほぼ毎日かほぼ毎時間活用していることがわかりました。情報活用能力ベーシックを活用して、情報活用能力を育成に取り組むと、タブレット端末の活用を促され、情報活用能力の育成が図られることが示されました。さらに単元開発をすることで、教員個々の授業力の向上や教員の資質向上が図られました。

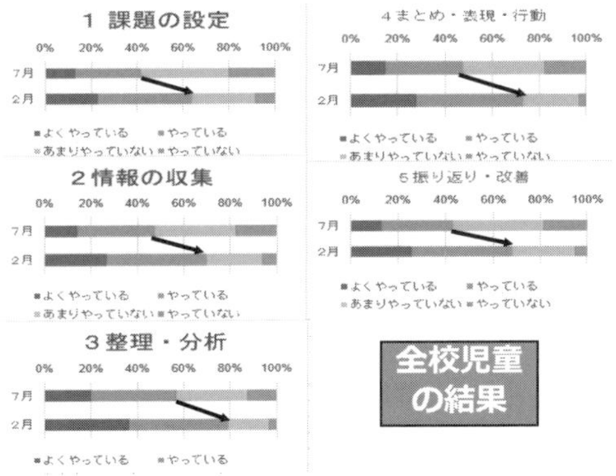

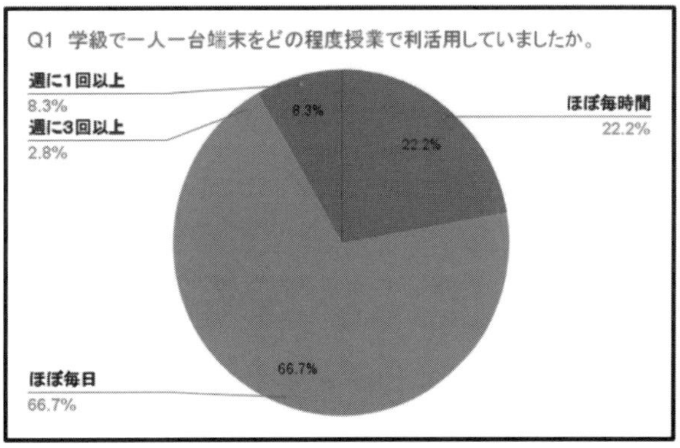

おわりに

これは、今年度本校で開発した単元です。子供たちが自分事として主体的に取り組めるような課題が設定されたことで、探究的・協働的な学びが展開されました。学校では、様々な外部の方との関わりが生まれ、ダイナミックな活動が各所で展開されます。単元を開発した教員は、今まで経験したことのない単元開発に取り組むことで、授業の構成力が高まり、授業力が向上します。ぜひ、全国で情報活用能力の育成への取り組みが進んでいくことを願っております。

1年「ありがとう6年生～卒業を祝う会の出し物を自分たちでつくろう～」
2年「つくる楽しさはっけん～一年生にすてきなおもちゃをプレゼントしよう～」
3年「船橋の漁業PR大作戦！」
4年「巨大地震から宮本を守ろう！～宮小防災局から情報発信～」
5年「救え！食品ロス！～ぼくたちの未来のために～」
6年「6年間の感謝の気持ちを伝えよう～宮小ありがとうフェス開催～」

活用事例

探究的な学びを拓く情報活用能力を育成するための取組

学校編

姫路市立豊富小中学校　平原昌幸、遠藤修平

本稿の概要

義務教育学校である姫路市立豊富小中学校では、情報活用能力の育成と探究的な学びを関連付けて9年間を見通した教育活動を行っています。GIGAスクール構想を受けて端末活用を積極的に行ってきた結果、現在は端末を「とにかく使う」段階から、個別最適な学び・協働的な学びを実現するために効果的な活用を考える段階へと移行しています。このような経過を経て、2023年度から「探究の過程」に基づいた構造の「情報活用能力ベーシック」を授業づくりの指標として取り入れ、全学年・全教科で実践を行っています。本稿では、課題の分析や目標の設定、教職員全体での共通理解、教科部会の役割、情報活用能力を教科横断的に育成するための年間計画の作成、実践記録の積み上げ方など、校内研修における取組を紹介します。

キーワード：探究的な学び、教科横断的、小中一貫教育

はじめに

姫路市は2007年から、子どもたちの「学力の向上」と「人間関係力の育成」を目標として、小中一貫教育の推進に取り組んできました。姫路市も参加する小中一貫教育全国連絡協議会の働きかけもあり2016年に義務教育学校が新たな学校種として制度化されたことを受け、2020年に姫路市立豊富小学校と姫路市立豊富中学校が統合し、姫路市では3校目の義務教育学校として姫路市立豊富小中学校は開校しました。開校当時は教育DXが文部科学省によって推進され始めた頃です。2016年に日本政府がSociety 5.0を初めて提唱し、2019年にはGIGAスクール構想の実現に向けた政策が始まります。新学習指導要領の全面実施が小学校は2020年、中学校は2021年に行われ、同年に令和の日本型学校教育に関する答申が出されるなど、開校の時期には社会や教育に大きな変化がありました。

また、本校は統合する以前の2018年から、学校図書館を学びの中心に据えるとともに、「新聞をつくるとつかう」をテーマにNIEを推進し、新聞記事の読解や情報収集、記事作成を通して、児童生徒の情報活用能力育成に取り組んでいました。そして、GIGAスクール構想のスタート（2019年12月）と開校のタイミング（2020年4月）が重なったこともあり、開校当初から積極的にICT機器を利用（1人1台端末の整備は2020年9月に完了）し、9年間の系統性を見通して身に付けさせる力の1つとして「調べる力（情報から課題を発見し、自分事として捉え、必要な情報を探し出し、整理したり伝えたりすることができる)」を掲げるなど、児童生徒の情報活用能力を更に

伸ばしていくための教育活動と研究を行ってきました。

開校から4年が経過しました。本校では、児童生徒のみならず教職員も含めてICTスキルは非常に高いと感じます。授業の中でGoogleスライド等を使って協働編集をさせたり、調べ学習などの内容をまとめて発表させたりしても、児童生徒は当然のようにタブレット端末を使いこなすことができます。タイピングはもちろんのこと、カメラ機能を併用してスライドづくりをしたり、アプリを自分で選択して使ったりすることもできます。このような児童生徒の姿は教職員も積極的にICTスキルを磨き、教育活動を行ってきた積み重ねの成果に他なりません。

児童生徒の情報活用能力については、児童生徒を対象に定期的に行っているアンケートを分析に役立てています。以下のグラフは、2023年度末にとった児童生徒へのアンケート結果です。図1は全校児童生徒の結果であり、図2はそれを後期課程の生徒に絞ったものを示しています。

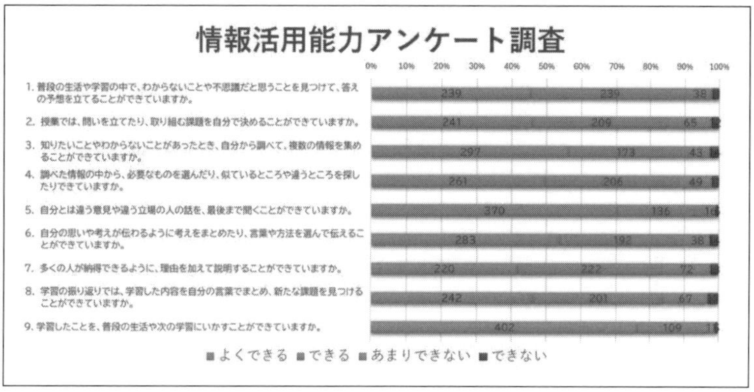

図1 全校児童生徒の調査結果

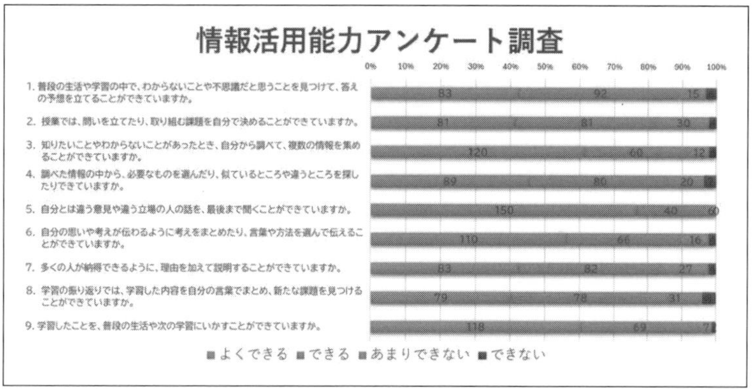

図2 後期課程のみの調査結果

児童生徒の自己評価とはなりますが、概ね「できる」と感じている児童生徒が多い一方で、細分化して見てみると、情報を収集することはよくできるがまとめたり説明したりすることに課題を感じていることがわかります。

以上のように、児童生徒の端末活用は「とにかく使う」という段階をすでに越え、「自分で判断して使ったり使わなかったりする」という段階に入ってきていますが、情報活用のスキル面で課題があります。研究としても、授業に効果的にICT機器を取り入れる段階から、どのような情報活用能力を授業のどのような方法や場面で育成するのかということに意識を向ける必要があります。そこで、次のステップとして2023年から新たに「情報活用能力ベーシック」を授業づくりの指標として取り入れて研究を進めています。

研究テーマの設定

本校の目指す子ども像は「豊かな感性を持ち、知恵を活かして課題や場面に対応できる子」です。これは義務教育学校として統合される前から、小中一貫教育として取り組んできたものであり、9年間を通して探究的な学びの推進に力を入れてきました。そして、先述の背景から情報活用能力の育成にも積極的に取り組んでいます。

情報活用能力の育成と探究的な学びは親和性が高く、互いに深い学びを促進する関係にあります。例えば、探究的な学びにはまず課題解決のために必要な情報を幅広く収集・整理・分析する必要がありますが、高度な情報活用能力があれば課題の本質を理解し解決策を導く土台作りができるなど、より深い探究的な学びを実現することができます。その他の探究の過程の各段階においても情報活用能力は有効に働くと考えられます。また逆に、探究的な学びを進める過程で情報活用能力が育つことも期待できます。

そのような観点から、本校では情報活用能力の育成と探究的な学びを関連付けて研究を進めており、情報活用能力を授業の中でどのように育成していくかということを考える中で「情報活用能力ベーシック」を活用することとなりました。「情報活用能力ベーシック」は「探究の過程」に基づいた構造になっていることと、分かりやすい構成で様々な教科や学習場面で適用できる汎用性の高さがあることから、授業づくりの焦点化がしやすく小中一貫教育としても取り入れやすいと感じています。このようなことから本校の研究テーマを「探究的な学びを拓く情報活用能力の育成―『情報活用能力ベーシック』で支える9年間の学び―」と設定しています。

取組の概要

① 研究推進に向けての共通理解

全校を挙げて取り組むために、実態の把握とゴールの設定が必要です。実態の把握には、普段の子どもとの関わりと子ども対象のアンケートの結果が参考になります。普段の子どもとの関わりについても集約するため、教職員に対しても毎年アンケートを実施し参考にしています。先述の通り本校の現状としては、子ども対象のアンケートから「まとめたり説明したりすることが苦手」という課題があることが判断できます。ゴールに関しては目指す子ども像に基づき、長期的・短期的にどのような力をつけていくかを考える必要があります。その点については、研究推進委員会を開き、話し合いを行って決定します。

この2点を踏まえて、例えば「情報活用能力ベーシック」を授業づくりの指針として利用しながらアンケート結果に基づいて「まとめ・表現」に力を入れるなどと、年間を通した研究の道筋を計画します。2024年度に関しては義務教育学校としての研究発表会も予定していたため、研究発表会当日の研究授業とそれに向けた研修として、校内での実践交流や授業公開を行い、それぞれの授業に向けた教科部会（前期課程と後期課程の教職員が一緒に参加）を開くなどして練り上げを行いました。研究授業の日には情報活用能力育成調査研究委員会に所属しておられる先生方に講師をお願いして指導助言をいただきました。

このような計画は研究推進担当や管理職が参加する研究推進委員会により決定し、全教職員への共通理解は校内研修を開催し、主に研究用に準備しているGoogleサイトやGoogle Classroomを利用して行います。このようなサイト等は随時更新し、校内研修の日だけでなく日常的な研究のための共通理解の場として利用しています。

② 教科部会の開催

義務教育学校は9年間の教育課程を有機的に連携させて指導を行えることが良さの1つです。本校では前期課程と後期課程の教職員で構成した教科部会を開催しています。これにより、指導の目標や内容を共有して、教科の特性を活かし9年間の系統性を意識した指導を目指すことができます。また指導実践や児童生徒の実態も共有することが、指導力の向上や教職員の連携強化にも繋がります。2024年度は教科部会で年間指導計画の見直しや、教科ごとに情報活用能力ベーシックの5つの学習過程と子どもの発達段階に分けた情報活用能力育成についての表の見直し（表1は社会科の例）、研究授業の内容検討や事後の反省を行いました。研究と言うと、研究授業当日に注目が集まりがちですが、そこに至る計画や準備の方に時間をかけて行い、教職員が集まって細部まで検討するため、計画や準備こそ研究の中心と言っても過言ではありません。このような会の充実が、教職員の資質・能力の向上のために大切だと考えています。

③ 年間指導計画の作成

情報活用能力は特定の教科で身に付けるものではなく、教科横断的に身に付けるものです。本校の年間指導計画は情報活用能力の育成を意識し、情報活用能力ベーシックの5つの学習過

表1　情報活用能力ベーシックを元にした教科ごとの活用検討（社会科）

社会				
プロセス	活動	前期(3~4年)	中期(5~6年)	後期(7~9年)
①	自分が知っていること・これまでの経験から疑問を出し合い、課題を設定する。 資料をもとに、自分が知っていることと実際の事象とのギャップから課題を設定する。	身近な地域や自分自身の生活に関することから課題を発見する。	我が国の国土・産業・歴史や、世界の人々との共生に関することから課題を発見する。	社会的事象に見られる課題を発見する。
②	調査活動や諸資料の活用など、手段を考えて適切に資料を収集する。	見学や聞き取り調査、地図帳やコンピュータを用いて課題解決に必要な情報を集めたり、地図や写真、年表などの資料から情報を読み取ったりする。	情報の不確実性及び、見学・聞き取り調査・地図帳・コンピュータなどの情報の収集手段の特性に留意して情報を集めたり、地図や写真、年表、統計などの資料から、事象の広がりや経過などを適切に読み取ったりする。	観察や野外調査、訪問調査等の様々な調査や、年表や地図、文献、図版、写真、統計資料、実物等の諸資料から、社会的事象に関する様々な情報を適切かつ効果的に収集する。
③	収集した資料と自分の生活やこれまでの学習内容を比較する。(気候、産業･･･) 資料を分類したり、総合したり、関連付けたりして考える。	収集した情報に対し、場所や人々の相互関係等に着目してどのような違いや共通点があるか比較・分類したり、自分の地域や人々の生活と関連付けたりして考える。	事象の広がりや時間の経過、人々の相互関係等に着目し、複数の情報を比較・統合したり、国民生活や世界における我が国の役割と関連付けたりしながら考える。	各分野の特色に応じて、提示された課題(問い)や生徒の課題意識から、時系列に沿った整理や地理的な条件から整理する。また、比較・分類したり総合したり、他の社会的事象と関連付けたり、多面的・多角的に考察する。
④	年表にまとめる。 白地図に学習したことをまとめる。 考えたことを説明したり、それをもとに議論したりする。	調査で得た情報をもとに考えたことや選択・判断したことを文章で記述したり、白地図や年表、図表などに表したことを使って説明したりする。	考えたことや選択・判断したことを白地図や図表、年表等にまとめたり、それらを使って根拠や理由などを明確にして論理的に説明したり、他者の主張につなげ立場や根拠を明確にして議論したりする。	各分野の特色に応じて、事象を説明したり、論拠を基に自分の解釈を加え説明・論述したり、議論や意見交換したりする。また、合意形成や社会参画を視野に入れながら、構想したことについて、妥当性や効果、実現可能性等を踏まえて表現する。
⑤	学習内容やまとめを振り返り、自分が社会の一員としてできることを考える。	学習を振り返り、学習成果をもとに生活の在り方やこれからの地域社会の発展について考える。	学習を振り返り、学習成果をもとに生活の在り方やこれからの国家及び社会の発展について考える。	学習内容・活動に応じた振り返りを行い、学習成果をもとにしてこれからの国家及び社会の発展についく考える。また、自らの学習の進め方や学習成果を改善したりする。

程が教科を横断して総合的に含まれるように教科部会で検討し計画を立てるようにしています。例として7年生（中1）の年間指導計画を紹介します。以下の［表2］のようになります。このような表を1～9年生の各学年で作成しています。表内の◇内に1～5の数字を記載していますが、これは5つの学習過程の番号を示しています。これにより、各教科でいつどのような情報活用能力を重点的に育成するかがわかるようになるため、教科横断的に情報活用能力を育成するのに役立ちます。

表2　7年生の年間指導計画

令和6年度　第7学年　年間指導計画　　豊富小中学校　後期課程

	4月	5月	6月	7月	9月	10月	11月	12月	1月	2月	3月
国語	・風の五線譜 ・音声の働きや仕組み ◇4 ◇3	・話し方はどうかな ・詩の心—発見の喜び ・文法とは言葉の単位 ・活字と書き文字・画数・筆順 ◇4 ◇2	・飛べ かもめ ・さんちき ・文脈を捉え、伏線に気づく ・つなぐ言葉、指し示す言葉 ・話を聞いて質問しよう ◇4 ◇2	・オオカミを見る目 ・碑 ・文の成分、連文節 ・音読み、訓読み ・調べて分かったことを伝えよう ◇4 ◇2	・私のタンポポ研究 ・根拠を挙げて考えを述べる ・根拠を明確にして書こう ・古典 移りゆく浦島太郎の物語、伊曽保物語 ◇3	・古典 竹取物語、矛盾 ・単語の分類 ・名詞 ・語の意味と文脈・多義語 ◇5	・少年の日の思い出 ・視点を変えて心情を描こう ◇4	・風を受けて走れ ・連体詞、副詞、接続詞、感動詞 ・他教科で学ぶ漢字 ◇1	・ニュースの見方を考えよう ・わたしの中にも ・漢字の部首 ◇2	・トロッコ ・月夜の浜辺 ・論理的な言葉の力 分類する比較する ◇3	・話し合いで理解を深めよう ・漢字の成り立ち ・心に残る出来事を表現しよう ◇2
社会	世界の姿 ◇1 ◇3 ◇5	日本の姿 人々の生活と環境 ◇1 ◇3 ◇5	歴史の流れと時代区分 歴史の調べ方・まとめ方・発表のしかた ◇2 ◇3 ◇4	人類の登場から文明の発生へ 東アジアの中の倭（日本） ◇1 ◇5	中国にならった国家づくり 展開する天皇・貴族の政治 ◇1 ◇5	アジア州 ◇1 ◇5	ヨーロッパ州 アフリカ州 ◇1 ◇5	北アメリカ州 南アメリカ州 ◇1 ◇5	オセアニア州 武士の世の始まり ◇1 ◇5	武家政権の内と外 人々の結び付きが強まる社会 ◇1 ◇5	大航海によって結び付く世界 戦乱から全国統一へ ◇1 ◇5
数学	1正の数・負の数 ◇1 ◇2	◇3	2文字の式 ◇3	◇3	3方程式 ◇3	4変化と対応 ◇3	5平面図形 ◇3 ◇3	◇3	6空間図形 ◇3	7資料の活用 ◇2 ◇3	総復習 ◇5 ◇4
理科	○いろいろな生物とその共通点	◇3 ◇4	◇5	○身のまわりの物質 ○自由研究② ◇1	◇2 ◇3 ◇4		○光・音・力による現象 ◇1 ◇2	◇3 ◇4	○活きている地球 ◇1		◇4 ◇5
音楽	主人は冷たい土の中に 映画「ジョーズ」から"ジョーズのテーマ" ◇2 ◇3 ◇4	春—第1楽章— 朝の風に ◇3 ◇4	Let's Create! 浜辺の歌 ◇3 ◇4 ◇5	エーデルワイス 魔王 ◇3 ◇4 ◇5	赤とんぼ 課題曲「あすという日が」 自由曲 ◇1 ◇3	課題曲「あすという日が」 自由曲 ◇5	リズムゲーム 箏曲「六段の調」 さくらさくら ◇1 ◇4 ◇5	雅楽「平調　越天楽」 ◇3 ◇4	My Melody ◇1 ◇4 ◇5	日本の民謡 ソーラン節 ◇3 ◇4	「旅立ちの日に」 ◇3 ◇4
美術	オリエンテーション 「美術ってなんだろう」 「鉛筆の使い方」を学ぶ 「デッサンの基礎」を学ぶ 「細密表現」を学ぶ 「手のデッサン」制作 ◇1	「手のデッサン」制作 「色彩の基礎」① 「無彩色・有彩色・三要素・色相環」 ◇1	「レタリング」を学ぶ 「錯視」を学ぶ 「手のデッサン」鑑賞 「色彩の基礎」② 「トーン」の学習 ◇1	「絵の具の使い方」を学ぶ 「抽象美術」を学ぶ 「抽象画」制作 「ポスター、風景画」を学ぶ 「ポスター図案」制作 ◇2	「抽象画」制作 文字デザイン制作・鑑賞 「第三角法」 「粘土で自分表現」構想案 ◇5 ◇4	「抽象画」鑑賞 「粘土で自分表現」制作 「凸版、平版、孔版の利用」 「第三角法」 ◇1	「粘土で自分表現」制作 「凸版、平版、孔版の利用」 「第三角法」 ◇1 ◇4	「粘土で自分表現」制作 「凸版、平版、孔版の利用」 「人権ポスター図案」制作 「第三角法」 ◇2	「粘土で自分表現」制作 鑑賞 「凸版、平版、孔版の利用」 「人権ポスター」制作 「第三角法」 ◇3 ◇4	人権ポスターを学ぶ 「餃子」制作 「第三角法」 ◇2 ◇3 ◇4	「餃子」鑑賞 「第三角法」 「夢資料」収集 ◇2 ◇3 ◇5
技術家庭	オリエンテーション 衣服のはたらき 社会生活上のはたらき 目的にあわせて自分らしく着る 技術とわたしたちの生活 ◇1		和服・浴衣の着用 計画的な活用 TPOに合うコーディネートを考える 材料と加工に関する技術　材料 わたしたちの生活と生物育成　生物の育成 ◇1 ◇3 ◇4		衣服の手入れ （洗濯・アイロン・クリーニングの利用） 設計　木材による製作 ◇2	生活を豊かにする製作 ◇2 ◇3 ◇4 ◇5			住まいのはたらき 生活行為と住まいの空間の関係性 作物の栽培 ◇1	健康を守る室内環境 家庭内事故 災害に備えた住まい 動物の飼育 ◇2 ◇3	世界の住まい 気候や暮らし 水産生物の栽培 ◇3 ◇4
保健体育	体つくり運動 集団行動 ◇1 ◇4 ◇5	陸上競技 球技 ◇1 ◇4 ◇5	水 泳 ◇1 ◇4 ◇5 健康な生活と病気の予防	水 泳 ◇1 ◇4 ◇5	水 泳 新体力テスト ◇1 ◇4 ◇5	陸上競技 器械運動 ◇1 ◇4 ◇5	器械運動 ◇1 ◇3 心身の機能の発達と心の健康	陸上競技 球技 ◇1 ◇3	球技 武道 ◇5	武道 ダンス ◇2 心身の機能の発達と心の健康	ダンス ◇2
総合	・野外活動に向けて ・自然教室 ・教育相談 ・仲間づくり（大縄） ◇1 ◇2 ◇3 ◇4 ◇5				・防災学習 ・芸術鑑賞賞 ◇1 ◇2 ◇3 ◇4 ◇5				・職業調べ ・進路学習 ◇1 ◇2 ◇3 ◇4 ◇5		
英語	0 Welcome to Junior High School 1 New School, New Friends ◇1 ◇3	2 Our New Teacher ◇1 ◇3	3Club activities ◇1 ◇3	4 Friends in New Zealand "All About Me" Poster ◇2 ◇4 ◇5	5 A Japanese Summer Festival ◇4	6 A speech about My brother ◇1 ◇3	7 Foreign Artists in Japan ◇1 ◇3	8 A Surprise Party My Hero ◇4	9 Think Globally, Act Locally ◇1 ◇3	10 Winter Vacation ◇1 ◇3	11 This Years Memories My Favorite Event This Year ◇2 ◇4 ◇5
道徳	サッカーの漫画を描きたい 一筋の道—城ノブ 近くにいた友 ◇2 ◇4	トマトとメロン さかなのなみだ むかで競争 ◇2 ◇4	愛情貯金をはじめませんか 僕の家族も ばあば ◇2 ◇4	花火に込めた平和への願い 震災を乗り越えて-復活した郷土芸能 人のフリ見て ◇2 ◇4	明珍火箸 夢への扉を開ける鍵 あふれる愛 ◇2 ◇4	水色の星 疾走、自転車ライダー あったほうがいい 木の声を聴く コロンブス ◇2 ◇4	公平と不公平 使っても大丈夫？ 家族と支えあう中で ◇2 ◇4	自分だけ余りになってしまう 奈良筆に生きる ◇2 ◇4	語りかける目 手塚作品を貫くもの—手塚修虫 運命の木-姫路城の大柱 ◇2 ◇4	オーロラ-光のカーテン 裏庭での出来事 役に立つことができるかな どうしたらいいんですか ◇2 ◇4	緑のじゅうたん 偽りのバイオリン ◇2 ◇4

④　実践の積み上げ

本校は「情報活用能力ベーシック」を授業づくりの指標として取り入れてから、まだ期間が短いため実践が少ないです。まずは、情報活用能力ベーシックの5つの学習過程に分けて実践を積み上げていくことにしています。情報活用能力の育成に関しては、あらゆる教科の様々な場面で育成していくものであり、研究授業のような特別な授業に限らず、普段の授業の中で育成していく必要があります。そのため、授業の実践記録を学習指導案にまとめるか、本校独自のひな形に記入するか、いずれかの方法で積み上げていくことにしています。学習指導案についてはどの学習過程に重点を置いて授業づくりをしているかを明示した上で、それが展開の中ではどの活動なのかわかるように記載しています。本校独自のひな形を使用した実践記録については、以下の［表3］が実際に記入した例となります。これら実践記録を学習過程ごとに豊富小中学校版の情報活用能力育成表にリンクさせています。

表3　ひな形を使用した実践記録例（6年生の算数）

<table>
<tr><td>教科</td><td>算数</td><td>単元名</td><td>対称な図形</td><td>本時</td><td>3／10</td></tr>
<tr><td>本時のねらい</td><td colspan="5">点対称かどうかを判断する活動を通して、点対称な図形の性質についての理解を深める。</td></tr>
<tr><td>情報活用能力ベーシックのプロセス</td><td colspan="3">必要な個所の長さや角度を測り、点対称な図形の性質を用いて、点対称な図形かどうかを判断する。</td><td>ベーシック番号</td><td>③</td></tr>
<tr><td colspan="2">学習のおおまかな流れ</td><td colspan="4">授業のポイント（他者との協働・ICTの活用）</td></tr>
<tr><td colspan="2">1課題を確認する。
点対称な図形の性質を使って、点対称な図形かどうかと確かめよう。
2課題の図形について点対称かどうかを調べる。
3自分の考えをスライドにまとめ、友だち同士で比較する。
4学習をふりかえる。</td><td colspan="4">○配布されたプリントに各自補助線を書き込んだり、長さを測ったりして、線対称な図形かどうかを判断した。写真に撮ってスライドに貼り付け、その説明を入力するようにした。
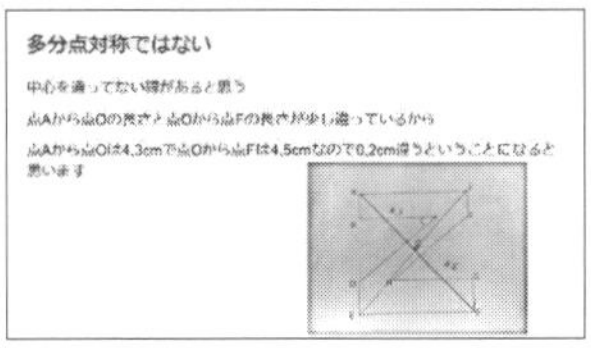
○スライドに貼り付けた後、友だちの説明を参照してコメントさせるようにした。友だちの説明や友だちからのコメントを見て、さらに改善する部分は改善するように声をかけた。
○どう説明したらよいか分からない児童には、友だちの説明を見て納得するものがあれば参考にしてよいことを伝えた。
（児童の様子）
・説明することが苦手な児童も、友だちの考えを参照しながらよいところを真似して説明することができた。
・実際の図形をもとに調べて考えることで、点対称な図形の性質についての理解を深めることができた。</td></tr>
</table>

まとめと課題

本校は義務教育学校であるという強みを活かし、前期課程と後期課程の連携を密にして情報活用能力の育成に取り組んできました。児童生徒が取り組んできた内容を共有したり、長期的な視点で指導を行ったりすることで、小中一貫校の利点を活かした適切な指導に繋がっています。

また、情報活用能力の育成という観点で、教職員が一丸となって年間指導計画の見直しや指導法の検討を行うことで組織的に情報活用能力の育成に取り組む視点が教職員に身に付いてきました。この教職員に身に付いてきた視点というのは、9年間を見通した教科指導としての「縦の視点」と、教科・領域を時間軸で横断的に見る「横の視点」です。

授業検討を行う中で「子どもに委ねる」や「学びの複線化」などのキーワードも多数飛び交うようになりました。情報活用能力の育成を学校として推進していく先に、個別最適な学びを主体的に選択できる「自走する子ども」の姿があると考えています。今後も情報活用能力ベーシックを教育活動の指針とすることで、授業設計や指導法の評価に活かし、子どもの情報活用能力を醸成する授業実践を日々積み上げていく予定です。

参考文献

文部科学省「中学校学習指導要領　総則編」（2017年）
文部科学省「小学校学習指導要領　総則編」（2017年）

活用事例

知的障害特別支援学校における児童生徒の情報活用能力育成を目指した研究推進の実際

学校編

熊本県立かもと稲田支援学校（前熊本大学教育学部附属特別支援学校）　後藤匡敬

本稿の概要

本稿では、予期せぬ事象に対峙する経験をしたコロナ禍に情報活用能力育成の必要性を強く感じ、情報活用能力育成の研究推進を行った知的障害特別支援学校の取組を紹介します。情報活用能力は、複雑で捉えづらい概念です。対して、「授業でタブレットを使う」という［ICT活用］の方がやることが明確で、教師も授業実践しやすいです。そこで、情報活用能力と関連性の高い［ICT活用］を目的に、まずは教師が授業でタブレットを活用するところから研究を始めました。授業実践を積み重ねる中で、［ICT活用］から［情報活用能力育成］へと研究の方向性をシフトしていきました。見えてきたのは、「基本的操作スキルを丁寧に学ぶ時間を特設する」「振り返りを丁寧に行う」等、知的障害のある児童生徒の情報活用能力育成に必要なポイントでした。

キーワード：知的障害教育、特別支援学校、ICT活用、基本的操作スキル、共通言語

はじめに

私は、前任校である熊本大学教育学部附属特別支援学校（以下、熊大附特）で、コロナ禍真っ只中であった2020年度から2023年度にかけて、研究主任を務めました。丁度その時期は、学校ではオンライン授業が広がり、GIGAスクール構想による児童生徒一人一台端末環境が急速に整備され、タブレット端末の学習利用が進みました。生活では、店舗でのタッチパネル操作による注文やセルフレジ、キャッシュレス決済等、人と人との接点が減る方向へテクノロジーの利用が波及し、生活様式自体が大きく変化しました。人手不足もあり、コロナ禍が落ち着いた現在も、これらの様式は維持されています。コロナ禍前に比べると、より一層、視覚情報をはじめとした多くの情報に触れる世の中になっているように感じます。現行の学習指導要領で示された情報活用能力でしたが、次々と予期せぬ事象に対峙する経験をしたコロナ禍は、その必要性を実感するきっかけになったとも言えます。

社会的なニーズを捉え、その間に熊大附特で取り組んだのが「知的障害特別支援学校における情報活用能力育成に関する研究」でした。研究では、知的障害のある児童生徒が情報活用能力を発揮して未来社会を切り拓くにはどうすればよいのか、情報活用能力の［理論］の部分の情報整理と、教育課程編成や授業づくりといった［実践］の部分を往還させながら研究を推進しました。当初、［理論］の整理に苦戦し、試行錯誤した時期があったのですが、その際に出

会ったのものが、「情報活用能力ベーシック」の考え方で、その後の熊大附特の研究推進に大きく影響を与えました。今回は、熊大附特の情報活用能力育成に関する研究について、研究を進める前に行った土壌づくりと、研究主任として推進した研究実践についてご報告します。

研究推進の土壌づくり

(1) まずはやってみる、やってみせる

2019年度、私は卒業学年の担任をしていました。卒業まであと20日弱に迫った2020年2月末、巷で急拡大していた新型コロナウイルス感染症の予防措置として、前例のない全国一斉臨時休業が決まりました。卒業前の貴重な期間が急遽無くなることとなり、茫然としたのを今も鮮明に覚えています。生徒も教師も学校で一堂に会することができなくなり、家庭で過ごす生徒に対して学校ができることは何か、もがきながら考え、模索していた時期でした。

自宅で過ごす卒業学年の生徒たちとどうにか繋がりたい一心で模索する中、一筋の光が見えました。それは、テレワークのツール「Zoom」が一時的に学校で無料に使えるようになったニュースでした。早速Zoomをダウンロードするところから始め、一人で操作を試してから、職員間で試用を何回か重ねました［図1］。

図1　校内研修でZoomをまず使ってみる

「ミュートしないとハウリングを起こす」「イヤホンを使うとハウリングが起きにくい」「一斉にしゃべると訳が分からなくなるからルールを作るとよい」等、職員同士でやってみたからこそ分かったことも多くありました。ご家庭にも協力いただき、卒業式まで残り5日の時点で各家庭と学校をつないだZoom朝の会をすることができました。その様子は校内の職員研修も兼ねて公開し、その後、校内でZoomを使った児童生徒との朝の会や授業が広がっていきました［図2］。何事も、やってみないと分かりません。分からなくても、まずはやってみるということはとても大切で、その雰囲気が学校全体に広がると、新しい変化にも対応できる集団になると感じた最初のエピソードでした。

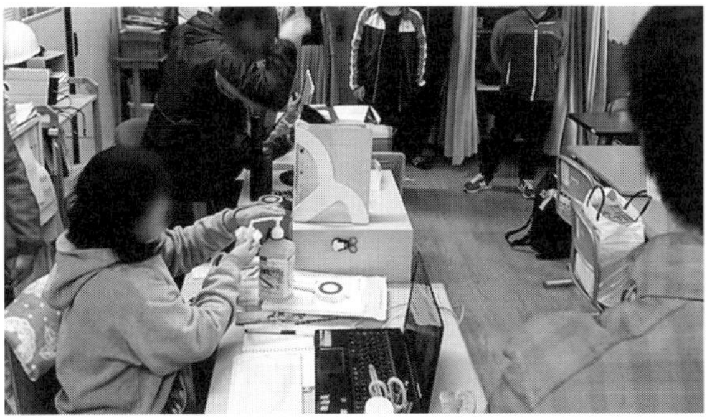

図2　Zoom朝の会を職員研修で共有

(2) あそんでみる

2020年度に入ってからも、2か月間臨時休校は続きました。Zoom以外にもオンラインで活用できるツールを探す中で、既に熊大附特で無料の体験版を導入していた「ロイロノート・スクール（以下、ロイロ）」を積極的に活用しようと考えました。当初はGW明けに学校が始まる予定だったところ、感染が収まらずに臨時休校が5月いっぱいまで延長し、職員も分散出勤となり、状況は厳しさを増すばかりでした。その時期にロイロを使って職員が自宅から参加する「ロイロあそび研修［図3］」を実施しました。

図3　ロイロあそび研修

Zoomを使いながら、「好きな写真を撮ってロイロの提出箱に提出する」というワークを通じて、ロイロの基本的操作や概念等について理解を深め、その流れで「ロイロを使ってどのようなあそびができるのか」アイデアを出し合う、といった内容です。「ロイロでしりとりをする」等アイデアが出る中、「動画を集めて数珠繋ぎにする」というアイデアをみんなでやってみることにしました。職員がそれぞれの自宅や学校で「画面の左から飛んできたものを受け取り、それを画面の右へ投げる」というルールのもと動画を撮り、その動画をロイロで1本につなぐ、というアイデアです。参加した職員が各自動画に取り、ロイロの提出箱に提出、それを私が1本の動画につないで、職員間で共有しました。次のシーンでは別のものになっている不思議な映像ができ、大変盛り上がりました。

オンラインでつながった職員同士で1つのものを作るというこの活動は、小さな1つのプロジェクトのような感覚で、このプロジェクトを通して、参加した職員はロイロの概念が自然と理解できるようになりました。こういった一連の経験が、臨時休校が明けた6月から学校全体の授業でロイロの活用が広がる大きな要因の1つになったように思います。

情報活用能力の研究推進

(1) まずはICT活用をやってみよう

学校再開後、本格的に研究をスタートさせました。学習指導要領[1]では、「情報活用能力とは、世の中の様々な事象を情報とその結び付きとして捉えて把握し、情報及び情報技術を適切かつ効果的に活用して、問題を発見・解決したり自分の考えを形成したりしていくために必要な資質・能力」とされています。情報活用能力は単なるパソコンやタブレットの操作スキルだけではなく、文字や画像、音声を含む様々な情報そのものを捉え、活用する能力でもあります。ただ、テクノロジーが生活様式に深く結びついている現代社会の状況を考えると、まずはICTを活用してみることではじめて、見えてくることもあります。熊大附特では、コロナ禍の臨時休校期にできた「まずはやってみる」「あそんでみる」精神の土壌の下、「ICT活用を目的に、まずはやってみよう」と、これまでの教育実践にタブレット端末を中心としたICTの活用を組み合わせる授業の蓄積を行いました。

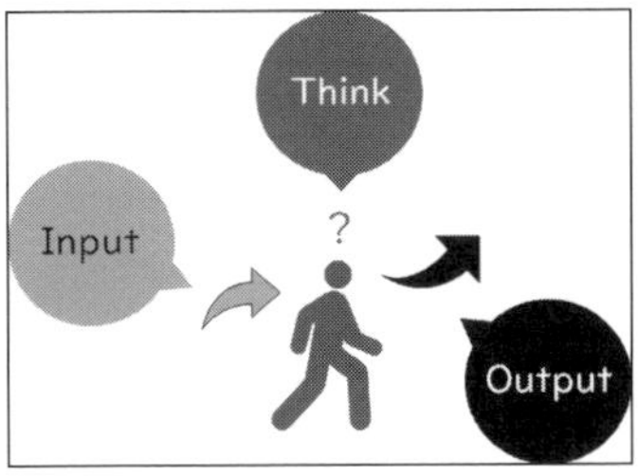

図4　Input-Think-Outputの流れ

研究を進める中で、児童生徒と情報との関係をInput-Think-Outputの流れ［図4］で整理すると、知的障害のある児童生徒にとって、タブレットをはじめとしたICT活用にメリットがあることが見えてきました。

まず気付いたのは、児童生徒がタブレットや教室の大型テレビといった画面をよく注視している様子でした。画面から情報を得て（Input）、それが自分にとって興味のある情報であればさらに注視したり、そうでなければ見るのをやめたりしています。一般的に人間が得る情報の中で目から入力される情報量の割合は多いとされていますが、たしかに、視覚情報次第で自身の行動を変容させる児童生徒はよく見受けます。現に、大型テレビやタブレット、スマートフォンなど、画面から何らかの情報を得る（入力する）機会は多く、現代の生活様式を考えると、この機会は今後も増加すると考えられます。

また、タブレットやスマートフォン、電子黒板など、ICT機器の進化により、画面に直接タッチして端末上の情報を操作したり、端末に情報を伝えたりできるようになりました。一昔前であれば、例えばパソコンの場合ディスプレイを触って操作するのではなく、マウスやキーボードを操作してコントロールする必要がありましたが、タブレットは操作面と反応面（画面）が一致しており、直感的です。この特徴により、タブレットを使った学習を進める中で、自信をもって思い通りに操作する（Output）知的障害のある児童生徒が次々と現れました。児童生徒の表現の幅の拡がりを感じました。

タブレットをはじめダイレクトに操作できる端末は、情報が一元化されているため、知的障害のある児童生徒にとって馴染みがいいようです。知的障害のある児童生徒自身が、直感的に操作できるタブレットを用いることで、操作技能に割く負荷が減ったり、概念が可視化されたりし、思考しやすくなっている姿（Think）も目にしました。

ICT活用を目的に実践して分かったのは、タブレットがInput-Think-Outputのどの流れにおいても知的障害のある児童生徒にとってメリットがあるということでした。

(2) 基本的操作スキルを学習する機会を特設した授業で

ここで押さえておきたいのが、知的障害のある児童生徒の特徴です。知的障害のある児童生徒は、学習によって得た知識や技能が断片的になりやすく、学習したことを実際の生活の場面の中で生かすことが難しい傾向にあると言われています。直感的に操作できるタブレットですが、より確実に習得するには、すべての基本となるタブレットの操作スキルについて時間を特設してより丁寧に学習する機会を設定することが重要であることが見えてきました。

熊大附特の中学部の「職業・家庭（情報）」や高等部の「情報」の授業は、基本的操作スキルの習得を軸として設定したもので、その授業で習得したタブレットの操作スキルにより、他の様々な教科におけるタブレット操作へとつながっていきました。また、「電源を入れる」「イヤホンを最後まで挿す」といったiPadの基本操作26個を1分程度の動画にしてリスト化した「iPadミッションズ」［図5］[2]を特設した授業で活用したことも効果的でした。

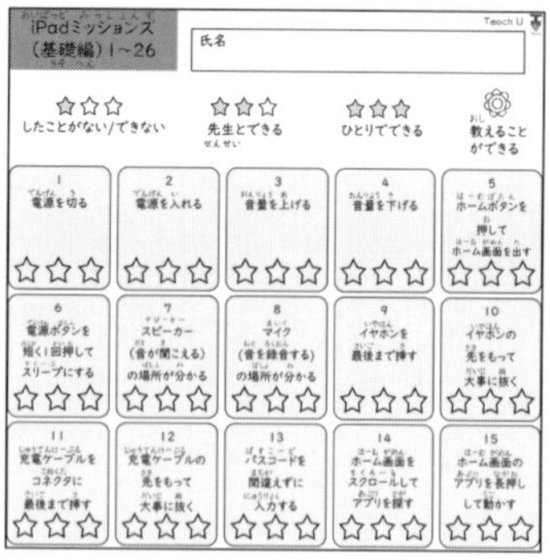

図5　iPadミッションズ（一部抜粋）

(3) 共通言語を作る

「特設した授業で基本的操作スキルを学習すると効果的」という研究成果は出始めたものの、情報活用能力の研究推進はなかなか上手く進みませんでした。主な要因として、情報活用能力自体、複雑で捉えづらい概念であるため、解釈が難しいことが挙げられます。熊大附特では、研究主任が全体研究の舵取りをしつつ、小学部と中学部、高等部に所属する研究部員が各学部における研究を推進していましたが、教員間で情報活用能力に対する解釈のばらつきが度々見られました。個人的には、情報活用能力自体がすべての学習の基盤となる資質・能力であること、情報活用という教科の枠が無いため教師にとって授業で扱うイメージがつきづらいこと等、要因が複数あるように当時は感じていました。

そこで、知的障害のある児童生徒に必要な情報活用能力に関する考え方や捉え方に「情報活用能力ベーシック（第1章3節を参照）」を活用することで、首尾よく研究推進を行うための職員間の共通言語を作ることにしました。「情報活用能力ベーシック」は、現行の学習指導要領が全体として探究的な学びを志向していることから、総合的な学習の時間における探究的な4つの学習プロセス（【課題の設定】【情報の収集】【整理・分析】【まとめ・表現】）をベースに、【振り返り・改善】を加えた5つのステップ（学習過程）で構成されたものです。これは、情報活用能力育成のために想定される4つの学習内容（「基本的な操作等」「問題解決・探究における情報活用」「プログラミング」「情報モラル・情報セキュリティ」）のうち、学習過程にあたる「問題解決・探究における情報活用」について詳しく捉えるための指標でもあります。

この「問題解決・探究における情報活用」こそ、知的障害のある児童生徒にとって難しく高い壁となっていました。研究を推進する中で、「知的障害の児童生徒が探究することは、思考場面が多く、ハードルが高いのでは？」という発想がどうしても出てくるのです。ただ逆に、「問題解決・探究における情報活用」に関する学習ができるようになれば、汎用性の高い能力を獲得できる可能性があるとも言えます。「問題解決・探究における情報活用」について、より深く解釈する必要が出てきました。そこで「問題解決・探究における情報活用」について本校職員が強く意識するために、熊大附特版の情報活用能力ベーシックを作成しました。「熊大附特版　情報活用能力ベーシック［図6］[3]」には、元々、情報活用能力ベーシックに含まれる「13の構成要素」（学習を課題解決に向けた探究の学習過程として捉えた際に、各段階に求められるスキル）を用いることにしました。

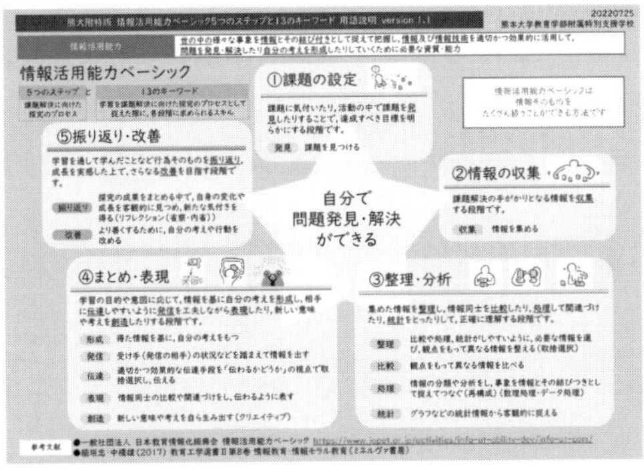

図6　熊大附特版　情報活用能力ベーシック

しかし構成要素の解釈にも職員間でずれが生じました。例えば、【形成】は、文献によると「得た情報を基に、自分の考えをもつ」とありますが、【形成】という単語だけで見てしまうと、まとめの成果物を形成する、プレゼンテーションを形成する、というような異なった使い方でも捉えられてしまいます。構成要素の1つ1つに説明を加え、ポンチ絵にして日頃の授業で意識化しやすくしたことで、より深い授業研究ができるようになりました。結果、見えてきたことの一部を以下に列挙します。

- 小学部段階では、【発見】の場合、［見つける］の手前［感じる］［気付く］といった情報活用能力の基礎的な要素を育成する視点が重要である。また、情報活用能力獲得の前段階である、素地となる力（事物の名前、物の用途、因果関係、色、形、言葉、概念、模倣、注目、記号・絵等）を着実に身に付けることで、情報活用能力育成へとつながる。
- 中学部段階では、時間と支援量をかけて【振り返り】【改善】を丁寧に行う大切さや、【比較】に至る前段階で【整理】する際に観点をもって物事を捉える難しさが明らかになった。また、観点の理解に語彙力が大きくかかわることが見えた。

知的障害教育における情報活用能力について深く捉え、研究成果に迫ることができたのは、「情報活用能力ベーシック」との出会いが大きく影響しました。

参考文献

文部科学省（2018）特別支援学校教育要領・学習指導要領解説　総則編（幼稚園・小学部・中学部）

Teach U〜特別支援教育のためのプレゼン教材サイト〜（2021）iPadミッションズ（基礎編：1-26）https://musashi.educ.kumamoto-u.ac.jp/11001-2/（2024年6月30日確認）

熊本大学教育学部附属特別支援学校（2023）研究紀要第34集 https://www.educ.kumamoto-u.ac.jp/~futoku/pdf/kenkyu 2022.pdf#zoom=100（2024年6月30日確認）

未来を拓くカギとなる「情報活用能力」の育成

鳥取県教育センター教育DX推進課　澤田健二

概要

「情報活用能力」が学習の基盤となる資質・能力であり、いわゆるVUCAの時代をこれから生きていく子どもたちに必要不可欠な資質・能力であることに疑問を持つ方はいないのではないかと思います。この力は、子どもたちが幸せな生き方を自分で創るために必要な力であり「未来を拓くカギ」となります。ただ、学校から「どう育成したらよいのか」と育成方法について問われることはありますが、その問に対する唯一の解はまだないのではないでしょうか。だからこそ教員は育成を目指し試行錯誤しながら日々の実践を重ねており、教育委員会の役割はそのような教員を支える「ヒト・コト・モノ」の環境を整備することにあります。本県のような小規模自治体だからこそ、県全体で実施や構築するほうが効率的な（コト・モノ）の提供や、実践や好事例（ヒト・コト）を県全体に広げる（コト）ができると考えています。本稿では、本県における「情報活用能力の育成」を目指した授業実践例を紹介し、学校の取組をサポートする県教育委員会としての具体的な取組みと、果たすべき役割について考えてみたいと思います。

キーワード：鳥取県学校教育DX推進計画、鳥取県版情報活用能力体系表、伴走型サポート、教職員研修スタイルの刷新、教職員用／児童生徒用プラットフォーム

はじめに

予測困難な社会に対応するため、情報を主体的に活用し持続可能な社会の創り手となる資質・能力をもった人材の育成が不可欠です。鳥取県はこの喫緊の課題に向け、令和6年3月に「鳥取県学校教育DX推進計画」を策定しました［図1］。本計画では「学びを変える」ため、教員の授業観をアップデートし、学習者である児童生徒が「自ら学びとる」授業を目指すことを大きな目標としています。子どもたちが自ら課題を解決していくためには、情報活用能力の育成が欠かせません。情報活用能力とは、あらゆる学習の基盤となる資質・能力であり、課題解決のための情報収集や整理、自分の考えの発信、情報モラルなど、多岐にわたるスキルを指します。本計画に基づき、高校卒業までの12年間を通じて情報活用能力を系統的に育成することで、子どもたちがICTを自由に使い情報を適切に扱い、問題解決や思考力を育むことが期待されます。

図1　鳥取県学校教育DX推進計画リンク（https://www.pref.tottori.lg.jp/316871.htm）

「情報活用能力の育成」を目指した授業実践例の紹介

R5年度リーディングDXスクール事業の実践校として、情報活用能力の育成を目指し、これまでの学びをアップデートさせ、学習者主体の授業づくりに取り組んだ学校があります。「鳥取県学校教育DX推進計画」で示した、本県で目指したい「学びを変える」をイメージする上で大変参考となる実践を行っている2校を紹介します。

(1) 実践例1：米子市立東山中学校

◇「教わる授業」から「学びとる授業」へ

まず、米子市立東山中学校の廣岩教諭の実践を紹介します。廣岩教諭は研究主任として従来の一方的に教える授業から脱却し、「生徒を主語」にした学びを実現しようと授業改革を行っています。廣岩教諭は「教師が型にはめ込む授業では、どうしてもそのやり方にマッチする子どもたちのみの学びになり、それでは子どもたちの学びが制限されてしまう。」と実践をふり返り、子どもたちが自ら「学びとる授業」の重要性を強調しています。また「情報活用能力」の育成が不可欠と考え、クラウドを活用した授業改善に積極的に取り組んでいます。

◇「探究の学びのプロセスを意識した授業」

廣岩教諭は、全国のクラウドベースの授業事例や「情報活用能力ベーシック」を参考に、授業に探究の学びを意識した基本的な学習プロセスを取り入れました。授業は5つのプロセス（①課題把握　②情報の収集　③整理・分析・まとめ　④表現　⑤再構築・ふりかえり・改善）で進行し、Google Classroom（以下、クラスルーム）をハブとして活用し、学習進度の把握など子どもたち同士が情報をスプレッドシートに記録して共有できる仕組みを導入しています［図2］。

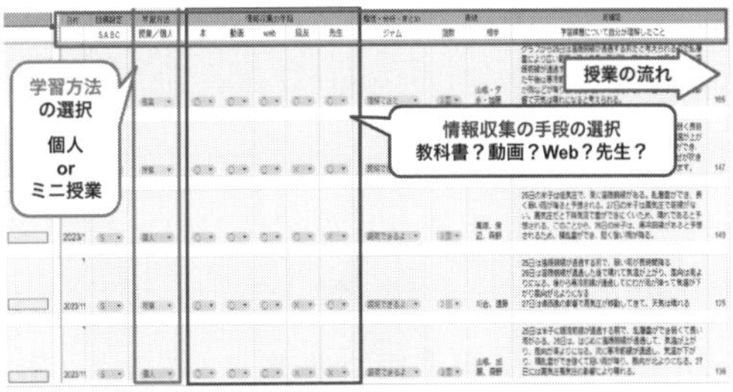

図2　スプレッドシートで学習進度を共有（他者参照し、自分の学びに生かす）

まず、①課題把握では、子どもたちはクラスルームで配信された課題を確認し、ルーブリック評価を参考にして到達目標を自ら設定します。

次に②情報の収集では、方法（教科書、動画、web、先生など）を自ら選択して情報を集めます。これらの方法は複数組合せることや、どの順番で収集するかを自由に決めることができます。クラウド利用で多様な情報源にアクセスが可能になりましたが、情報収集が難しい子どもたちには、教師によるミニ授業も選択肢として提供され、従来の一斉指導の利点を生かしつつ、個々のペースに合わせた「個別最適な学び」を実現しています。

③整理・分析・まとめでは、子どもたちはJamboardに情報を書き出しながら整理し、他者のシートを参照しながら考えをまとめます。集めた情報を結びつけて関連性を構造化し、キーワードを抽出してまとめるプロセスを経ますが、情報が不足している場合は、改めて情報収集を行い、再構成します。

④表現では、「主体的・協働的な表現」を重視し、教師が主導するのではなく、子どもたちが他者の進捗や意見をスプレッドシートで参照しながらディスカッションの相手を決めます。この過程で自分とは異なる考えに触れ、学びを深めることができます。

最後に、⑤再構築・ふりかえり・改善では、これまで得た情報を組み合わせて、自分の考えを再構築しまとめます。子どもたちは「ふりかえり」の中で、友だちとの対話を通じて自分の学びが深まったり、他者の説明を聞いて自分の表現を工夫したりすることに価値を見出しており、この授業スタイルの良さを実感しています［図3］。

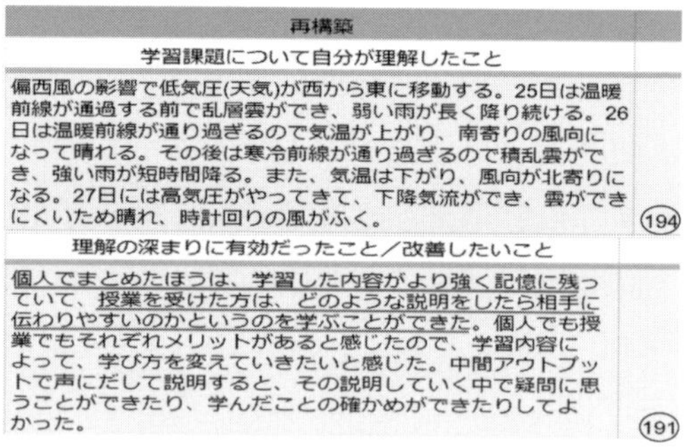
再構築

学習課題について自分が理解したこと

偏西風の影響で低気圧(天気)が西から東に移動する。25日は温暖前線が通過する前で乱層雲ができ、弱い雨が長く降り続ける。26日は温暖前線が通り過ぎるので気温が上がり、南寄りの風向になって晴れる。その後は寒冷前線が通り過ぎるので積乱雲ができ、強い雨が短時間降る。また、気温は下がり、風向が北寄りになる。27日には高気圧がやってきて、下降気流ができ、雲ができにくいため晴れ、時計回りの風がふく。 194

理解の深まりに有効だったこと／改善したいこと

個人でまとめたほうは、学習した内容がより強く記憶に残っていて、授業を受けた方は、どのような説明をしたら相手に伝わりやすいのかというのを学ぶことができた。個人でも授業でもそれぞれメリットがあると感じたので、学習内容によって、学び方を変えていきたいと感じた。中間アウトプットで声にだして説明すると、その説明していく中で疑問に思うことができたり、学んだことの確かめができたりしてよかった。 191

図3　再構築とふりかえり（学び方についてふりかえり学びの自己調整を行う）文字カウントも効果的

◇生徒主体型授業への挑戦　～教師の役割をアップデート～

廣岩教諭はクラウドベースの授業では教師の役割が重要だと考えています。クラウドを活用することで、教師はリアルタイムで子どもたちの学びを把握し、必要なサポートを提供できます。また、子どもたちはクラウドを活用しながら体験的に学び、複数の教科に応用できるスキルを身につけます。廣岩教諭は「授業は子どもたちが主役であり、自己決定が重要」と述べ、伴走型の支援が必要だと強調します。東山中学校の授業改革は、子どもたちの主体性を尊重し、情報活用能力の育成と結びつけて、子どもたちが自ら学び続ける力を育むことを目指しています。この教師の姿勢こそが、本県で目指す「学びを変える」ために必要なポイントです。

(2) 実践例2：米子市立車尾（くずも）小学校

◇「教師も児童と同じ環境で学ぶ」学校～主体的な学びを生み出す授業づくりの挑戦～

次に米子市立車尾小学校の江原教諭の実践を紹介します。車尾小学校はクラウド活用を日常的に推進し、児童が学ぶ喜びや楽しさを共有できる授業づくりを目指して、授業研究会や校内研修の方法を変革しました。これまで校内研修での意見交換の方法は、模造紙に付箋を貼る方法等が主流でしたが、「教師も児童と同じ環境で学ぶ」を合言葉に、チャットやJamboard、Padletなどのアプリを活用した情報共有や議論を取り入れました。ICTが苦手な教員も校内研修等でアプリを使用し、自身のスキルアップだけでなく授業づくりの具体的なイメージを持つことができるようになりました。また、クラウドを活用した校務の効率化にも取り組んでおり、このような日常的な活用が新しい授業づくりの基盤となっています。

◇子どもたちが主役になる授業

江原教諭は従来の授業では「児童が受け身になることが多かった」と振り返り、子どもたちが主体的に学べる環境を作るために、学習過程を見直しました。そこで「情報活用能力ベーシック」を参考に、情報活用能力の育成を目指し、次の4つのプロセス（①課題の設定、②情報の収集、③整理・分析、④まとめ・表現）からなる学習過程を導入しました。

①課題の設定では、まず、クラスルームで授業の流れ（活動のヒントやルーブリック評価）を子どもたちに配信します。子どもたちは課題（めあて）を自分で設定しますが、設定することが難しい場合は、友だちの課題を参考にできるようにしています。

次に②情報の収集では、子どもたちは自分で個人やペア、複数人のチームなど学習形態を選び、教科書や友だちとの対話から情報を収集します。現在は、直接対話することが多いですが、タイピングスキルが向上しクラウドによるやりとりが増えると、情報収集の方法の選択肢の一つになるなど、子どもたちの発達段階や経験に応じて学習方法が変化していきます。このように、子どもたちは授業を重ねるごとに自然に多様な学び方を学んでいくと考えられます。

③整理・分析では、まず、これまで集めた情報を自分で整理してみます。その後友だちと対話しながら自分の考えと比較して、違いや参考になることをメモします。子どもたちはアウトプットとインプットを繰り返すことで、情報を構造的に整理していきます。

最後に、④まとめ・表現では、自分の言葉で考えをまとめ、課題に対して何が分かったのか（内容知）を「まとめ」として書きます。また、次回の学習にどう生かすかを考えるために、どのように学んだのか（方法知）を「ふりかえり」として分けて書いています。この方法により、子どもたちが学び方についてふりかえり、自身の学びを客観視し、学びを自己調整する能力を高めることが期待されます。

◇「自分で学習」「自分から学習」

江原教諭は「自分で学習」「自分から学習」と子どもたちに繰り返し伝え、授業が「教えられる」時間ではなく主体的に学んだ時間であってほしいと考えています。そのため、授業中の声かけも変わり「どうしたいの？」「次はどうする？」など、学びの進行を促す言葉が多くなったと話します[写真1]。また、ICTを活用して「自分で学習」「自分から学ぶ」ためには、発達段階に応じて活用方法を柔軟に変える必要があります。例えばタイピングスキルを身につけるなど、端末を自由に使いこなせるようになると、クラウドでの情報共有や協働がより自然に行えるようになってきます。江原教諭の実践は、本県が「情報活用能力体系表」で示しているように、発達段階に伴った端末活用の方法や、児童主体の学びを重視し、情報活用能力の育成を図る授業となっています。

写真1　声かけの言葉やタイミングにも変化が

県教育委員会の役割　～子ども主体の授業づくりをサポート～

「鳥取県学校教育DX推進計画」では情報活用能力の育成を柱とし、これからの社会を生き抜く力を身につけるため、子どもたちの自由な学びをサポートすることを学校教育のミッションとして掲げています。ここでは、子どもたちの情報活用能力を育成する教師の授業づくりを県教育委員会としてどのように支えるべきか、その役割について述べたいと思います。

◇12年間の学びを見据えた情報活用能力の育成

本県では、IE-Schoolの体系表を基に「鳥取県版情報活用能力体系表」（以下、体系表）を作成しました［図4］。この体系表は次の3点を重視しています。①小学校から高校までの系統的なつながりが明確であること、②情報モラルやプログラミング教育との関連が理解できること、③授業構想に直接活用できることです。また、各教科へのつながりを考え「情報活用能力ベーシック」を組み込み、授業に活かせるよう工夫し、発達段階ごとに授業展開をイメージできる活動例を示し、探究的な学びによる課題解決型の授業づくりに活用するとともに、1コマの授業計画や単元全体の計画など授業改善に役立てることができます。さらに、これまでの学びや進学後の学びを意識しながら、どのような力をつける必要があるのかを確認することも可能です。

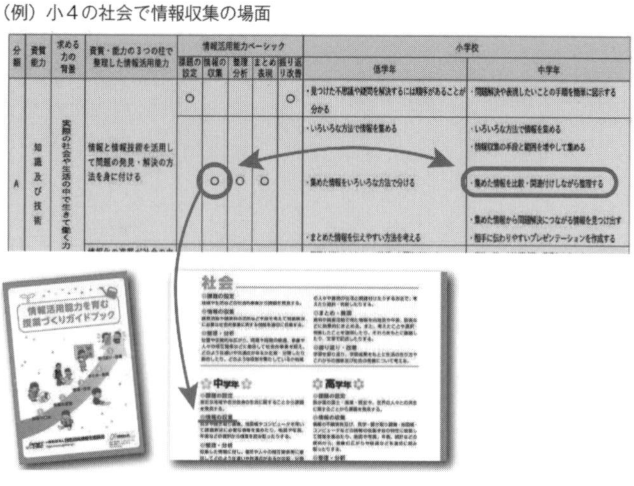

図4　鳥取県版情報活用能力体系表

この体系表を活用して、年間指導計画に情報活用能力を明示的に示す学校や、指導案の単元計画に育成する情報活用能力を記載する学校も出てきました。今後は、教科における具体例の提示や優れた実践例の共有を行い、さらにアップデートしていきたいと考えています。

◇県教育委員会の研修観を刷新～令和時代の教師の学び～

令和4年12月の中教審答申「『令和の日本型学校教育』を担う教師の養成・採用・研修等の在り方について」では、教師の継続的な学びの重要性が強調されています。学校では1人1台端末を使った新しい学びが模索されてきましたが、教職員研修は従来通りのまま形式は大きく変わらず、講義中心のままでした。この現状を変えるべく、今年度からクラウドを活用した新しい研修形式を導入し、研修の在り方を大幅に転換する挑戦を始めました。参加者はクラスルームを活用し、事前に資料の確認や課題に取組みます。研修当日に端末を持参し、講義を聞くだけでなくチャットでの意見交換やJamboard等で共同編集を行うことで、参加者全員が情報を共有し、整理・分析するプロセスが生まれます。この新たな研修形式は子どもたちが端末を使って行う学びのスタイルと一致しており、教師自身も情報活用能力を高め、授業に応用するスキルを身に付けることができ、その有効性を体感できる機会となります。

これからの研修は、情報伝達だけでなく参加者が授業づくりを具体的にイメージし、自らの実践に活かす内容であるべきであり、そのために県教育委員会自体が「研修観」を刷新し、研修を根本的に見直す必要があります。令和の教育にふさわしい教師の学びの姿を実現するため、研修提供者である県教育委員会の姿勢とアプローチもアップデートが求められています。

◇学校のニーズに応える「伴走型」研修の新たな試み

多くの自治体が主催する各種研修や各地で研究会が計画されていますが、日々の多忙な業務のために参加が難しいという声もあります。本県では、この問題に対応するため「学校訪問型研修」を導入し、希望する学校に指導主事等が各学校のニーズに応じた研修を提供します。例えば、1〜2時間の校内研修や少人数のハンズオン研修、メンターチーム研修や保護者向け研修など、多様な形式を用意しています。GIGAスクール構想の初期段階では、端末やアプリの活用方法が中心でしたが、次第に1人1台端末の授業での効果的な活用や、子どもたちが自ら学ぶための方法にニーズが変化してきました。ここでも、子どもたちが身につけた学び方を発揮できるよう「情報活用能力ベーシック」を元に研修を進めています。

また、校内や地域のリーダーとなる人材を育成するために、各自治体から推薦された参加者で情報活用能力育成を意識した授業づくりを学ぶ「指導力向上ゼミナール」や探究的な学びのカリキュラム作成ができる人材を育成する「次世代を担う教職員養成プロジェクト」を実施しています［写真2］。これらのプログラムでは、年間を通して指導主事による学校訪問、チャットやクラスルームを活用して研修時間外でも参加者のサポートを行います。研修の成果を実践に繋げる際の困り感を軽減し、多様なニーズに応じたサポートを提供することができ、従来の研修ではカバーできないニーズに応えるため、このような「伴走型」のサポート体制を整えることが県としての重要な役割だと考えています。

写真2　次世代を担う教職員養成プロジェクト（多様なニーズや困り感の軽減を目指した「伴走型」研修の実施）

◇教員も子どもたちも自ら学べるプラットフォーム

本県では「とっとり教育ポータルサイト」内に2つのプラットフォームを作成し運用しています。「授業支援サイト（教職員用）」は、日々の授業づくりに役立つ情報をメインに、学校種ごとの教材や動画や教育DX関係のコンテンツ等を準備しています。コンセプトは「欲しい情報をひとまとめに！」で授業づくりの時間短縮や、クラウドを活用し最新の教育情報をリアルタイムで教員へ届けます。また、各校の実践を中心に掲載し、情報活用能力の更なる育成を図る授業づくりに県内の教員がいつでもチャレンジできるような「探究的な学び」のコンテンツを作成中です。

「とっとり学びサイト（児童生徒用）」は、児童生徒の個別最適な学びをサポートするコンテンツや、タイピングやプログラミングといった情報活用能力を高めるコンテンツ、情報の収集等に活用できるリンク集など、日々の授業や家庭学習でも活用できるプラットフォームです。これらは本県の教職員と児童生徒に付与した共通ドメインのみで閲覧できるようにしており、県からの情報発信ツールとしても活用できます。今後はこれらをハブとして、教育データの利活用（ダッシュボードの構築等）にも活用の幅を広げていきたいと考えています。

活用事例

ICT教育を支える自治体の役割とその進め方
～熊本市の取組から～

教委編

熊本市教育センター　山下若菜

本稿の概要

学習指導要領では、情報活用能力を学習の基盤となる資質・能力として書かれてあり、そのためには一つの授業だけで育むのではなく、「各教科等の特質に応じて適切な学習場面で育成を図ることが重要」となります。本稿では、教育センターとしてどのようにして現場の先生方に関わり情報活用能力を育成しようとしているのか、さまざまな視点で記述しています。特に、熊本市版「ICT教育モデルカリキュラム」を基にして研修や発信を行っており、熊本大学や熊本県立大学と連携しながら取組を行なっているところは、熊本市の特徴の一つかと思います。多様な子どもたちにあふれている教室で、どのように子どもたちに寄り添っていくのか、現場の先生と一緒に行なっている取組です。

キーワード：熊本市版「ICT教育モデルカリキュラム」、産学官連携、教員研修、校内研修、授業改善

はじめに　～熊本市の目指す教育とは

熊本市の教育進行基本計画にある理念は「豊かな人生とよりよい社会を創造するために、自ら考え主体的に行動できる人を育む」です。この理念を達成するために熊本市の目指す教育とは、「教師から教わる授業」から「子どもたちが学びとる授業」への授業改善であると考えています。熊本市版「ICT教育モデルカリキュラム」の中には、

> “これは「教師が教えてはいけない」ということではなく、「子どもたちが自ら課題を見つけ、友達と対話しながら解決を行い、振り返りながら次に生かせるように授業改善」の方向性を示すものであり、この授業改善を実現する上で、タブレット型端末が有効に生かせるということです。”

と書かれています。急激に変化する時代の中で、子どもたちが主軸になって学びとることができる授業デザインは必須であり、情報活用能力の育成は各教科の中で育まれなければならない資質・能力なのです。

熊本市版「ICT教育モデルカリキュラム」

教育の情報化をすすめるための支援の一つとして、熊本市・熊本大学・熊本県立大学・NTT docomoとの産学官連携協定を締結しており、2018年からICT機器活用の取組を開始しています。その一環として、熊本大学大学院教育学研究科ICT教育チームにおいて、本書執筆者の一人である前田康裕氏を中心に熊本市版「ICT教育モデルカリキュラム」を作成しています。毎年アップデートされていて、小学校版と中学校版があります[1]。このモデルカリキュラムをもとに教員研修を行なったり、各学校では年間指導計画を作成して授業に活用したりと、授業や研修のことについて丁寧に示されているもので、基準の一つになっています。動画での解説を動画配信サイトにアップしたり、モデルカリキュラムの中から実際の授業動画動画を視聴することができたり[2]と、非常に充実しているカリキュラムです。カリキュラムの内容は図1の通りです。

【熊本市版「ICT教育モデルカリキュラム」目次】

○チャプタ1　授業改善の視点
- セクション1………協働的な学び
- セクション2………個別最適な学び
- セクション3………創造的な学び
- セクション4………学習評価

○チャプタ2　情報活用能力の育成
- セクション1………情報活用能力を育む
- セクション2………学年別到達目標

○チャプタ3　プログラミング教育
- セクション1………プログラミング教育の目的
- セクション2………プログラミング的思考
- セクション3………年間カリキュラムの例

○チャプタ4　校内研修の改善
- セクション1………探究型の校内研修
- セクション2………授業改善プロジェクト
- セクション3………探究的な学習の充実

図1　熊本市版「ICT教育モデルカリキュラム」の目次

教員研修について

情報活用能力を育むために、教員研修は非常に重要な手段です。熊本市の「教育の情報化による研修」は、大きく「悉皆研修」と「自主型研修」の二つにわけられます。

(1) 悉皆研修

①情報教育担当者研修

情報教育担当者は、学校の情報機器やアカウントの管理など、学校における情報教育の環境を担っている役割です。情報教育担当者としての役割の確認や各学校での課題や成果の情報共有、ベテランの情報教育担当者からの実践報告から学んだことをもとにディスカッションなどを行います。

②情報化推進チーム研修

各学校3人以上で推進チームを組みます。情報教育担当者だけでなく、授業改善を進めていくことが目的とされているため、校内研究担当者にも推進チームには入ってもらうようにしています。年間2回の研修を行い、効果的なICT活用ができた実践をまとめ、それらを熊本市実践集としてまとめ、実践の推進と共有を図ります。

③情報モラル教育推進リーダー研修

情報モラル教育を推進する担当者の研修です。情報モラル教育やデジタルシティズンシップ教育とはどんなものなのか、新しい情報も含めて伝え、各学校ではどのような情報モラル教育を行い、有効だった手段や課題などの情報共有も行います。グループディスカッションではなるべく小学校と中学校の先生がグループになるようにします。

④学校管理職向けICT活用推進研修

年1回、講師の先生をお招きして、最新の国の動向や管理職としての考え方などを知る研修です。学校マネジメントの視点から教育の情報化をどのように捉えていかなければならないのかをしっかり考える時間になります。

(2) 自主型研修

①SD（Self development）研修

勤務時間外に行う自主型研修です。内容はその時のニーズに合ったものを考え参加者を募ります。iPadや学習支援アプリの基本的な使い方や、学習eポータルや自治体登録しているアプリの研修など、指導主事だけでなくICT支援員や企業の方に講師をお願いする場合もあります。また、プログラミングを学んでいる熊本県立大学の学生が講師になる場合もあります。基本はオンライン研修ですが、操作に不安があったり、時間が間に合ったりする場合は教育センターに来て研修を受けることもできます。

②パッケージ研修

電話一本で指導主事が学校に訪問するパッケージ型の研修です［図2］。内容は、「授業の中でのアプリ活用法」「プログラミング活用法」「情報モラル教育の進め方」の3種類です。しかし、パッケージといっても学校の実態を聞きながら内容を変えていくオーダーメイド型の研修でもあります。iPadに入っているアプリケーションなど、授業でどのように生かすことができるのかわからない、プログラミングをどうやって教えたらいいのかわからない、などの困りごとを、実際に授業を体験してもらいながら学ぶ研修です。この時には、学校担当のICT支援員にも同行してもらいサポートしてもらいます。支援員が一緒にいることで、研修後、学校へのサポートもスムーズになります。

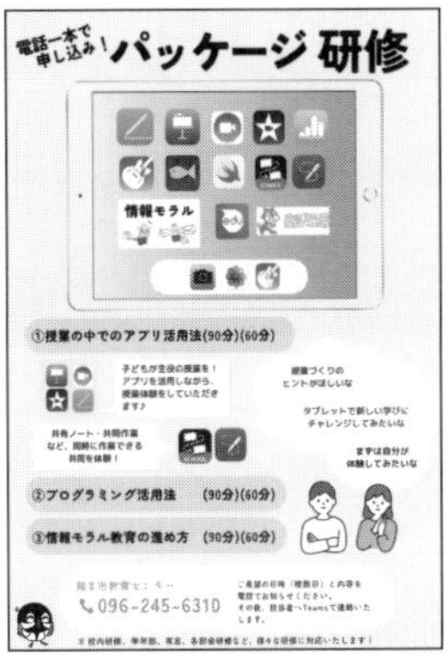

図2 指導主事が学校に訪問するパッケージ型の研修を募集するチラシ

さまざまな研修についてお伝えしましたが、どの研修においても情報共有、対話、ディスカッションを大切にしています。情報共有の手段の一つとして、Microsoft Teamsでの情報共有です。例えば情報教育担当者のチームでは、熊本市内の情報教育担当者同士で、困っていることを共有して自分たちで意見を交換しながら解決したり、有効だった手段を広めたりと、指導主事が一方的に伝えるのではなくいろいろな方向でのやりとりが行われています。また、熊本市のICT環境を学習版と校務版にわけて図解したものを共有したり、「こんなときどうする（FAQ）」を項目ごとにわけて共有したりしています。これらも、教師の情報活用能力といえるのではないでしょうか。

校内研修の改革

熊本市版「ICT教育モデルカリキュラム」の大きなチャプタの一つに「校内研修の改革」について書かれています。2022年に公開された中央教育審議会の「『令和の日本型学校教育』を担う教師の養成・採用・研修等の在り方について（答申）[3]」において、

> 『主体的・対話的で深い学び』を実現することは、児童生徒の学びのみならず、教師の学びにも求められる命題である。つまり、教師の学びの姿も、子供たちの学びの相似形であるといえる。

と、教師による探究的な学びの必要性が提言されていることにふれ、授業改善プロジェクトについて具体的に示されていきます。

(1) 授業改善プロジェクト

授業改善プロジェクト［図3］では、まず教師が自分の授業の問題を発見し、授業改善のための課題を設定します。今後の見通しを持つため教員同士で対話を通して、どのようにして授業改善ができるのかディスカッションを繰り返し、具体的な取組を共有します。その後授業の中で、課題を解決するために授業改善にチャレンジします。3学期に実践報告として、自分の

取組をスライドや動画でまとめてお互いに発表します。まずグループ内で発表し、1人ずつ発表した後に意見交換を行なっていきます。その後グループで話し合われたことを全体で共有し、全体の学びとしていきます。この方法は今までの一般的な校内研修とは違い全員が研究を自分事と捉えることができ、教師も自分の成長を実感することができやすくなると感じました。

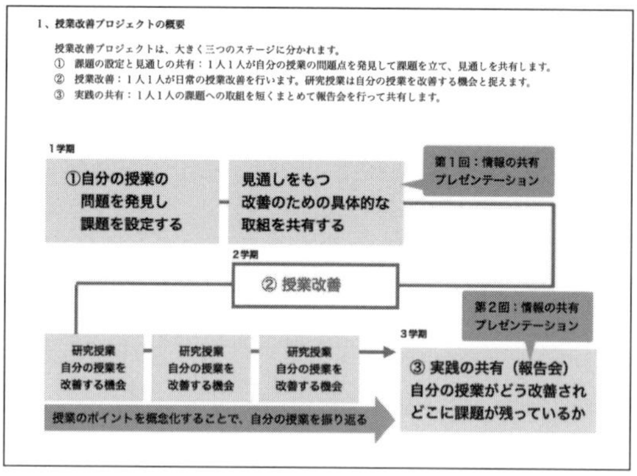

図3　授業改善プロジェクトの概要

(2) メンター（ミニ講師）研修

子どもたちの創造的な学びを育むために、教師もアプリケーションについて学ぶ時間が必要です。先にも述べたように、教育センターとしてもさまざまな研修を用意していますが、どうしても研修の時間のみの学びになってしまうことがあります。そこで、その学校の先生自身がメンター（ミニ講師）になって校内研修を行うのです［図4］。

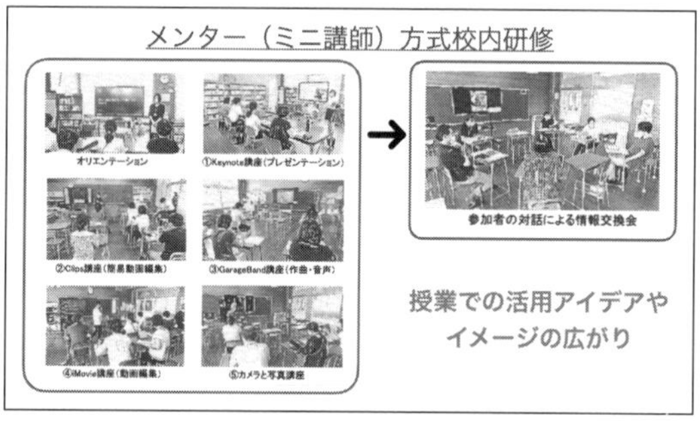

図4　メンター研修の概要

事前に指導主事とメンターの教師で、それぞれのアプリケーションを授業でどのように活用できるのかを考えました。当日は、メンターがアプリケーションの講座を担当し、参加している教師は、希望のアプリケーションの講座に参加します。その後、それぞれの講座で学んだこと教室に集まってアプリケーションの使い方と授業のアイディアについて情報交換をします。

このメンター研修を行うと研修の時間が終わっても、同じ職場にメンターがいることになるので、日常的に授業アイディアについてのディスカッションを行うことができます。

支援と発信

(1) ICT支援員

熊本市のICT支援員は非常に大きな役割を担っています。月2〜3回担当校に常駐し、校務支援や授業支援、オンライン配信の支援などを行っています。また、オリジナルのデジタル教材も充実しています。現場の先生から「授業でこんな風に活用したい」という申請を受け、丁寧にどんな教材にすれば良いかをやりとりし、教材にしていきます。これらはすべてウェブサイト[4]に公開されているため熊本市に限らず使用可能で、全国たくさんの方に利用していただいています。

(2) 熊本市授業実践集

「情報化推進チーム」のメンバーによる実践をまとめた、熊本市実践集[5]［図5］を発行しています。資料作成のアプリケーションである「Pages」でテンプレートをつくり、EPUB形式に書き出し電子書籍にします。それを教員用タブレット端末のブックに配信し、いつでも見ることができるようにします。同じ熊本市の教員が実践したものが多数掲載されているので、参考にして自分の授業にも取り込みやすい。また、パッケージ研修の依頼をするときにも、漠然と「ICT研修をしてほしい」ではなく、「実践集の中の、この実践についてパッケージ研修を行なってほしい」と依頼しやすくもなりました。

熊本市教育センターのウェブサイトにも掲載されていて、たくさんの方にダウンロードしていただいています。

図5　熊本市授業実践集vol.2の概要

参考文献

熊本市版ICT教育モデルカリキュラム https://www.kumamoto-kmm.ed.jp/giga/modelcurriculum/model/curriculum.html （2024年6月28日確認）

熊本市教育センター　https://www.youtube.com/@user-nk9xt4nc5b （2024年6月28日確認）

「令和の日本型学校教育」を担う教師の養成・採用・研修等の在り方について～「新たな教師の学びの姿」の実現と、多様な専門性を有する質の高い教職員集団の形成～（答申）https://www.mext.go.jp/content/20221219-mxt_kyoikujinzai01-1412985_00004-1.pdf （2024年6月28日確認）

熊本市教育センターデジタル教材　https://www.kumamoto-kmm.ed.jp/kyouzai/dg-materials.htm （2024年6月28日確認）

熊本市授業実践集vol2.(2023-24) https://www.kumamoto-kmm.ed.jp/giga/katuyou/jissen/jissenn2023-24.html （2024年6月28日確認）

4章 研修編

模擬授業を取り入れたワークショップ型研修の実際

放送大学　小林祐紀

はじめに

本稿では、わたしたちがこれまでに全国各地で実施してきた「模擬授業」を取り入れたワークショップ型研修について、研修プログラムの構成やその意図、研修の実際の様子について解説していきます。またワークショップ型研修に参加された教員の声から、研修の評価に迫ってみたいと思います。

本稿で解説するワークショップ型研修に関心を持たれた読者は、ぜひ実際に参加されることを強くおすすめします。また本稿を通じて、校内研修や地域の教員研修をアップデートするために必要な知見を見出すことができたとすれば、大変うれしく思います。

模擬授業を取り入れたワークショップ型研修の詳細は後ほど詳述しますが、対象を小学校及び中学校の教員としています。活動Ⅰ（講義）、活動Ⅱ（模擬授業）、活動Ⅲ（グループ別協議）、活動Ⅳ（講義）の4つの展開から構成され、90分で実施できることを想定した教員研修です。模擬授業においては、第1章で解説した情報活用能力育成のための授業指標をもとに小学校・中学校共に複数事例をすでに考案しています。そして、模擬授業を取り入れたワークショップ型研修を実施したところ、良好な成果と共に今後の新たな展開つながる課題を得ることができました。

研修開発の背景

平成29・30・31年改訂の各校種における学習指導要領において、情報活用能力は学習の基盤となる資質・能力と位置づけられています。しかしながら、教員の中で情報活用能力の重要性に関する認知は決して高いとはいえない状況にあります。例えば、本委員会の調査では、情報モラルやプログラミングといった個別の学習内容についての認知度に比べ、学習の基盤となる資質・能力に位置づけられたこと等の根幹に関わることの認知は低いことや、小学校教員と比較して中学校教員の方が情報活用能力に関する認知は低いことを報告しています（稲垣ほか 2019）。また筆者らのもとにここ数年届く、数多くの教員研修の依頼内容といった個別具体的な状況からも情報活用能力の重要性はまだ十分に浸透していないことが推察されます。

情報活用能力育成の際に指針となる情報活用能力の体系表例（文部科学省 2019）［図1］においては、想定される学習内容（基本的な操作等、問題解決・探究のおける情報活用、情報モラル、プログラミング）と資質・能力の三つの柱、6つの内容カテゴリー、5つの発達段階が同時に示されており、網羅されている良さを感じる一方でその複雑さゆえに一般的な学校では、各教科の年間指導計

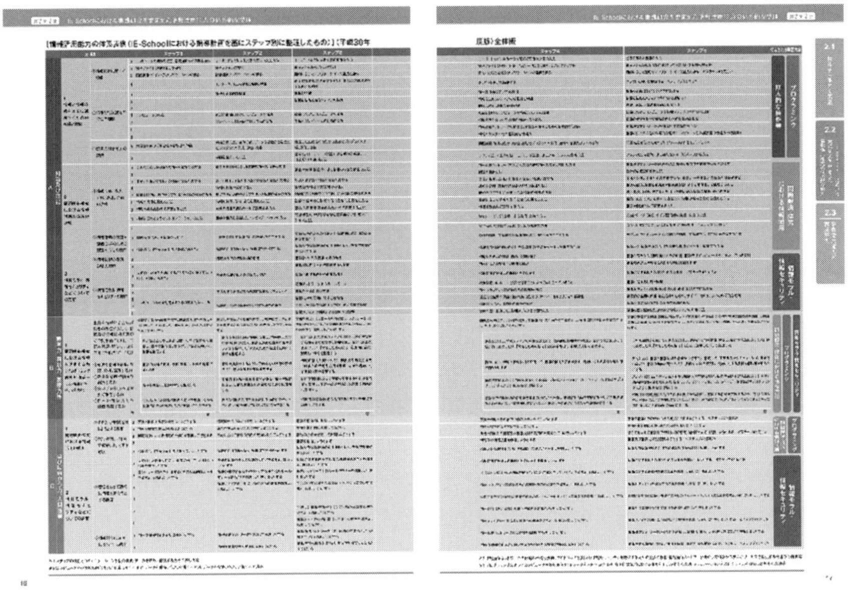

図1　情報活用能力の体系表例

画はもとより日常的な指導には生かされにくいと考えられます。

このような状況において、本委員会では日常的な学習指導に大きく関連する「問題解決・探究における情報活用」に着目しています。「問題解決・探究における情報活用」は各教科における学習者中心の学び、言い換えると探究的な学びに大きく関係するはずです。このような思いから、教員が情報活用能力育成を意図した授業を構想し実践することを支援するために、学習過程に関連づけた情報活用能力育成のための授業指標（本委員会ではこれを「情報活用能力ベーシック」と呼ぶ）を開発（小林ほか 2023）し、ウェブサイトやセミナー等を通じて広く公開してきました。あわせて、本書を含めて校種ごとのガイドブック等を用いて普及促進を図ってきました［図2］。

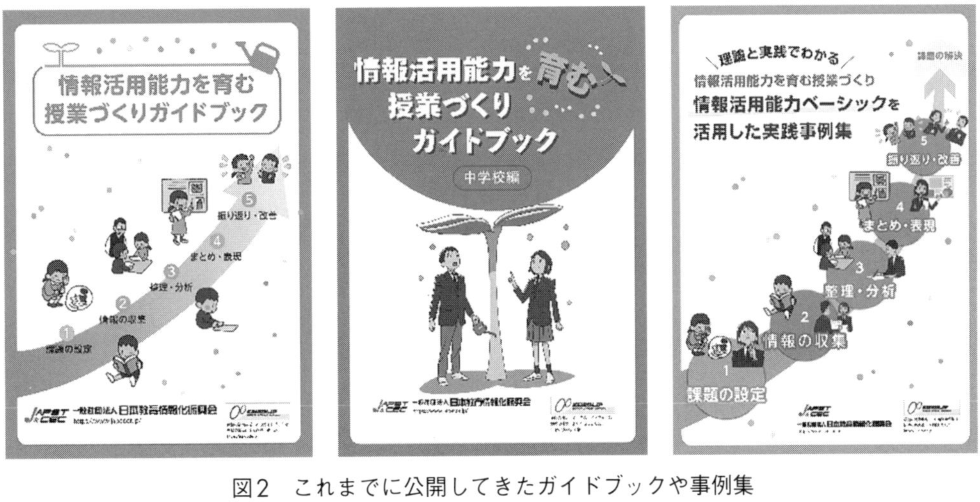

図2　これまでに公開してきたガイドブックや事例集

これまでに、情報活用能力ベーシックを採用した学校の研究推進者を対象とした調査において、その有用性は一定程度示されましたが、情報活用能力育成には長期的かつ多様な取組が必要と考えられます。

そこで、小学校・中学校の教員を対象にして、情報活用能力育成に関する取組をこれまで長年取り組んできた教員による模擬授業を体験できるワークショップ型教員研修を考案し実践するに至りました。ICT活用に関する指導力育成において、大学生や現職教員を対象に模擬授業の有効性はすでに示されており（例えば、皆川ほか 2009、小清水ほか 2012）、本委員会が開発する「模擬授業」を取り入れたワークショップ型研修においても有用な方法と考えられます。

「模擬授業」を取り入れたワークショップ型研修の開発

(1) 研修を開発する手順

次に示す手順にしたがって研修を開発しました。

まず、学習の基盤となる資質・能力である情報活用能力の中において、日々行われる授業の構想及び実践に関連する「問題解決・探究における情報活用」に着目することを委員の中で確認し共通理解しました。

次に、開発する「模擬授業」を取り入れたワークショップ型研修の目標について、研修内容の理解や満足度に留まらず、体験し学んだ内容について研修転移が生じることを期待し、「授業実施に至るために授業のイメージを持つことができることと」定めました。

さらに、模擬授業の実施者を委員から選定し、模擬授業の内容や模擬授業後に研修参加者がグループ別に議論する活動等といった4つの展開から構成することを決定しました。

最後に、開発した「模擬授業」を取り入れたワークショップ型研修を各地で実施し、課題及び改善点を出し合い、可能な限り改善していくという手順です。

(2)「模擬授業」を取り入れたワークショップ型研修の概要

教員の多忙化が問題視される中、長時間かつ複数回の研修機会を確保することは現実的ではありません。そこで、90分程度で実施でき1回完結型の教員研修を想定します。教員研修の展開・時間配分は表1の通りです。

研修の導入においては、研修の目的を確認し、情報活用能力の重要性を理解するために、小学校及び中学校学習指導要領における記載内容等を解説します。あわせて情報活用能力ベーシックの特徴や活用事例を紹介します。次に、情報活用能力を育む授業のイメージをつかむために模擬授業を実施します。模擬授業は情報活用能力の育成を意図した授業とし、学会や書籍等を通じて多様な評価を得ている委員（現職の教員）が担います。

そして模擬授業後には、研修参加者がグループ別に協議する活動を取り入れます。その際、模擬授業に対する意見を交流することだけに留まらず、模擬授業の内容が自分自身の授業にどのように適用できるかについて考えるための活動（前田 2021）を重視します。

ここまでの内容について、全体の進行を行うコーディネータ1名、模擬授業者1名、模擬授

活動内容		時間（分）
Ⅰ	・研修の目的や情報活用能力の重要性についての確認 ・情報活用能力ベーシックについての解説	10
Ⅱ	模擬授業（小学校・中学校どちらか1事例を参加者として体験する）	40
Ⅲ	研修参加者によるグループ別協議 ・模擬授業の内容について ・自分自身の授業について	25
Ⅳ	コメンテータ及びコーディネータと共に教員研修を振り返り、まとめる	15

表1 「模擬授業」を取り入れたワークショップ型研修の展開

業及び研修参加者の議論について講評を行うコメンテータ1名の計3名で実施していきます。

教員研修の実際

活動Ⅰは、小学校及び中学校学習指導要領の記載内容等や情報活用能力ベーシックについて解説する講義形式の研修です（所要時間約10分）［写真1］。

写真1 活動Ⅰ：研修の目的を確認する

写真2 活動Ⅱ：模擬授業を体験する

活動Ⅱでは研修参加者は模擬授業を体験します。模擬授業は十分な時間をかけて体験することを重視するために小学校、中学校共に40分で実施します。小学校教員を対象にした写真2の模擬授業では、道徳科の模擬授業が進められました。この模擬授業は情報活用能力ベーシックで示された探究の学習過程【整理・分析】における「自分の考えを基に、書く活動・話合い・様々な表現方法を通して、物事を多面的・多角的に捉え、自分の考えを整理する」と示された内容に関連して考案されました（日本教育情報化振興会 2022）。なお、紹介した道徳科以外にも社会科、総合的な学習の時間等の模擬授業がすでに委員によって開発され実施されています。

中学校教員を対象にした模擬授業として数学科の例を紹介します。情報活用能力ベーシックで示された探究の学習過程【整理・分析】における「コンピュータ等の情報手段を用いる等してデータを表やグラフに整理し、データの分布の傾向を比較して読み取り、批判的に考察し判断する」と示された内容に関連して考案された模擬授業です（日本教育情報化振興会、2023）。模擬授業の学習指導案や実際の模擬授業で使用された資料を以下に示します［図3］。

活動Ⅲは研修参加者によるグループ別協議です。活動Ⅲの前半では、模擬授業から自身の授

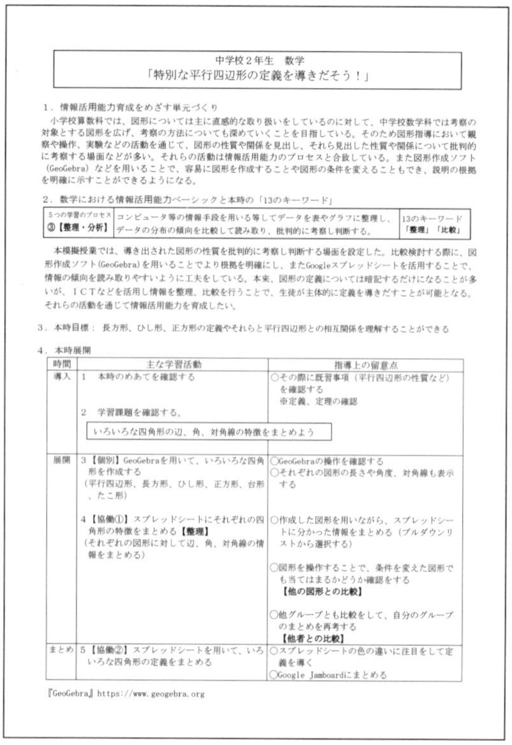

中学校２年生　数学
「特別な平行四辺形の定義を導きだそう！」

１．情報活用能力育成をめざす単元づくり

小学校算数科では、図形については主に直感的な取り扱いをしているのに対して、中学校数学科では考察の対象とする図形を広げ、考察の方法についても深めていくことを目指している。そのため図形指導において観察や操作、実験などの活動を通じて、図形の性質や関係を見出し、それら見出した性質や関係について批判的に考察する場面などが多い。それらの活動は情報活用能力のプロセスと合致している。また図形作成ソフト（GeoGebra）などを用いることで、容易に図形を作成することや図形の条件を変えることもでき、説明の根拠を明確に示すことができるようになる。

２．数学における情報活用能力ベーシックと本時の「13のキーワード」

５つの学習のプロセス ③【整理・分析】	コンピュータ等の情報手段を用いる等してデータを表やグラフに整理し、データの分布の傾向を比較して読み取り、批判的に考察し判断する。	13のキーワード 「整理」「比較」

本模擬授業では、導き出された図形の性質を批判的に考察し判断する場面を設定した。比較検討する際に、図形作成ソフト(GeoGebra)を用いることでより根拠を明確にし、またGoogleスプレッドシートを活用することで、情報の傾向を読み取りやすいように工夫をしている。本来、図形の定義については暗記するだけになることが多いが、ＩＣＴなどを活用し情報を整理、比較を行うことで、生徒が主体的に定義を導きだすことが可能となる。それらの活動を通じて情報活用能力を育成したい。

３．本時目標：　長方形、ひし形、正方形の定義やそれらと平行四辺形との相互関係を理解することができる

４．本時展開

時間	主な学習活動	指導上の留意点
導入	1　本時のめあてを確認する 2　学習課題を確認する。 いろいろな四角形の辺、角、対角線の特徴をまとめよう	○その際に既習事項（平行四辺形の性質など）を確認する ※定義、定理の確認
展開	3【個別】GeoGebraを用いて、いろいろな四角形を作成する （平行四辺形、長方形、ひし形、正方形、台形、たこ形） 4【協働①】スプレッドシートにそれぞれの四角形の特徴をまとめる【整理】 （それぞれの図形に対して辺、角、対角線の情報をまとめる）	○GeoGebraの操作を確認する ○それぞれの図形の長さや角度、対角線も表示する ○作成した図形を用いながら、スプレッドシートに分かった情報をまとめる（プルダウンリストから選択する） ○図形を操作することで、条件を変えた図形でも当てはまるかどうか確認をする 【他の図形との比較】 ○他グループとも比較をして、自分のグループのまとめを再考する 【他者との比較】
まとめ	5【協働②】スプレッドシートを用いて、いろいろな四角形の定義をまとめる	○スプレッドシートの色の違いに注目をして定義を導く ○Google Jamboardにまとめる

『GeoGebra』https://www.geogebra.org

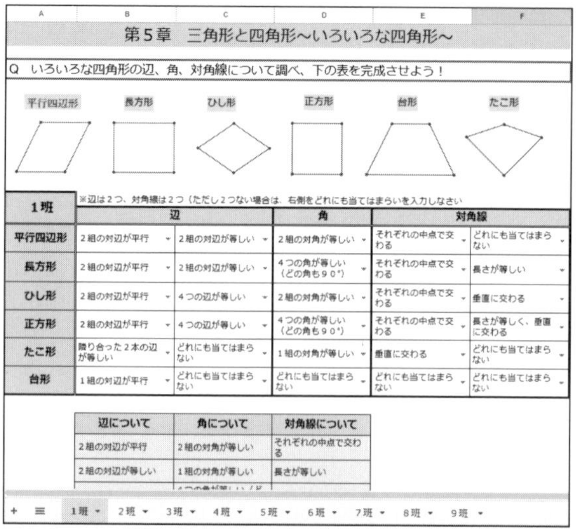

第５章　三角形と四角形～いろいろな四角形～

Q　いろいろな四角形の辺、角、対角線について調べ、下の表を完成させよう！

※辺は２つ、対角線は２つ（ただし２つない場合は、右側をどれにも当てはまらいを入力しなさい

1班	辺		角	対角線	
平行四辺形	２組の対辺が平行	２組の対辺が等しい	２組の対角が等しい	それぞれの中点で交わる	どれにも当てはまらない
長方形	２組の対辺が平行	２組の対辺が等しい	４つの角が等しい（どの角も９０°）	それぞれの中点で交わる	長さが等しい
ひし形	２組の対辺が平行	４つの辺が等しい	２組の対角が等しい	それぞれの中点で交わる	垂直に交わる
正方形	２組の対辺が平行	４つの辺が等しい	４つの角が等しい（どの角も９０°）	それぞれの中点で交わる	長さが等しく、垂直に交わる
たこ形	隣り合った２本の辺が等しい	どれにも当てはまらない	１組の対角が等しい	垂直に交わる	どれにも当てはまらない
台形	１組の対辺が平行	どれにも当てはまらない	どれにも当てはまらない	どれにも当てはまらない	どれにも当てはまらない

辺について	角について	対角線について
２組の対辺が平行	２組の対角が等しい	それぞれの中点で交わる
２組の対辺が等しい	１組の対角が等しい	長さが等しい

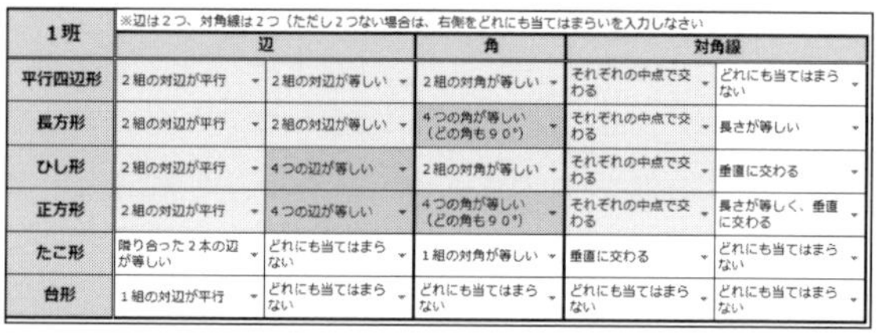

※辺は２つ、対角線は２つ（ただし２つない場合は、右側をどれにも当てはまらいを入力しなさい

1班	辺		角	対角線	
平行四辺形	２組の対辺が平行	２組の対辺が等しい	２組の対角が等しい	それぞれの中点で交わる	どれにも当てはまらない
長方形	２組の対辺が平行	２組の対辺が等しい	４つの角が等しい（どの角も９０°）	それぞれの中点で交わる	長さが等しい
ひし形	２組の対辺が平行	４つの辺が等しい	２組の対角が等しい	それぞれの中点で交わる	垂直に交わる
正方形	２組の対辺が平行	４つの辺が等しい	４つの角が等しい（どの角も９０°）	それぞれの中点で交わる	長さが等しく、垂直に交わる
たこ形	隣り合った２本の辺が等しい	どれにも当てはまらない	１組の対角が等しい	垂直に交わる	どれにも当てはまらない
台形	１組の対辺が平行	どれにも当てはまらない	どれにも当てはまらない	どれにも当てはまらない	どれにも当てはまらない

図3　模擬授業の学習指導案、実際の模擬授業で使用された資料

業改善へつなげることの重要性を説明した後に、研修参加者がグループ別に協議していきます。まず、模擬授業の「良かった点」「改善点・疑問点」について、3～4名で構成されるグループのメンバー全員が汎用のクラウドツールであるスライド作成アプリやホワイトボードアプリに記入します。その後グループ内にて意見交流を行っていきます。交流の様子をコメンテータは把握し、1～2グループを指名し全体交流を行います。

活動Ⅲの後半では、前半の議論をふまえて自分自身の授業を見直すことを重視します。模擬授業の「良かった点」「改善点」等が自分自身の授業にどのように適用できるかについて、グループメンバー全員が再びスライド作成アプリ等に記入します。ここでも交流の様子をコメンテータは把握し、1～2グループを指名し全体交流を行います。なお、他のグループの内容を随時確認することができるといった利点から汎用のクラウドツールを利用することとしています。活動Ⅲは前半及び後半を合わせて25分で実施します。

最後に活動Ⅳとして、まずコメンテータによる模擬授業やグループ別協議の振り返りを行います。コメンテータは、模擬授業の内容（授業展開）やグループ別協議の様子について価値付けることを意識します［図4］。

最後にファシリテータによる全体のまとめ・講評を行い、研修参加者は振り返りを記入して終了となります（15分）。なお、ファシリテーターがコメンテーターを兼ねる場合もあります。

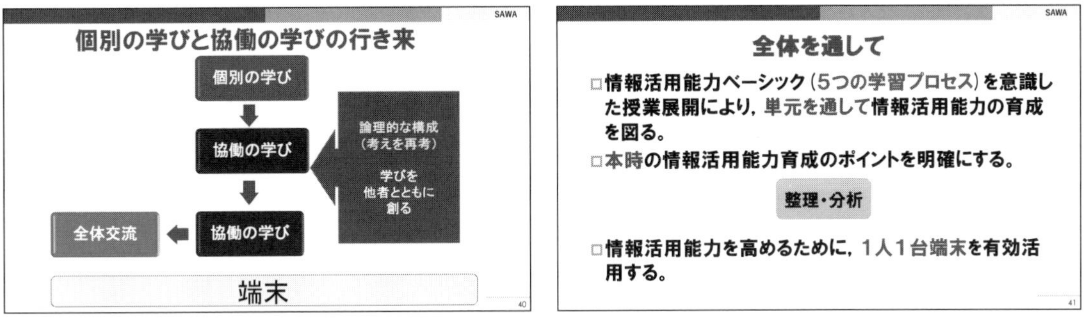

図4　中学校数学科の模擬授業を取り入れたワークショップ型研修における振り返り（コメンテータとして登壇した佐和委員が実際に用いたスライド資料）

模擬授業を取り入れたワークショップ型研修の評価

開発した教員研修プログラムは2023年8月上旬から順次、関東・関西・四国・東北等各地で実施してきました。本節では、2023年12月に四国地方で実施された「模擬授業を取り入れたワークショップ型研修」に参加した教員による評価の結果を紹介します。結果は小学校・中学校の合わせた総計です。

参加者は45名であり、教員経験10年未満の若手教員が約8割を占めました。参加者の満足度について6件法で確認したところ、最も強い肯定である「とても満足できる」は36名、次に強い肯定である「満足できる」は9名であり、研修参加者全員が肯定的な回答であると共に高い評価値を得ることができました。

また、研修において扱った内容の理解について6件法で確認したところ、最も強い肯定である「とても理解できる」は30名、次に強い肯定である「理解できる」は13名、弱い肯定である「少し理解できる」は2名であり、研修参加者全員が肯定的な回答となりました。

さらに、本研修でもっとも重視してきた体験し学んだ内容について研修転移が生じることを期待し、「授業実施に至るために授業のイメージを持つことができること」に関連して、受講されたワークショップの授業づくりにおける有用性について6件法で確認したところ、最も強い肯定である「とても役立つ」は36名、次に強い肯定である「役立つ」は9名であり、研修参加者全員が肯定的な回答であると共に高い評価値を得ることができました。

本研修の評価に加えて、情報活用能力ベーシックそのものに対する授業づくりにおける有用性について6件法で確認したところ、上記の設問と同様に最も強い肯定である「とても役立つ」は36名、次に強い肯定である「役立つ」は9名であり、研修参加者全員が肯定的な回答であると共に高い評価値を得ることができました。

最後に、情報活用能力ベーシックの有用性と教員暦の関係について尋ねたところ、約6割にあたる26名が「教員歴に関わらず有用である」という回答でした。このことから、若手教員に限らず幅広い教員を対象にした教員研修を今後実施していくこと必要であると考えています。

今後の展望

本稿では、情報活用能力育成のための授業指標（情報活用能力ベーシック）をもとに考案した「模擬授業を取り入れたワークショップ型研修」の実際を解説・紹介してきました。本研修の有効性については一定程度認められましたが、研修転移が生じ授業の実施にまで至ったかどうかまでの確認は追跡調査が必要であり未だ実施できていません。少数の事例であったとしても今後追跡調査を実施していく必要性を感じています。

また、多様な研修ニーズに対応するために、探究的な学習の5つの学習過程それぞれに対応した模擬授業を開発していくことと同時に、本研修のエッセンスをもとに校内で気軽に実施できる校内研修パッケージの開発の必要性も感じているところです。

情報活用能力の重要性が最初に指摘されたのは、1986年の臨時教育審議会第二次答申であり、すでに40年近く経過しているものの、情報活用能力を育むための具体的な授業デザインを学ぶ機会は多いとは決していえない状況です。私たちはこれからも本稿で紹介した取組を改善しながら取り組んでいきます。読者の地域で開催できることを切に願っております。

実施の連絡は、日本教育情報化振興会（JAPET&CEC）事務局まで、ぜひお問い合わせください。

参考文献

稲垣忠、中川一史、佐藤幸江、前田康裕、小林祐紀、中沢研也、渡辺浩美（2019）小中学校教員を対象とした情報活用能力の認知および指導状況に関する調査、日本教育メディア学会第26回年次大会発表集録、94-97

文部科学省（2019a）次世代の教育情報化推進事業（情報教育の推進等に関する調査研究）成果報告書 情報活用能力を育成するためのカリキュラム・マネジメントの在り方と授業デザイン - 平成30年度 情報教育推進校（IE-School）の取組より -、https://www.mext.go.jp/component/a_menu/education/micro_detail/__icsFiles/afieldfile/2019/09/18/1416859_01.pdf(2024年6月1日確認)

小林祐紀、秋元大輔、稲垣忠、岩﨑有朋、佐藤幸江、佐和伸明、前田康裕、山口眞希、渡辺浩美、中川一史（2023）学習過程に関連づけた情報活用能力育成のための授業指標の開発と評価、AI時代の教育論文誌、5、60-67

皆川寛、高橋純、堀田龍也（2009）「授業中にICTを活用して指導する能力」向上のための校内研修プログラムの開発、日本教育工学会論文誌、33(Suppl.)、141-144

小清水貴子、大石智里、藤木卓、寺嶋浩介、室田真男（2012）教員養成課程におけるICT機器を活用した模擬授業の実践と学生の意識の変容、日本教育工学会論文誌、36(Suppl.)、69-72

前田康裕（2021）まんがで知るデジタルの学び－ICT教育のベースにあるもの－、さくら社

一般社団法人日本教育情報化振興会（2022）情報活用能力を育む授業づくりガイドブック、https://www.japet.or.jp/wp-content/uploads/2022/04/4a7b917460d9b99f817c477e2684dcce.pdf(2024年6月1日確認)

一般社団法人日本教育情報化振興会（2023）情報活用能力を育む授業づくりガイドブック中学校編、https://www.japet.or.jp/wp-content/uploads/2023/03/guidebook4jhs_20230301.pdf(2024年6月1日確認)

もし自分が推進担当になったら

札幌国際大学　岩﨑有朋

中学校での展開における課題

中学校は完全に教科担任制であり、それぞれ教科の専門性が高い教員で構成されているが故に、互いの教科の内容や指導方法にはあまり立ち入りません。小学校であれば、例えば国語の「ごんぎつね」となれば多くの先生が認識を共有できることも、中学校では国語のある単元の名前を言われても「それね！」とはまずなりません。したがって、中学校の場合は国語の研究指定は国語科で受けることはあっても、学校全体の取り組みではなく、国語科以外の教員にとっては他人事に近い状況です。

このような校種による特性がある中、中学校の研究推進において、研究主任が研究テーマやその運営に苦心する姿を見かけることがあります。そういう方にはぜひこの情報活用能力ベーシックを校内研究のテーマとして捉えてみることを提案します。

本稿は研究主任が情報活用能力育成を校内で推進する架空のストーリーとして展開します。

校内研究の足がかりと段階的な合意形成

中学校学習指導要領解 総則編（文部科学省、2017）では、学習の基盤となる資質・能力の一つに情報活用能力が示されています。教育課程全体にかかる重要な資質・能力ですが、一方で抽象度の高い表現で記されています。例えば、p.51の情報活用能力についての記述には「情報手段を適切に用いて情報を得たり、情報を整理・比較したり、得られた情報を分かりやすく発信・伝達したり、……」とあります。これは情報活用能力ベーシック（以下、情活ベーシック）の5つの学習過程【課題の設定】【情報の収集】【整理・分析】【まとめ・表現】【振り返り・改善】にあたります。

研究主任としては、この抽象度の高さが中学の課題を乗り越えるチャンスと考えます。上述のとおり、中学校は担当教科が明確なために、教科内容の視点では交わりにくいものです。生徒指導や人権教育は共通認識しやすい一方で、教科指導での共通項は持ちにくい。そこでこの情活ベーシックです。抽象度が高いがゆえに、どの教科にも何かしらの形であてはめて考えられます。そして、学習の基盤となる資質・能力として学習指導要領に明確に位置付けられています。つまり、どの教科でも育成していく必要があるということです。研究主任の嗜好でやるのではなく、明確な根拠のもとで研究テーマの設定ができます。

研究テーマはストレートに「情報活用能力ベーシックを基盤とする授業デザイン」とし、各教科で情活ベーシックの5つの学習過程を意識した授業デザインにすることで、それぞれの教科で情報活用能力を育成することを目的とします。授業デザインの拠り所は、右図の「情報活用能力を育む授業づくりガイドブック 中学校編」(JAPET&CEC、2023)です。ただし、このガイドブックは5教科(国・社・数・理・英)の事例しか示されていません。そこで、次のような重点活動を全員で行う計画を立てます。

(1) 自校および担当教科における情報活用能力について理解する(+外部講師の指導助言)
(2) 情報活用能力ベーシックに基づいて担当教科で最低1つ実践する
(3) 学期に2〜3名ずつ公開授業＋校内研究会を開催する(+外部講師の指導助言)
(4) 実践事例をガイドブックにある教科のフォーマットに合わせて作成する
(5) 年度末に◯◯中学校版情報活用能力実践事例集としてまとめる
(6) 年度末に年間の実践の成果と課題を集約し、次年度の研究に引き継ぐ

このような流れにすることで、情活ベーシックを基盤に置くことで、授業デザインを考えるときには、教科が違っても、同じ能力育成のものさしを持って話ができます。

次に、校内での合意形成です。筆者の経験では、押さえどころは次の三者と考えます。

①管理職(校長、教頭):学校教育目標と関連付けて、なぜこの研究テーマなのかを説明する。情報活用能力を育成することは、自校の教育目標達成のこの部分に寄与できることを示す。
②教務主任:管理職の合意が取れれば、次に年間予定表を見ながら、授業研究会のスケジュールを配置したり、教科の研究指定などのバランスなども検討しながら導入の相談を行う。
③教科主任:中・大規模の学校であれば教科主任への説明も必要となる。特に事例のない教科(美術や保健体育など)担当への説明と合意形成はここでの展開次第で追い風とも向かい風ともなるので、丁寧に進める。(小規模の学校の場合はそのまま全体説明につなげる)

主に三者と述べましたが、場合によっては四人目の立場として学年主任が考えられます。中学の総合的な学習の時間(以後、総合学習)は学年単位で動くことが多いです。教科で培った情報活用能力を、総合学習で発揮させるために、教員が場面設定ごとに意味付けするなどの配慮が必要になりますが、そのためにも学年主任とも情報活用能力の育成について共通認識しておく事も考えられます。

上記のような根回し(土台づくり)を行ったあと、校内研究職員会において研究の概要、スケジュールの共有、具体的な実践の段取りなどの説明を行い、研究スタートとなります。

授業デザインから実践・改善に向けて

研究の枠組みの次は中身の充実です。計画の3）で学期ごとに2～3名ずつの授業公開としましたが、初年次は誰でもいいわけではありません。表1のようにバランスを考えて年間計画を立て、春の段階で授業者を決定しておくことが望ましいでしょう。

表1　授業公開　年間予定案

学期（時期）	授業者	備考
1回目 1学期（6月下旬～7月初旬）	1名（国・社・数・理・英から）、 1名（音・美・体・技家から） ◯詳細な指導案あり	・情活ベーシックを理解している教員、または普段の単元設計が情活ベーシックの学習過程と近い形で実践できる教員をモデルとします。 ・情活ベーシックの学習過程、育成しようとする情報活用能力について協議を行い、情活ベーシックを組み込んだ授業イメージを共有します。
夏期休業中	職員研修	・2学期の実践について、各自の授業構想を発表、グループ協議を行います。 ・2学期の公開が2名なら2チーム編成、3名なら3チーム編成にして、2学期の実践をメンバーの協力で乗り切る関係性を構築します。 ※教科を越えて情活ベーシックを共通言語に話し合う集団づくり
2回目 2学期（11月中旬～12月初旬）	2～3名 ◯詳細な指導案あり 参観デーの教員は指導案の略案のみ	・5年目以降～ベテランに個別に打診します。 ※ベテランの実践は若手への刺激となるので、ベテランの実践公開は1つは欲しいところです。 ・各学期に公開授業する教員以外は、この研究会の近くの2、3日に自由参観デーを設けて公開します。（全員が自分事とするため） ・チームごとに参観後、研究協議を行います。
3回目 3学期（1月下旬～2月初旬）	2名（初任～5年目、3学年所属の教員は除く）	・3学期の公開授業の理想をゴールとして、春の段階からどのような育成を経てゴールに近づくのかという仕込みの期間も若手には指導力向上につながる大切な期間です。 ・夏の研修や秋の準備期間に教科の教員をはじめ、チームメンバーに相談できる同僚関係を作ることで、見通しを持ちながら準備させます。 ・公開授業後は、生徒の姿と教員の振る舞いから見取れた成果を中心に評価を行い、一方で課題については、必ず改善点も添えて返すようにします。

気づきを次の改善のサイクルに

情活ベーシックを共通言語とした校内研究の年間イメージまで述べてきました。年間のまとめとしては、生徒・教員アンケートをそれぞれ行い、学習者、授業者それぞれの立場での情活ベーシックによる成果を集約・共有します。そのうえで、次年度に向けた改善点や次年度に取り組む具体が見えてきます。例えば次のようなことが想定されるでしょう。

①学校教育目標との情報活用能力の関連性の強化

②教科ごとの情活ベーシックの○○中版の必要性

③情報活用能力を教科横断的に活用させるためのカリキュラム・マネジメント

④教員一人一人の授業力向上につなげる授業研究会のあり方

初年次に各教員の授業の中に情活ベーシックが組み込まれるようになれば、次に情報活用能力を各教科の接点とするカリキュラム・マネジメントにシフトします。具体的には、情活ベーシック5つの学習過程に含まれる13の下位項目に注目し、各単元での項目の押さえどころを年間計画に落とし込みます。この下位項目を接点として、同一学年の他教科と比較します。場合によっては、年間の単元の順番を入れ替え、教科横断的に情報活用能力を鍛える計画に変更することも考えられるでしょう。担当教科に閉じず、他教科の取り組みを意識することで、生徒への言葉かけも、指示から問いかけに変わってきます。一から説明しなくても、「理科で比較することを前の単元でやっているよね？それと同じように比較対象を意識しながら考えてみたらどう？」と社会科の教員が自分の授業で教科のつながりを意識させるような問いかけができると理想的な教科横断の問いかけになります。

ここまで研究主任として、情活ベーシックを活用した校内研究推進について述べてきましたが、自校の研究推進の姿とイメージが共有できたのであれば幸いです。

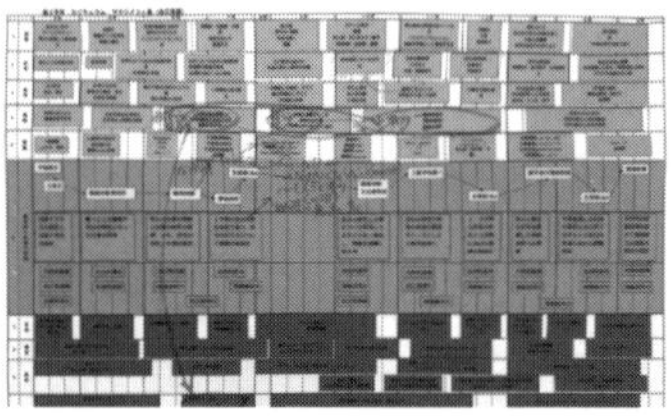

残りの紙面では、さらに尖った推進についての提案です。キーワードは「生徒と共有する」。情活ベーシックの下位項目を各教科の単元に配置した年間計画表を作り、全体が俯瞰できるようにします（右写真：イメージ）。縦軸を教科別、4月～3月までを横軸として、単元を配置します。その単元には13の下位項目いずれかを配置します。できれば総合学習も配置し、それを廊下等に大きく掲示します。教員も生徒もその学年の学びの流れを常に目にする羽目にするわけです。必要に応じて年度途中に単元の入れ替えも行い、柔軟に対応します（入れ替えは年間計画表に手書きで追記）。さらに各教科担当は、今の単元ではどのような下位項目を意識するのか、活用するのかを絶えず生徒たちに意味付けします。例えば、「今、どんな情報活用能力を意識しているの？」と生徒に尋ねると、「この項目を意識しています。」と返せるような学習者の姿を目指して、まさに学校ぐるみで情報活用能力の育成を進めていくというわけです。

中学校ならではの教科横断的な授業づくりの面白みを感じながら、校内の研究推進を「自分たち事」で進めてみてはいかがでしょうか。

ワークショップ型研修を行う意義と効果

熊本大学大学院教育学研究科特任教授　前田康裕

授業研究会の問題点

そもそも、授業研究会とは、参加者1人1人が自分の授業改善に資するように、「公開された授業から学ぶ」ためのものです。ところが、一般的な授業研究会では、「①授業者の自評、②質疑応答、③意見交換、④助言」という流れが多く、公開された授業の評価にとどまっていることが少なくありません。③の意見交換では、ややもすれば発言力のある教師だけが意見を言い合う場になることもあります。また、模造紙に付箋を貼りながらグループで討議をする方法もありますが、グループ間の意見共有がしにくく、深まりに欠けるというデメリットがあります。

子ども主体の学びへの転換が求められている今だからこそ、教師1人1人が公開された授業から「学びとる」ことができる授業研究会への転換が求められているのではないでしょうか。

課題解決の場としての授業研究会

ディヴィッド・コルブ（2018）は、「具体的経験」「内省的観察」「抽象的概念化」「能動的実験」の4つのプロセスで構成される経験学習モデルを提唱しています。教員研修の文脈にあてはめると、研究授業や授業研究会で得た具体的な経験を抽象的に考察して応用可能な言葉に概念化することで、自己成長に必要な知見を得られることになるわけです。

そこで、研究授業で公開された授業を「評価の対象」とするのではなく、「自分の授業改善のための情報」として捉え直してはどうでしょう。授業研究会を「課題解決の場」として捉えるわけです。情報活用能力ベーシックの5つの学習過程に合わせると次のような流れになります。

(1) 課題の設定

まず1人1人の教師が学校の研究テーマに照らし合わせて、「自分の授業の問題点」を発見します。たとえば、「一部の子どもの発言だけで進められている」といった改善すべき点を明らかにしていくわけです［図1］。そして、その問題を解決するための具体的な取組として課題を立てます。たとえば、「対話的な学びをどう取り入れるか」といったものです（図2）。

図1　問題を発見する

図2　課題を設定する

(2) 情報の収集

研究授業においては、公開された授業そのものが「情報」となります［図3］。ここでは、自分自身の課題解決に必要な情報を意識して集める必要があります。たとえば、「対話的な学びはどのようになされているのだろう？」という自分の課題に基づいて情報を集めると、観察の視点が明確になります。それに応じて映像や音声の記録をとることも必要になるわけです［図4］。

図3　情報を集める

図4　視点に基づいて観察する

(3) 整理・分析

参加者全員が情報端末を使いながら、公開された授業の良かった点や改善点・疑問点を画面上で共有しながら集約していきます。そして、出された意見を基にして参加者は、改善点を中心にして対話を行って代案を考えていくことになります。こうして協働で考え出された意見は口頭で発表したり情報端末にそれぞれが書き込んだりしながら全員で共有します。［図5］

(4) まとめ・表現

授業の事実や研究会での意見を基にして、対話をしながら授業のポイントを抽象化し言葉にしていきます［図6］。たとえば、「子ども同士の相互評価の場」「アイディアの可視化」いった具合です。この活動のことを「概念化」と呼んでいます。抽象的な思考が必要となるので難しく感じられますが、このことが自分の授業を改善するための知見となっていくわけです。

図5　情報を整理・分析する

図6　授業のポイントを抽象化する

(5) 振り返り・改善

概念化された言葉を基にして、参加者は「自分の授業は、それができているだろうか」と振り返ります［図7］。たとえば、「子ども同士の相互評価的な活動が不十分なので、今後はそのような活動を取り入れたい」といったことを対話によって明らかにしていくのです［図8］。つまり、他者の授業から自分の授業改善の見通しを考えていくことにつながるわけです。

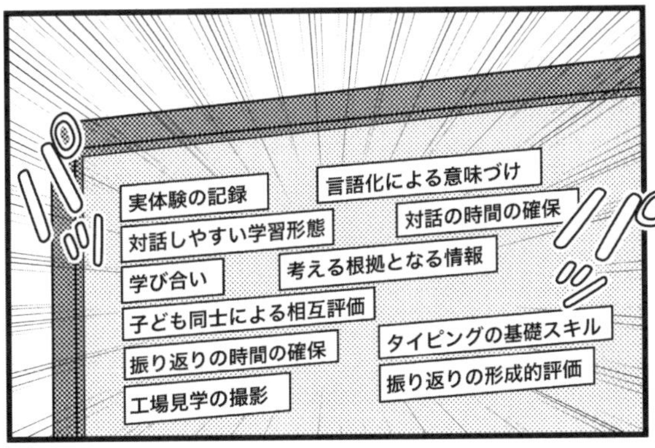

図7　概念化して共有する

図8　自分の授業を振り返り改善の見通しを考える

模擬授業を取り入れた教員研修プログラムの意義と効果

本書での模擬授業を取り入れた教員研修プログラムは以下のように4つの活動に分かれています［表1］。活動Ⅱの模擬授業が実際の研究授業の役割を果たしており、活動Ⅲの研修参加者によるグループ別協議が授業研究会そのものということになります。したがって、活動Ⅲを自身の授業改善のための課題解決の場として機能させる必要があります。上述したように、情報活用能力ベーシックで示された課題解決のための5つの学習過程「課題の設定」「情報の収集」「整理・分析」「まとめ・表現」「振り返り・改善」の流れを研修参加者が体験的に理解できるように配慮していくことが重要です。そのポイントとなるのが「概念化」です。

表1　教員研修プログラムの展開案

活動内容		時間（分）
Ⅰ	・研修の目的や情報活用能力の重要性について確認する ・情報活用能力ベーシックについての解説	10
Ⅱ	模擬授業（小学校・中学校どちらか1事例を参加者として体験する） 　小学校：道徳科、中学校：数学科	40
Ⅲ	研修参加者によるグループ別協議 ・模擬授業の内容について ・自分自身の授業について	25
Ⅳ	コメンテーター及びコーディネータと共に教員研修を振り返り、まとめる	15

具体から具体にしか考えられない教師は、良い実践を見ても、「こんな実践は研究校だからできる」「自分の学級で行うことは無理だ」などと考えてしまい、自分の事として応用することができません。概念化ができるようになれば、具体と抽象を往復することで、様々な授業実践を自分の実践へと応用可能なものにしていくことができるわけです［図9］。

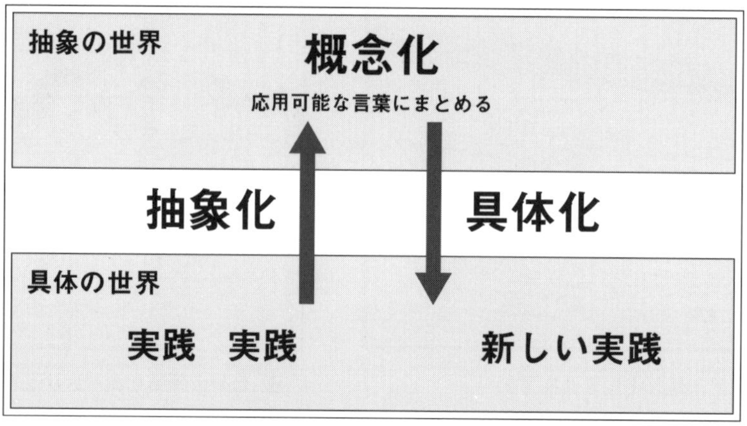

図9　概念化のプロセス

とは言え、概念化がスムーズにできるとは限りません。どのレベルまで抽象化すればよいのかが分かりにくいからです。たとえば、「学び合いが大切だ」といった言葉では抽象度が高すぎて応用可能とはなりにくいでしょう。抽象度のレベルは、会のメンバーや目的によって異なるのです。特定の教科研究会では、具体的なレベルの知見が必要ですが、校内研修のように教科を超える場合は、ある程度の抽象度が求められます。特に経験が少ない教師にとっては難しく感じられるはずなので、参加者が協働して対話をしながら考えていく必要があるわけです。

このように模擬授業を取り入れた研修プログラムは、教師の情報活用能力を高めるだけではなく、「教師の学び方」を改善していくことにつながります。つまり、問いを立て、実践を行い、振り返って授業を改善するという「探究的な学び」を自分でデザインできるようになっていくのです。そのことによって、「誰かに教えてもらう」のではなく、「自らが主体的に学びとる」ことができる自立的で探究的な学び手として教師が育つことになるわけです［図10］。

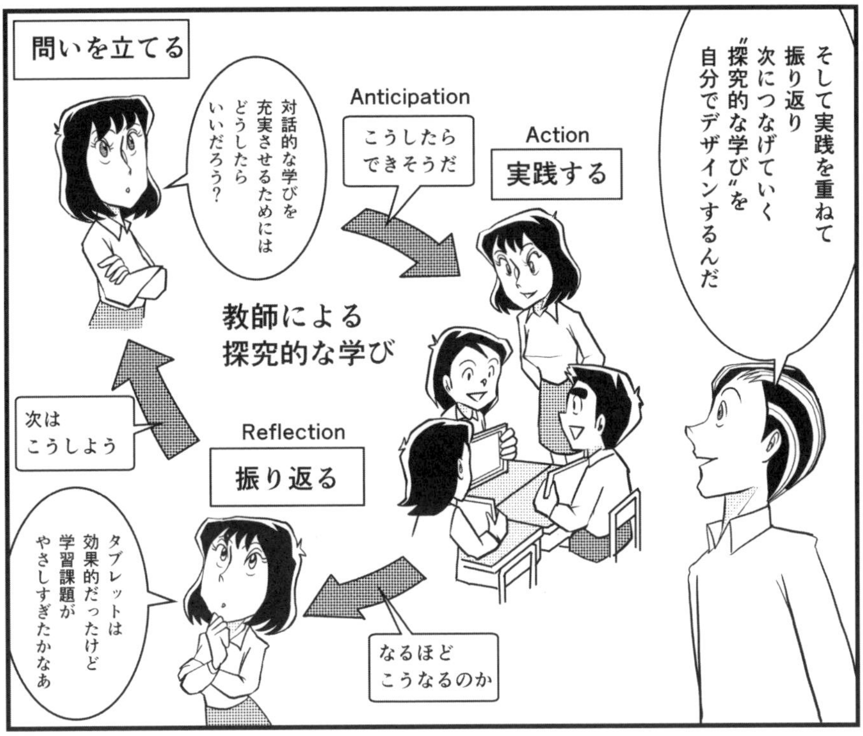

図10　教師による探究的な学び

参考文献

デイヴィッド コルブ・ケイ ピーターソン／中野眞由美翻訳『最強の経験学習』辰巳出版、2018年

引用文献

前田康裕『まんがで知るデジタルの学び3　授業改善プロジェクト』さくら社、2024年（図1、図2、図5、図6、図7、図8、図9、図10）

前田康裕『まんがで知るデジタルの学び　ICT教育のベースにあるもの』さくら社、2022年（図3、図4）

おわりに

みなさん、最後までお読みいただき、本当にありがとうございます。

本書では研究グループの成果である情報活用能力ベーシックの解説にとどまらず、これからの授業づくりについて私たちの考えを示してきました。

情報活用能力と呼ばれる資質・能力は極めて重要でありながら、日々の教科の授業においてあまりに目立つことを良しとされません。まことに不思議な存在です。教科の授業をひっそりと支える名脇役のような位置づけがちょうど良いのかもしれません。

だからこそ、各教科等の学習指導要領に紐付くことを重視して開発した情報活用能力ベーシックは、これからの授業づくりの名脇役になると私たちは信じています。

情報活用能力ベーシックの意義をしっかりと理解し、学校研究としてじっくりと取り組んだ学校の担当者からは次のような声をいただいています。

まず情報活用能力の育成に関するこれまでの課題について、教員の中で「教科の中でそれ（情報活用能力）って育てることができるのっていう（懐疑的な）意見が多数」出され、学校研究として取り組むための「足並みがなかなかそろいづらかった」という声を確認できました。

足並みがそろいづらかった理由として、情報活用能力の意味する「言葉の整理がうまくいっていなかった」と指摘されました。結局のところ「情報活用能力ってなに？ってところからやはり入ってしまい」具体的な授業の実施にまで至らない実態だったようです。

このような状況において、日々の授業づくりに情報活用能力ベーシックを採用したところ、「この情報活用能力ベーシックを皆さんにぽんと示すと、やっぱりすんなりと先生方の中に入ってきて」という言葉から、情報活用能力ベーシックは先生方にとって、大変理解されやすいものであったと判断できます。また「研究主任としての立場からすると、足並みがすごくそろえやすくなりました」や「ただでさえ足並みがそろいづらいところで何かを進めるってなったときに、こういった指標があるとそろいやすくなる」という声から、情報活用能力ベーシックによって目指す授業展開を共通理解でき、学校研究の推進に十分に寄与することができたといえそうです。

情報活用能力ベーシックに対する評価の詳細は、小林ほか（2023）を参照してください。

さて、改めてですが私たちの研究グループは「情報活用能力育成調査研究委員会」という漢字15文字からなる実に長く、難しいことを考える会のような名称をもっています。しかし勝手ながら私は「子どもにとって良い授業とはどんな授業か考える会」だと思っています。

現在、いくつかの言葉でこれからの授業づくりのキーワードとなる言説が、まるでそれだけが正解であり、それさえしていれば良いかのごとく理解されているように感じます。

私たちはこのような現状に大変な危機感を持っています。

真に大切なことは、私たち教師が自ら探究的な学びのよき先達者として、子どもにとって良い授業とはどんな授業であるかを追い求め、探究する営みにこそあると思うのです。

正解とされる物事を再生するのではなく、何が正解かを求め続ける姿勢がアクティブ・ラーナーでしょう。きっと求め続けた結果、多様な授業の姿が見られるはずです。

だからこそ情報活用能力ベーシックはあくまでも、どこまでもベーシックであり、指標という形にあえてとどめているのです。

『主体的・対話的で深い学び』を実現することは、児童生徒の学びのみならず、教師の学びにも求められる命題である。つまり、教師の学びの姿も、子供たちの学びの相似形であるといえる。（「令和の日本型学校教育」の構築を目指して（答申）より）

上記の引用からもわかることは、今私たち大人こそ授業観のアップデートが求められているということでしょう。情報活用能力の育成に目を向けることは、教師中心ではなく学習者中心の授業を実現することと同意です。

そして、我が国の学校文化の特徴といえる同僚性や、近年もたらされたテクノロジの活用による授業の可視化によって得られたデータなどを教師自身が活用し、自らの学びを自己調整していくことが期待されています。

私たちの取組はこれからも続きます。多くの仲間と共にこれからもぜひ息長く研究していきたいと考えています。みなさんもごいっしょしませんか。

著者を代表して
情報活用能力育成調査研究委員会 委員長/放送大学　**小林祐紀**

執筆者一覧（執筆順）

稲垣　忠	東北学院大学	[1章2]
渡辺拓也	船橋市立若松小学校	[2章5,6,15,3章1]
有金大輔	北海道教育大学附属函館中学校	[2章8]
朝倉一民	札幌国際大学	[2章9]
山下若菜	熊本市教育センター	[2章10,3章9]
郡司直孝	桐蔭学園中等教育学校	[2章11,3章2]
菊地　寛	浜松市立大瀬小学校	[2章12]
白土瑞樹	水戸市立下大野小学校	[2章13]
内田智佳子	大阪教育大学附属天王寺小学校	[2章16]
渡邉由美	鳥取県教育委員会	[2章17]
関　太志	横浜市立元街小学校	[2章18]
近藤　睦	横浜市立富士見台小学校	[2章20]
吉木寿充	金沢大学人間社会学域学校教育学類附属小学校	[2章21]
山本　純	久喜市教育委員会	[2章22]
佐和伸明	柏市立大津ケ丘第一小学校	[3章3]
秋元大輔	船橋市立宮本小学校	[3章4]
平原昌幸	姫路市立豊富小中学校	[3章5]
遠藤修平	姫路市立豊富小中学校	[3章5]
後藤匡敬	熊本県立かもと稲田支援学校	[3章6]
澤田健二	鳥取県教育センター	[3章7]
前田康裕	熊本大学大学院	[4章3]

中川一史（なかがわ・ひとし）……［はじめに，1章1］

放送大学 教授。
博士（情報学）。AI時代の教育学会（会長）、日本STEM教育学会（副会長）、中央教育審議会初等中等教育分科会「個別最適な学びと協働的な学びの一体的な充実に向けた学校教育のあり方に関する特別部会」（委員）、同分科会「デジタル教科書推進ワーキング」（主査代理）、子ども家庭庁「青少年インターネット環境の整備等に関する検討会」（座長代理）、日本教育情報化振興会ICT夢コンテスト（審査委員長）、D-project会長、国語と英語デジタル教科書活用研究プロジェクト（代表）など。全国の学校や自治体と実践研究を行っている。

小林祐紀（こばやし・ゆうき）……［1章3，4章1，おわりに］

放送大学 准教授。
博士（学術）。公立小学校・中学校の勤務、茨城大学教育学部准教授を経て2024年4月より現職。専門はICTを活用した教育実践研究。日本教育メディア学会理事、日本デジタル教科書学会理事、AI時代の教育学会理事。文部科学省学校DX戦略アドバイザー、文部科学省委託事業「令和6年度学習者用デジタル教科書の効果・影響等に関する実証研究事業」有識者委員（副査）、一般社団法人日本教育情報化振興会「情報活用能力の授業力育成事業委員会」委員長等を歴任。

佐藤幸江（さとう・ゆきえ）……［1章4，7，2章1-4，19］

放送大学 客員教授。
公立小学校勤務、金沢星稜大学人間科学部教授を経て、2020年より現職。研究分野は、情報教育、教師教育。文部科学省「学校DX戦略アドバイザー」、JAPET&CEC『情報活用能力育成事業』委員、「日本教育メディア学会」編集委員、「AI時代の教育学会」理事、「日本STEM教育学会」理事及び事務局、パナソニック教育財団専門委員pp、教科書センター評議委員、「デジタル表現研究会（通称D-pro）」副会長等を歴任。各地域のICT推進事業や各学校における校内研修の講師等を務め、その実績が認められ「令和6年度視聴覚教育・情報教育功労者文部科学大臣表彰」を受ける。

岩﨑有朋（いわさき・ありとも）……［1章5，2章14，4章2］

札幌国際大学 教授。
公立中学校（理科担当）に勤務し、2018年文部科学大臣優秀教職員表彰。その後、鳥取県教育センター係長を経て2024年4月より現職。専門はICT活用教育、STEAM教育。AI時代の教育学会理事。文部科学省学校DX戦略アドバイザー、文部科学省委託事業「令和6年度学習者用デジタル教科書の効果・影響等に関する実証研究事業」有識者委員、一般社団法人日本教育情報化振興会「情報活用能力の授業力育成事業委員会」委員を歴任。

情報活用能力ベーシック
活用ガイドブック

2025(令和7)年3月31日　初版第1刷発行

編　者　中川一史・小林祐紀・佐藤幸江・岩崎有朋
発行者　錦織圭之介
発行所　株式会社　東洋館出版社
〒101-0054　東京都千代田区神田錦町2丁目9番1号
コンフォール安田ビル2F
代　表　電話：03-6778-4343　FAX：03-5281-8091
営業部　電話：03-6778-7278　FAX：03-5281-8092
振替　00180-7-96823
URL　https://www.toyokan.co.jp
装　丁　喜來詩織(エントツ)
装　画　白井　匠
印刷・製本　藤原印刷株式会社

ISBN978-4-491-05561-9
Printed in Japan